KRIEGSHEIMKEHRER DER BUNDESWEHR

»ICH KRIEG MICH NICHT MEHR UNTER KONTROLLE«

Kriegsheimkehrer der Bundeswehr

Herausgegeben von Ute Susanne Werner

Fackelträger

© 2010 Fackelträger Verlag GmbH, Köln
Alle Rechte vorbehalten
Satz: Bild1Druck GmbH, Berlin
Gesamtherstellung: Verlags- und Medien AG, Köln
Printed in Germany

ISBN 978-3-7716-4438-3

www.fackeltraeger-verlag.de

INHALT

VORWORT

Ute Susanne Werner

> Jede menschliche Handlung ist unvermeidlich
> bedingt von dem, was den Menschen umgibt,
> und von seinem eigenen Körper.
> Leo N. Tolstoi, »Krieg und Frieden«

Anfang 2002 sah ich in einem kleinen Off-Theater in Berlin ein Theaterstück, das mich sehr betroffen machte. Es ging um amerikanische Soldaten, die aus dem Irakkrieg heimgekehrt waren. Das Stück setzte an der Stelle ein, als die ehemals als Helden »Verschickten« nach Hause zurückkehrten: verändert und verstört. Sie suchten Hilfe daheim und fanden keine.

Zu dieser Zeit schickte die Bundeswehr bereits Soldaten nach Afghanistan und vorher schon auf den Balkan. Unter dem Einfluss des Theaterstücks drängte sich mir die Frage auf, was mit den deutschen Soldaten während des Auslandseinsatzes und danach passiert. Mich interessierten ihre persönlichen Erlebnisse, ihre psychische und moralische Konstitution. Im Gegensatz zu den Amerikanern waren diese Einsätze für deutsche Soldatinnen, Soldaten und die deutsche Öffentlichkeit absolutes Neuland. Ich wollte wissen, welche Erfahrungen deutsche Armeeangehörige nach sechzig Friedensjahren im bewaffneten Auslandseinsatz machen und von dort »mitbringen«, und ich stellte fest, dass gerade der »Alltag« dieser Einsätze kaum in den Medien präsent ist.

Eines war mir klar: Um Antworten zu finden, musste ich die Betroffenen selbst befragen. Dieser Gedanke ließ mich nicht

mehr los. Allein die Umsetzung stellte ein Problem dar, bis ich
auf den Autor Martin Ahrends traf, den ich für dieses Projekt
gewinnen konnte. Wir überlegten uns eine Vorgehensweise
und entschieden uns, erst einmal den offiziellen Weg zu gehen. Wir baten verschiedene Bundeswehrstellen um Unterstützung. Die Antwort des Zentrums Innere Führung in Koblenz lautete: »Leider können wir Ihnen von dieser Stelle aus
nicht weiterhelfen. (...) Bitte wenden Sie sich mit Ihrem Anliegen an die Pressestelle des BMVg (Bundesministerum der
Verteidigung).« Auf telefonische Anfrage in den Bundeswehr-
krankenhäusern Hamburg und Berlin wurden wir ebenfalls
an das BMVg verwiesen. Wir schrieben also an den Presse-
und Informationsstab des BMVg, mit der Bitte um Unterstützung für unser Projekt. Nach »eingehender Prüfung« wurde
uns eine Absage erteilt: »Eine Unterstützung für Ihr Projekt
durch uns wird es nicht geben. Die Sicherheit und der Schutz
der Persönlichkeitsrechte der Angehörigen der Bundeswehr
stehen für uns jederzeit im Vordergrund und waren bei der
Entscheidung ausschlaggebend. (...) Bitte sehen Sie auch von
weiteren Anfragen an Dienststellen der Bundeswehr ab. Wir
bitten Sie außerdem, unseren Hinweis auf die rechtliche Situation Ihrer bisherigen Gesprächspartner zu beachten.« Wir
versuchten es nun mit einem Inserat im Bundeswehr-Magazin
»Y«. Vom Pressebüro für Bundeswehrmedien wurde uns ein
Angebot unterbreitet, welches einen Monat später zurückgezogen wurde: »Dem Antrag der Journalisten auf Unterstützung des Medienvorhabens wurde durch den Presse- und Informationsstab des BMVg nicht entsprochen, daher können
wir in ›Y‹ diese Anzeige nicht aufnehmen.« Das BMVg hielt
seine Hand schützend über Dinge, die uns offensichtlich nichts
angehen sollten. Aber in diesen Absagen lag auch ein An-
sporn, weiterzumachen. In der Reservistenzeitschrift »Loyal«
wurde unsere Anzeige veröffentlicht und trug uns einige interessante Gespräche ein.

Wir nahmen Kontakt zum Deutschen Bundeswehrverband (Interessenverband aktiver und ehemaliger Soldaten) und zum Einsatzführungskommando, zu verschiedenen Familienbetreuungszentren und zu Militärseelsorgern auf. Wir schrieben Flyer, die wir in Lokalen in der Nähe von Bundeswehrkasernen auslegten, und bekamen auch auf diesem Weg einige Kontakte. Unser Projekt lief langsam an. Wir tasteten uns an das Thema mit Neugier heran, planten Routen quer durch Deutschland und führten weitere Gespräche, die wir aufzeichneten. Das Resultat war beeindruckend.

Eine Zeit lang lief es gut. Dann wirbelte das Buch »Endstation Kabul« von Achim Wohlgethan einigen Staub auf, und mit einem Schlag blieben unsere Gesprächspartner aus. Ich besuchte die Lesung des Autors in Berlin, und nach einem Gespräch mit ihm durften wir – mit Einverständnis seines Verlags – ein Inserat auf seiner Buch-Website veröffentlichen, woraufhin sich immerhin zwei Gesprächspartner meldeten. Ein Insider schickte uns in dieser Zeit eine Mail mit folgendem Wortlaut: »(...) habe ich erfahren, dass seitens des PIZ (Presse- und Informationszentrum) gemauert wird und Soldaten die Zusammenarbeit mit Ihnen strikt verboten wird.« In der Folge bekamen wir Absagen von Bundeswehrangehörigen, die einem Gespräch schon zugesagt hatten. Das Projekt drohte zu scheitern, und wir ließen es für eine Weile ruhen. Letztendlich half uns Mund-zu-Mund-Propaganda weiter, die Freunde, Bekannte und Interessierte betrieben. Wieder reisten wir quer durch Deutschland, führten Gespräche und schrieben sie auf.

Da es in unseren Interviews um persönliche Erlebnisse ging, blieben allgemeine Fragen zu den Auslandseinsätzen der Bundeswehr offen. Deshalb kontaktierten wir abermals den Bundeswehrverband, der unsere Fragen beantwortete und uns zahlreiche wertvolle Informationen gab.

Am meisten interessierte uns, ob der Auslandseinsatz freiwillig ist und wer überhaupt in den Einsatz geht. Dazu wurde

uns mitgeteilt, dass Grundwehrdienstleistende prinzipiell
nicht an Auslandseinsätzen teilnehmen. Da der Wehrdienst
nur neun Monate beträgt, sind eine entsprechende Ausbildung und Vorbereitung in Bezug auf den Auslandseinsatz und
dessen Nachbereitung nicht umzusetzen. Zeitsoldaten dagegen verpflichten sich für vier, acht oder zwölf Jahre und kommen somit – neben den Berufssoldaten – für den Auslandseinsatz infrage. Reservisten gelangen ausschließlich freiwillig in
den Einsatz. Jeder Soldat wird im Rahmen seiner Verpflichtung bzw. Einstellung darüber belehrt, dass es zum Berufsbild
des Soldaten gehört, eventuell an einem Auslandseinsatz teilnehmen zu müssen.

Prinzipiell kommen alle Teilstreitkräfte der Bundeswehr mit
allen jeweils zugehörigen Einheiten zum Einsatz. Der Befehl
zum Auslandseinsatz ist in der Regel verbindlich. Es kann jedoch eine Befreiung von der Teilnahme an diesen Einsätzen
geben, wenn bestimmte Gründe bei einzelnen Soldatinnen
oder Soldaten dem entgegenstehen (z. B. medizinische).

Bevor die Soldatinnen und Soldaten in den Auslandseinsatz
gehen, werden sie in mehreren Schritten darauf vorbereitet.
Zunächst findet eine dreimonatige Grundausbildung statt. Je
nach Verwendung folgt hierauf eine weitergehende Vollaus-
bildung. In Vorbereitung auf einen konkreten Einsatz erhalten
die Soldatinnen und Soldaten immer eine Zusatzausbildung,
die den jeweiligen Besonderheiten des Einsatzes Rechnung
trägt; hierzu gehören rechtliche Grundlagen, Landeskunde
und Verhaltenstraining. Auch im Einsatz selbst findet Aus-
und Weiterbildung statt. Insgesamt befinden sich momentan
(Dezember 2009) circa 7000 Soldatinnen und Soldaten in den
verschiedenen Auslandseinsätzen.

Wie wir weiterhin erfuhren, werden Soldatinnen und Soldaten im Rahmen von internationalen Hilfseinsätzen (humanitäre Hilfe, Hilfe bei Katastrophen) schon seit 1960 (Marokko,
Angola) im Ausland eingesetzt. An friedensschaffenden Maß-

nahmen ist die Bundeswehr seit Beginn der Neunziger beteiligt, so 1991/92 zur Unterstützung der UNO-Mission im Irak
(UNSCOM) durch Transportleistungen und medizinische Evakuierung sowie Lufttransporte.

Insgesamt hat sich die Bundeswehr bislang an mehr als 130
Einsätzen beteiligt. Den Schwerpunkt der aktuellen Einsätze
der Bundeswehr bilden Afghanistan (ISAF, UNAMA), der Einsatz auf dem Balkan (KFOR, EUFOR, ORF), die Einsätze im
Mittelmeerraum (UNIFIL, Active Endeavour), am Horn von
Afrika (Enduring Freedom), der Anti-Piraterie-Einsatz (Atalanta) sowie der im Sudan (UNMIS, UNAMID).

Einige unserer Gesprächspartner berichteten uns über
enorme Belastungen während des Einsatzes, welche stetig
steigen. Wie uns der Bundeswehrverband mitteilte, hat dies
dazu geführt, dass die reguläre Dauer eines Auslandseinsatzes vor einigen Jahren von sechs auf vier Monate verringert
wurde. Trotzdem wird die Belastung durch die latente Gefahr
von Anschlägen im Einsatz weiter verstärkt: Tod und Verwun-
dung gehören dazu, wenn deutsche Streitkräfte in den Einsatz
gehen. Die Sicherheitslage hat sich – zumindest in Afghanistan – dramatisch verschärft.

Die Zahl von Gefechten und Verwundungen (wozu auch die
Fälle von posttraumatischen Belastungsstörungen, kurz:
PTBS, zu zählen sind) war im Jahr 2009 so hoch wie nie zuvor.
So wurden bereits im ersten Halbjahr 2009 über 180 Fälle von
PTBS, davon 170 im Rahmen des ISAF-Einsatzes, offiziell er-
fasst.

Der Deutsche Bundeswehrverband vermutet jedoch, dass
die Dunkelziffer weit höher liegt, da diese Form der Verlet-
zung, nämlich die psychische, zum Teil mit Zeitverzug auftritt,
oftmals nicht erkannt oder einfach nicht gemeldet wird. In diesem Bereich fordert der Bundeswehrverband in einem
17-Punkte-Papier seit längerem mehr Aufklärung und Ausbildung sowie bessere Fürsorge.

Wir fragten den Bundeswehrverband auch, mit welchen Problemen er im Zusammenhang mit den Auslandseinsätzen am häufigsten konfrontiert wird. Kritisiert wird vor allem die individuelle Ausrüstung oder die Vorbereitung auf den Einsatz, zudem geht es häufig um Fragen der Versorgung und Verpflegung bis hin zu juristischen Sachverhalten und grundlegenden Beschwerden über mangelnde Rechtssicherheit hinsichtlich der anzuwendenden gesetzlichen Regelungen.

Aus Sicht des Verbandes resultieren die zwei schwerwiegendsten Belastungen der Soldatinnen und Soldaten gegenwärtig aus dem mangelnden Rückhalt in der deutschen Bevölkerung und der erheblichen Rechtsunsicherheit bezüglich der rechtlichen Qualität von Handlungen im Einsatzland. Deshalb fordert der Verband, dass die Regierung und das Parlament öffentlich den Sinn der Einsätze erklären. Mit seiner Umschreibung »kriegsähnliche Zustände« hat Bundesverteidigungsminister Karl-Theodor zu Guttenberg zwar das Empfinden der Soldaten wiedergegeben, doch beantwortet auch dies die Frage nach dem geltenden Recht nicht. Der Bundeswehrverband setzt sich deshalb seit längerer Zeit für die Einrichtung einer zentralen Zuständigkeit in der Justiz für Straftaten deutscher Soldatinnen und Soldaten ein.

Uns beschäftigte auch die Frage, wie viele Soldaten bereits im Ausland verwundet wurden oder ums Leben gekommen sind. Der Bundeswehrverband gab uns dazu folgende Informationen: Seit 1992 sind insgesamt 82 Soldaten im Auslandseinsatz gestorben. Diese Zahl setzt sich aus Unfallopfern und Opfern von Anschlägen oder Gefechten zusammen. Hinzu kommen 18 Suizide während der Einsätze sowie 11 Todesfälle »natürlicher Ursache«. Bei den Auslandseinsätzen wurden bisher insgesamt 127 Soldatinnen und Soldaten durch Fremdeinwirkung (Gefecht, Anschläge, Minen etc.) verwundet; fast alle Verwundungen ereigneten sich in Afghanistan. Seelische Verwundungen, wie die zahlreichen Fälle von PTBS, sind in der oben genannten Zahl nicht berücksichtigt. Die Zahl der PTBS-Fälle seit dem Jahr 2001 beträgt derzeit *offiziell* 892.

So viel zu den allgemeinen Fakten zum Thema Auslandseinsätze. Die Gespräche, die wir mit den Bundeswehrangehörigen führten, drehten sich eher um deren persönliche und emotionale Erlebnisse. Unser Anliegen war es, dieses Buch möglichst facettenreich zu gestalten. Im Rahmen dessen, was uns möglich war, ist es uns gelungen, wobei es sicher noch mehr zu diesem Thema zu berichten gäbe. Wir haben drei Beiträge von mittelbar Betroffenen aufgenommen, die nicht als Bundeswehrangehörige im Einsatz waren. Es sind die Erfahrungen des Politikers Winfried Nachtwei, ein Gespräch mit einer Mutter, deren Sohn mehrfach in Auslandseinsätzen war (Andrea Wagner), und der Bericht über Ina Schlotterhose, deren Ehemann im Einsatz ums Leben kam.

Gern hätten wir mehr Aussagen von Soldatinnen und Soldaten, Truppenpsychologen, Sanitätern, Militärseelsorgern, aber auch von Familienangehörigen mit aufgenommen, allerdings blieben uns viele Gespräche verwehrt oder durften nicht veröffentlicht werden. Einige unserer Gesprächspartner sind ein hohes Risiko eingegangen und müssen deshalb anonym bleiben. Natürlich konnten wir die in diesen Statements getroffenen Aussagen nicht verifizieren; jedes dieser Statements steht als subjektive Sicht der Dinge, als Meinung nur für sich selbst.

Meine persönliche Einstellung zu den Auslandseinsätzen der Bundeswehr ist an dieser Stelle nicht relevant, auch will das Buch keine vorgefasste Meinung bestätigen. Es war und ist mir jedoch ein Anliegen, dieses Thema in der Öffentlichkeit zu halten und Diskussionen anzuregen.

Berlin, im Dezember 2009

»ICH KRIEG MICH NICHT MEHR UNTER KONTROLLE«

Anmerkung des Verlags

Manchmal passieren Dinge auf irritierende Weise gleichzeitig. Und manchmal kann allein diese Parallelität der Ereignisse erhellend sein und zur Meinungsbildung beitragen.

Im Dezember 2009 veröffentlichte das »Süddeutsche Zeitung Magazin« (Heft 52/2009) in einem Beitrag eine Reihe von Mitteilungen, die deutsche Soldaten ihren Angehörigen nach Hause geschickt hatten. »Briefe von der Front« hieß der Artikel, der durch Abdruck von Feldpostbriefen, E-Mails und SMS den Menschen eine Stimme geben sollte, die einen Alltag in Afghanistan haben – abseits der in den Medien transportierten Schauplätze. Menschen, die Familie und Freunde vermissen, die sich mit Ängsten auseinandersetzen müssen.

In der redaktionellen Vorbereitung erwies sich das Vorhaben als unerwartet brisant. »Eigentlich müsste dieser Beitrag auch der Bundeswehr ein Anliegen sein – sollte man denken«, formulierten es die verantwortlichen Journalisten des »SZ-Magazins«. Tatsächlich aber waren sie im Vorfeld auf erhebliche Widerstände der Bundeswehr gestoßen.

So waren über mehrere Wochen seitens der Bundeswehr E-Mails an unterschiedliche Beteiligte verschickt worden. Die Bundeswehr, so hieß es dort, unterstütze das Vorhaben nicht und Anfragen der »SZ« nach Kontakten zu Soldaten seien daher abzulehnen. Als das Magazin erschien, stand auch dieses Buch, das den individuellen und persönlichen Erlebnissen deutscher Soldaten in Krisengebieten einen Raum geben sollte, kurz vor der Fertigstellung. Zuvor hatten wir unsere Interviewpartner abschließend um ihre schriftliche Zustimmung zur Veröffentlichung gebeten. Mündlich war uns ihr Einverständnis bereits signalisiert worden. Kurz vor Drucklegung des Buches, am 10. und am 14. Dezember, zogen zwei Soldaten ihre mündliche Zustimmung zur Veröffentlichung jedoch wieder zurück. In beiden Fällen wurde das Zurückweichen persönlich begründet, etwa mit gesundheitlichen Motiven oder aus Rücksicht auf die Familie. Hinsichtlich des Beitrags eines Oberstabsarztes, der ebenfalls seine Perspektive zu unserem Buch beitragen wollte, erhielten wir am 15. Dezember 2009 eine Absage. Der Mediziner hatte seinen Beitrag zur Absegnung dem Presseinformationszentrum der Bundeswehr vorgelegt – das eine Veröffentlichung daraufhin untersagte. Im Presseinformationszentrum hieß es auf Nachfrage der Herausgeberin, der Autor habe eingesehen, falsch berichtet zu haben. Es gebe Unstimmigkeiten in seinem Beitrag.

Die Parallelität zu den Problemen der Redaktion des »SZ-Magazins« war offensichtlich. Offenbar gab (und gibt) es seitens der Soldaten ein starkes Bedürfnis, ihre persönlichen Erfahrungen aus den Krisengebieten, aus »kriegsähnlichen Zuständen«, mit der Öffentlichkeit zu teilen. Gleichzeitig entwickeln institutionelle Interessen eine eigene Dynamik, die eine Veröffentlichung solcher persönlichen Erlebnisberichte erschwert bzw. verhindert.

Für den Verlag und das Buchprojekt ergab sich nun jedenfalls eine völlig neue Situation. Die Buchbeiträge der beiden Soldaten hätten nicht nur einen bedrückend intensiven Einblick in die Zeit während der Einsätze geliefert. Sie waren auch ein wichtiges Zeugnis für die schweren Folgen solcher Einsätze für die beteiligten Menschen. Posttraumatische Belastungsstörungen traten bei beiden als Reaktion auf die schrecklichen Bilder auf, Beziehungen zerbrachen, die Rückkehr in so etwas wie das alte Leben funktionierte nicht mehr. Genauso bedauerlich wie der Verzicht auf diese berührenden Schilderungen war für den Verlag, dass auch die medizinische Sichtweise des Arztes entfallen würde. Seine Beobachtungen über die Reaktion der Menschen auf die Ereignisse an solch besonderen Schauplätzen hätten eine andere wichtige Perspektive eröffnet. Und schließlich ergab sich noch ein ganz praktisches Problem: Der Beitrag unter dem Titel »Ich krieg mich nicht mehr unter Kontrolle«, der dem Buch seinen Namen gegeben hatte, würde entfallen.

Auch wenn wir die Berichte nicht als solche publizieren dürfen, so möchten wir doch festhalten, was nicht nur diese, sondern auch viele andere Soldaten in Kriegsgebieten erleben und was nicht nur ihr Schicksal und ihre Befindlichkeit im Einsatz, sondern auch ihr ganzes Leben danach bestimmt.

Eine interessierte Öffentlichkeit kennt inzwischen – zumindest oberflächlich – die Gefahren, denen deutsche Soldaten während ihres Auslandseinsatzes ausgesetzt sind. Wer heute durch die Medien von einem Bombenanschlag in Afghanistan erfährt, ahnt sofort, dass ein Mensch solche Erlebnisse niemals vergessen wird und dass sie den Alltag der Heimkehrer nachhaltig prägen. Weniger bekannt ist der Öffentlichkeit, dass sich Bundeswehrsoldaten auch schon in den Einsätzen im ehemaligen Jugoslawien mit drastischen, zum Teil traumatisierenden Erlebnissen auseinandersetzen mussten.

Die Konfrontation mit dem Tod, mit brutal ermordeten Menschen traf viele Soldaten vollkommen unvorbereitet. Sie fanden Tote, denen die Kehle durchschnitten worden war, deren Körper durch Gewaltexzesse kaum noch menschliche Züge trugen. Trotz Anwesenheit der NATO-Schutztruppen waren

Hass und Gewalt an der Tagesordnung. Ein lebloser, verwe-
sender Körper zwischen Essensresten auf einem Küchentisch,
zerstückelte Leichen, die bei Patrouillen aufgefunden wurden – es sind diese Bilder, die die Soldaten bis heute nicht
losgeworden sind.

Mit den Afghanistan-Einsätzen, in denen sich die Aggression explizit auch gegen die internationalen Truppen wendet,
hat sich die Gefahr für Leib und Leben der Soldaten noch verschärft. Auch deutsche Soldaten sterben bei Sprengstoffatten-
taten, und die überlebenden Kameraden müssen mit dieser
Erfahrung umgehen. Besonders bewegend ist die Schilderung
eines Soldaten, der ein Sprengstoffattentat auf einen Bundes-
wehrkonvoi überlebte. Er selbst blieb weitgehend unverletzt.
Das Erlebte aber hat sich ihm bis in alle Einzelheiten ins Ge-
dächtnis eingebrannt: im ersten Moment der Schock und absolute Erstarrung, gefolgt von den Schreien der Verletzten.
Und schließlich der hilflose Versuch, den zum Teil schwer verwundeten Kameraden das Leben zu retten.

Auch das medizinische Personal kämpft bei solchen Ereignissen oft an vorderster Front. Ärzte sind als Erste zur Stelle,
wenn Attentate verübt wurden. Sie sind es, die stark verletzte
Menschen versorgen und die verkohlten sterblichen Überreste
der Opfer einsammeln müssen. Auch wenn vor dem Einsatz
alles getan wurde, um vorbereitet zu sein – die Erfahrungen
zeigen, dass in einem solchen Moment das Hilfesystem sehr
schnell an seine Grenzen stößt.

Die Soldaten stehen zudem immer wieder vor moralischen
Fragen, aus denen sich emotionale Belastungen ergeben.
Schuldgefühle unterschiedlicher Art begleiten die zurück-
gekehrten Soldaten in Deutschland. Sie kommen in ihr Einsatzland, um zu helfen, um Unrecht zu verhindern, und können doch oft nichts tun. Ein Mensch, mit dem man am Vortag
noch gemeinsam Tee getrunken und geplaudert hat, wird am
nächsten Morgen plötzlich tot aufgefunden – mit einer Axt

brutal erschlagen von der gegnerischen Kriegspartei. Flüchtlinge im Niemandsland zwischen dem Kosovo und Albanien werden von beiden Seiten beschossen – und die deutsche Patrouille darf nicht in das Geschehen eingreifen, weil sie nicht das Mandat dazu hat. Für viele Soldaten wäre es wichtig gewesen, in solchen Situationen dazwischentreten zu dürfen, um vielleicht wenigstens ein Menschenleben zu retten.

Nicht minder existenziell sind die Schuldgefühle von Soldaten, in deren Armen ein von Sprengstoff zerfetzter Kamerad starb. Warum gerade er? Warum habe ich überlebt? Diese und andere quälende Fragen lassen den Betroffenen oft keine Ruhe mehr. Auch bringt es die neue Qualität der Auseinandersetzungen in Afghanistan mit sich, dass immer öfter auch Zivilisten in bedrohliche oder lebensgefährliche Situationen verwickelt sind. Oft muss in Sekundenschnelle eine Entscheidung getroffen werden: Schießen? Oder besser abwarten? Zögern die Soldaten, so gefährden sie vielleicht ihr eigenes oder das Leben eines Kameraden. Schießen sie zu schnell, werden möglicherweise unschuldige Menschen getötet.

Soldaten berichten häufig übereinstimmend, ihnen sei oft nicht sofort bewusst gewesen, was sie erlebt und gesehen hatten. Sie standen unter dem Druck, in diesen extremen Gefahrenlagen zu funktionieren. Erst wenn eine Ruhephase eintrat, kamen die Bilder zurück – und sie begriffen, was ihnen widerfahren war.

Solche Ruhephasen gibt es im Alltag der Soldaten selten. Im Einsatz stehen sie ununterbrochen unter Anspannung. Erst nach ihrer Rückkehr in Deutschland fällt diese Anspannung ab und hinterlässt eine eigenartige Leere. Das Adrenalin, der Kick – so umschreibt es einer der Soldaten –, bleibt aus. Dies und das Gefühl, im Einsatzland doch irgendwie emotional beheimatet zu sein, dort seinen Platz in einem funktionierenden sozialen System gefunden zu haben, lässt bei manchen Soldaten eine paradoxe Sehnsucht aufkommen. Sie wollen zurück in den Einsatz, obwohl sie wissen, welche Gefahren und Entbehrungen dort auf sie warten.

Ihre zwischenmenschlichen Beziehungen stabil zu halten ist eine der größten Schwierigkeiten für die Soldaten. Durch die lange Abwesenheit von zu Hause verändern sich die Kontakte. An die Stelle der Familie rückt nach und nach die Kameradschaft in der Truppe. Sie ist zunächst ein ganz wichtiges Element, um die Extrembelastungen überhaupt durchhalten zu können. Man ist dem Geschehen nicht als Individuum ausgeliefert, sondern als Teil eines großen Ganzen. So entsteht eine zweite soziale Wirklichkeit, die auf lange Sicht aber eher zur Entfremdung von der Heimat beiträgt. Je länger der Einsatz dauert, desto seltener werden Briefe und Anrufe. Auch fehlt der gemeinsame Erlebnishorizont – die Soldaten haben den Eindruck, sich ihren Angehörigen zu Hause nicht verständlich machen zu können. Die Probleme der Zurückgebliebenen erscheinen ihnen vergleichsweise marginal. Interessanterweise beginnen die Soldaten jedoch oft, sich neu mit der Großelterngeneration auseinanderzusetzen, die Gewalt und Angst im Zweiten Weltkrieg erfahren hat.

Die Zahl der Soldaten, die an einer posttraumatischen Belastungsstörung erkranken, wächst kontinuierlich. Die Soldaten müssen feststellen, dass ihre Erfahrungen mit der völlig anderen deutschen Wirklichkeit nicht kompatibel sind und dass sie sich mit ihrem näheren Umfeld kaum darüber austauschen können. Die traumatisierenden Bilder und Erinnerungen kommen zurück an die Oberfläche. Schlafstörungen, Entfremdung von der Familie und von Freunden, sozialer Rückzug, aber auch unkontrollierte Aggression sind die Folge. Die Betroffenen haben das Gefühl, sich nicht mehr »unter Kontrolle zu kriegen« oder die rastlose Aktivität aus dem Einsatz nicht mehr auf ein normales Niveau herunterfahren zu können. Einige versuchen, die Sucht nach Adrenalin mit extremem Sport zu kompensieren, und gehen dafür bis an ihre Belastungsgrenze. Aber der glücklich machende Schmerz kann die innere Leere oft nicht mehr ausfüllen. Die Rückkehr in den sozialen Alltag gelingt nur unter Schwierigkeiten.

In den ersten Jahren der Auslandseinsätze war die Bundeswehr auf das Phänomen PTBS nicht ausreichend vorbereitet, wie aus Berichten hervorgeht. Die Seminare zur Nachbereitung wurden, so die Schilderungen von Soldaten, oft als zu kurz und oberflächlich empfunden. Auch verfügten die Psychologen anfangs nicht über die nötige Erfahrung, um die Erkrankung zu diagnostizieren und zu behandeln. Hinzu kommt, dass der Austausch über Emotionen vielen Soldaten nach wie vor schwerfällt. In einer Männerwelt, die durch das Bild vom »harten Soldaten« beherrscht wird, bleiben die Gesprächsgruppen häufig ergebnislos.

Diesem Szenario steht heute ein umfangreiches Vorsorge- und Nachsorgeangebot für den Umgang mit seelischen Belastungen von Soldaten gegenüber, wie uns ein befragter Arzt erläuterte. Es beginnt schon bei der Ausbildung der Einheitsführer; auch gibt es mittlerweile Peers, die in Gesprächsführung und im Vermitteln von Entspannungsverfahren geschult werden. Daneben dient der Truppensanitätsdienst als erste Anlaufstelle für Soldaten mit psychischen Problemen, bis hin zu einer stationären Betreuung psychisch erkrankter Soldaten. Doch Vorsorge ist die wichtigste »Bewältigungsstrategie«. Neben der körperlichen gilt es auch die psychische Fitness vermehrt zu stärken.

Anhand der Beiträge wurde uns noch etwas anderes deutlich: Die Lage der deutschen Soldaten im Auslandseinsatz hat sich mittlerweile stark verändert. Wenn es vor einigen Jahren vielleicht einmal im Monat zu einem Anschlag kam, so hat sich die Zahl der Attentate mittlerweile vervielfacht. Auch die Befehle haben sich verändert. Bei Beschuss erfolgt nicht mehr der Rückzug in die Kaserne, die Soldaten sind stattdessen angehalten, den Kampf aufzunehmen, auszuharren und zurückzuschießen – und das möglicherweise über Stunden. Soldaten, die solche Situationen erlebt haben, kommen mit anderen Symptomen und einer anderen Qualität psychischer Probleme zurück. Zudem ist die Zeit der Einzelfälle vorbei. Die Bundeswehr ist nicht mehr eine Hilfstruppe, die zur Not auch zu den Waffen greift – mittlerweile hat eine bittere Realität die Truppen eingeholt.

Ein Buch wie dieses wird sich immer der Frage stellen müssen, ob die abgedruckten Beiträge tatsächlich ein Abbild der »Wirklichkeit« sind. Ob sie vielleicht auch Teile der Realität aussparen und den Gesetzen einer Form von Selbstzensur folgen – die Erzählenden also bewusst oder unbewusst Details ausklammern. Und ob die Beiträge der beiden Soldaten, die wir nicht drucken durften, wirklich aus persönlichen Gründen zurückgezogen wurden? Wir wissen es nicht. Nur die Beteiligten können dies letztendlich beantworten.

Doch die Entstehungsgeschichte unseres Buches – flankiert von den Erfahrungen der Redaktion des »SZ-Magazins« – hat bei uns einen Verdacht hinterlassen: Was in Auslandseinsätzen passiert, welche Folgen das Erlebte für die Soldaten noch lange Zeit nach ihrer Rückkehr haben kann und wie es ihr Leben verändert – das alles soll anscheinend nicht in die Öffentlichkeit gelangen. Deshalb will dieses Buch einen Eindruck davon vermitteln, womit deutsche Bundeswehrsoldaten in Auslandseinsätzen konfrontiert sind. Und zwar in Zeiten, in denen offenbar seitens der Bundeswehr Vorbehalte bestehen, die Öffentlichkeit an dieser Wirklichkeit in all ihren Facetten teilhaben zu lassen. Eine öffentliche Diskussion ist – offensichtlich – unerwünscht.

Köln, im Januar 2010

EIN EINSATZ IST FÜR KEINE BEZIEHUNG GUT

Torsten Dunkeld

Ich bin bei der Bundeswehrlogistik. Von uns Logistikern gibt es nur wenige. Es gehen immer dieselben in den Einsatz, so ungefähr alle zwei Jahre. Die anderen sind krank, können nicht, sitzen auf ihren Dienstposten in Ämtern oder wollen nicht. Es gehen immer die Altbewährten. Dabei müssten wir nicht mehr gehen. Wir könnten drum herumkommen. Ich könnte aus der Nummer rauskommen, wenn ich sagen würde, dass ich geschieden bin und mein Beruf eine Menge mit dem Scheitern meiner Ehe zu tun hat. Es wäre falsch, zu behaupten, dass das der Hauptgrund war, aber es war mit Sicherheit einer der Gründe.

Die Frauen von jüngeren Kameraden, die Anfang, Mitte dreißig sind und Kinder und ein Haus haben, werden immer selbstständiger. Auf ihren Schultern lastet eine Menge Verantwortung. Und wenn der Mann dann wieder nach Hause kommt, wird er nicht mehr so gebraucht wie vorher. Als ich nach dem dritten Einsatz nach Hause kam – ich hatte meine Uniform noch nicht mal ausgezogen –, da sagte meine Frau: »Jetzt bist du wieder da und nimmst mir die Kinder.« Ich erwiderte: »Schatz, ich trink jetzt erst mal eine Flasche Rotwein mit dir«, und verteilte ein paar Geschenke. Auf einmal fing sie an zu weinen.

Ich habe drei Einsätze gemacht, während ich zu Hause Frau und Kinder hatte. Nach jedem Einsatz gab es etwas Neues. Meine Frau wurde immer selbstständiger, hat den Führerschein gemacht und so weiter. Sie hat sich während der Zeit neue Hobbys gesucht, allerdings keine besonders schönen. Sie amüsierte sich, ging auf Partys. Das war nicht gerade toll.

Meine Frau hat mir nie davon abgeraten, in den Einsatz zu gehen. Eigentlich war sie eine stolze Soldatenfrau. Sie war stolz darauf, dass ihr Mann im Einsatz war. Und sie war auch stolz auf sich selbst, weil sie alles allein gemanagt hat, einmal über vier und zweimal über sechseinhalb Monate. Wenn man dann wiederkommt, wird einem viel Arbeit aus der Hand genommen. Das ist nicht einfach, für beide nicht. Besonders, wenn die Frauen auch noch berufstätig sind. Die haben es am schwersten, sich wieder neu zu orientieren, wenn der Mann zurückkommt. Man muss dann ruhig und zurückhaltend sein, liebevoll, die Frau erst einmal machen lassen. Ihr muss erst langsam bewusst werden, dass der Mann wieder da ist.

Während des ersten Einsatzes haben sie mich wieder nach Hause geholt, weil meine Frau psychisch am Boden war. Das drückte sich auch körperlich aus. Sie hatte sich an die Familienbetreuungsstelle gewandt, später auch an den Truppenarzt, der sie untersucht hat. Sie riefen mich in Kroatien an. Ich kam zurück nach Hause, und auf einmal war alles wieder gut. Es war rein psychisch. Ob die Familienbetreuungsstellen wirklich helfen können, weiß ich nicht. Wenn eine Frau Probleme hat, wenn sie beruflich und familiär sehr beansprucht ist, was soll die Familienbetreuungsstelle da ausrichten? Es ist gut, dass es sie gibt, aber die Frauen lassen sich dort kaum beraten. Wie soll das auch gehen? Da sitzen Soldaten, die sind nicht entsprechend ausgebildet.

Während meines letzten Einsatzes hatte ich einen Kameraden, der frisch verliebt war. So sollte man ohnehin nicht in den

Einsatz gehen. Er hat es nicht gepackt. Er hat nach vier Wochen eine wahnsinnige Sehnsucht gekriegt und hatte Angst, die Frau zu verlieren. Sie haben es ihm sehr schwer gemacht, nach Hause zu kommen. Man appellierte an seine Ehre, als Mann und als Soldat. Also ganz schlimm. Das hat mir gar nicht gefallen. Dieser Mann wird nie wieder in einen Einsatz gehen. Hätte man ihn nach Hause geschickt, hätte man ihm gesagt: »Geh nach Hause, ordne deine Verhältnisse« – er wäre vielleicht nach ein, zwei Jahren wieder gegangen. So müssen nun andere für ihn gehen.

Nach einem Einsatz sitze ich meist mit Kameraden zusammen, und wir sprechen schon wieder über den nächsten Einsatz. Wir versuchen uns zu motivieren. Warum gehen wir runter? Wir wollen gar nicht mehr. Wir finden es ungerecht, dass immer dieselben gehen. Wir sind nun mal Logistiker, und in der Logistik wurde mächtig gekürzt im Lauf der letzten Jahre. Andererseits sagen wir uns: Es ist unser Beruf. Das Bataillon geht runter, und wir stehen auf der Liste. Punkt. Gehen wir also. Wenn wir aus dem Kreislauf rauswollten, müssten wir zum Arzt und Krankheiten vorheucheln, die wir nicht haben; oder uns an einen Psychologen oder Pfarrer wenden und sagen, wir seien psychisch krank. Einen Grund hätten wir eigentlich alle. Ich meine, nach über 800 Tagen Einsatz könnte ich schon sagen: »Meine Frau hat mich mit den Kindern verlassen, ich habe mein Grundstück verloren – mir reicht's.« Finanziell haben sich die drei Einsätze also auch nicht gelohnt für mich, weil nach der Scheidung alles meine Frau bekommen hat.

Ich wurde 1965 im Oderbruch geboren. Später zog die Familie nach Frankfurt an der Oder. Dort habe ich die Polytechnische Oberschule besucht und im Anschluss eine Lehre zum Fahrzeugmechaniker gemacht. Danach ging ich in Prora auf die Unteroffiziersschule. In Prora wurde ich zum Unteroffizier ernannt. Die nächste Station war in Potsdam-Eiche, als In-

standsetzer. Bis zur Wende hatte ich in dieser Position nur mit
Reservisten zu tun. Ich habe da mit Soldaten gearbeitet, die
meine Väter hätten sein können. Das war eine harte Zeit, die
einen schnell altern ließ.

Später bin ich zum Stabsfeldwebel befördert worden. Dann
kam die Wende. Wir waren die allerersten NVA-Soldaten, die
Berufssoldaten der Bundeswehr geworden sind. Das war am
1. Dezember 1990. Wir bekamen wunderbare Kameraden aus
dem Westen, tolle Menschenführer – Soldaten, die noch mit
Patriotismus an die Sache herangingen. Wir selbst hatten
überhaupt kein Problem damit, die Uniform zu wechseln. Es
lief alles sehr kameradschaftlich ab, sehr freundschaftlich.
Man hat uns voll integriert. Man hat uns nicht spüren lassen,
dass wir mal NVA-Soldaten waren.

Bis 2003 blieb ich als Berufssoldat in Potsdam-Eiche. Ich war
schon Hauptfeldwebel, als ich 1996 in den ersten Einsatz ging,
und zwar nach Kroatien, kurz nach dem Bosnienkrieg. Weihnachten 1995 haben wir erfahren, dass unserer Kompanie befohlen ist, als Instandsetzungskompanie am dritten IFOR-Ein-
satz teilzunehmen. Und dann gingen die Vorbereitungen für
den Einsatz auch schon los. Wir wurden neu eingekleidet, es
gab eine spezielle Einsatzausbildung. Das war alles neu für
uns. Die Einsatzausbildung wurde in Stationen durchgeführt.
Es wurde immer der Ernstfall geprobt: *the worst case.* Wir lern-
ten, wie man deeskalierend auf Menschen einwirkt. Wie man
reagieren muss, wenn Menschenmassen auf einen zukommen,
beispielsweise Demonstranten. Wir wurden natürlich auch an
den Waffen ausgebildet, dazu die Sprengausbildung, sehr viel
Erste Hilfe. Das Verhalten bei Geiselnahme wurde auch geübt.
Ich bin der Meinung, die Einsatzvorbereitung war gut und
wichtig. Als Instandsetzer haben wir jedoch keine wirklich
schlimme Situation erlebt. Wir werden selten herangezogen,
eine Patrouille durchzuführen oder einen Checkpoint zu kontrollieren, denn ohne die Logistik geht gar nichts.

Die Orte in Kroatien, die direkt an der Adria liegen, waren noch sehr gut erhalten. Dort waren nur wenige Kriegsschäden zu sehen; ein paar Einschusslöcher hier und da. Aber wir sind auch in die Krajina gefahren, da sah man dann Totendörfer, absolute Totendörfer. Und damit den Krieg. Die Häuser waren total zerstört, entweder durch Kriegshandlungen oder durch die Bewohner selbst, die ihre Häuser verlassen hatten. Sie hinterließen verbrannte Erde. Alles war vermint. Man durfte sich nur auf den Wegen aufhalten. In der Vorausbildung wurde man gründlich dafür sensibilisiert – dass man die Wege nicht verlässt. Wenn man pinkeln muss, dann in die Lkw-Spur, keinen Schritt rechts oder links davon. Die Krajina war sehr zerstört. Solche Anblicke vergisst man nicht.

Das Arbeitspensum als Instandsetzer ist immer sehr hoch. Was wiederum auch gut ist, dann vergeht die Zeit schneller. In Kroatien konnten wir täglich raus aus dem Lager, auch in Zivil. Wir waren in einem befriedeten Gebiet, und somit war es ein ungefährlicher Einsatz. Das war auch gut so. Man musste sich ja schließlich erst einmal an die vier Monate gewöhnen. Das ist eine lange Zeit. Jetzt fallen mir vier oder sechs Monate Einsatz nicht mehr so schwer wie am Anfang. Aber der erste Einsatz, vier Monate Trennung von Frau und Kindern, das war schon heftig. 1996 waren Handys noch nicht so weitverbreitet. Wir haben uns eins besorgt und zu dritt geteilt. Die Rechnung haben wir selbst bezahlt. Das war nicht billig. Ich habe meiner Frau in dieser Zeit viel geschrieben, jeden Tag ein paar Zeilen. Wenn wir miteinander telefonierten, hat sie immer viel geweint. Die Kinder seien krank, ihr gehe es schlecht. Aber ich habe es verdrängt. Ich habe immer gesagt: »Halte noch durch, es ist nicht mehr so lange.« Dann hat sie sich, wie gesagt, ans Familienbetreuungszentrum gewandt. Daraufhin sagte mein Chef zu mir: »Pack deine Sachen, fahr nach Hause.«

Der Rückflug, am Ende die Landephase in Deutschland, das sind die schönsten Gefühle, die man haben kann. Das ist bei jedem Einsatz so. Schon die letzten Tage sind schön, wenn man austrudelt, wenn die Nachfolger schon da sind und den Job übernommen haben. Man hat die Ausrüstung abgegeben und bereitet sich auf die Abreise vor. Ungefähr zwei Tage lang lässt man alles auslaufen. Das muss man machen, dieses geistige Austrudeln, gerade wenn man vier bis sechs Monate unter Hochspannung gearbeitet hat. Dann der Flughafen, der Abflug, von wo auch immer, Richtung Deutschland.

Nach dem ersten Einsatz ging es relativ schnell, dass zu Hause in meiner Familie alles wieder im Lot war. Da war ich Anfang dreißig. Ich hatte das Gefühl, zu Hause gefehlt zu haben. Mein Sohn war damals ein Jahr alt. Für meine Frau war die Zeit des Einsatzes nicht leicht gewesen. Nach dem zweiten und dritten Einsatz renkte sich unser Zusammenleben nicht mehr so leicht ein. Da hat es Monate gedauert. Letztendlich lief es auf Scheidung hinaus.

Der zweite Einsatz war 2001 im Kosovo, sechseinhalb Monate. Damals bildete ich mir ein, mich nach den beiden Einsätzen nicht verändert zu haben. Jetzt, nach über 800 Tagen, vielleicht schon. Aber bislang hat es mir noch keiner gesagt. Man sagt allgemein, dass man ernster wird, aber ich glaube, das bringt auch das Alter mit sich. Man wird reifer. Wie gesagt, wir hatten keine schlimmen Erlebnisse. In Afghanistan konnten wir gar nicht aus dem Lager raus. Es war zu gefährlich, und außerdem hatten wir jede Menge zu tun. Meine Exfrau hat damals nicht gesagt, dass ich mich verändert hätte. Sie ist allerdings auch eine sehr starke Frau, und in einem solchen Moment hätte man ja Gefühle preisgeben müssen.

Von Mai bis November 2001 war ich im Kosovo. Es wurden Spezialisten gesucht, und der Kommandeur wollte mich mitnehmen. Ich sagte zu und hatte das auch mit meiner Frau so abgesprochen. Ich habe die Vorausbildung teilweise noch einmal absolviert. Inzwischen hatte ich mein eigenes Handy, musste mir keines mehr mit anderen Kameraden teilen wie im ersten Einsatz. Die Bundeswehr hat einen Vertrag mit einer Firma, da ist der Tarif annehmbar. Trotzdem habe ich auch wieder sehr viel geschrieben. Auch meine Frau hat mir oft geschrieben. Ich war derjenige, der die meiste Post bekam. Es ist gut, zu schreiben. Man schreibt sich Dinge, die man sich lange nicht mehr gesagt hat. Wenn man zu Hause ist, holt einen der Alltag dann aber doch ziemlich schnell wieder ein.

Ich denke schon, dass ich als Mensch gereift bin. Nicht nur als Soldat. Aber der Beruf verändert einen. Ich musste als Soldat auch andere Menschen führen, und das prägt. Man überträgt das automatisch auf den Umgang mit der Frau und den Kindern. Das ganze Auftreten verändert sich. Inzwischen habe ich eine neue Freundin, die von meinen Erfahrungen profitiert. Jetzt bin ich so weit, dass ich offen Gefühle zeigen kann. Das habe ich vorher nicht gemacht.

Im Kosovo brachte es mein Dienstposten mit sich, dass ich sehr viel fahren musste. Als Soldat ist man da für bestimmte Dinge sensibilisiert. Man passt auf, verlässt die Wege nicht, macht keine unnötigen Touren. Man steht unter Spannung. 2001 waren die Kriegsspuren noch zu sehen. Man beobachtete die verschiedenen Bevölkerungsgruppen und die Schutztruppen, die Menschen und Gebäude bewachten. Die Situation war permanent angespannt, und man musste sich zwingen, nicht in jedem Kosovo-Albaner einen bösen Menschen zu sehen.

Der Kosovo ist eine einzige Müllhalde, und die Leute stehen tatenlos auf ihren Marktplätzen herum. Da macht man sich so seine Gedanken. Man könnte hingehen und sagen: »Leute, warum steht ihr hier rum? Räumt eure Müllberge weg, macht die Straßen sauber, baut euer Land auf.« Aber die Kosovo-Albaner wurden immer geführt, erst durch die Osmanen, später durch die Serben. Sie sind es nicht gewohnt, allein was in die Hand zu nehmen.

Die Kameradschaft untereinander habe ich immer als positiv empfunden. Da denkt man eigentlich, es gibt keine Steigerung, aber je höher die Arbeitsbelastung, desto stärker die Kameradschaft und desto intensiver die Zusammenarbeit. Gerade bei meinem letzten Einsatz in Afghanistan. Wir haben uns dort selbst eine Auflage gemacht, die eigentlich nicht einzuhalten ist, gerade als Logistiker: Wenn wir wieder in den Einsatz gehen, dann in derselben Besetzung. In Afghanistan waren wir die Einsatzzentrale der Logistik. Wir saßen zu zwölft in einem riesengroßen Zelt. Wir waren die höchste Ebene und haben alles gemeinsam organisiert und Probleme gelöst.

Wenn man vier Monate lang sieben Tage die Woche unter Hochdruck steht, dann kommt man mit der Arbeit zu Hause nicht mehr klar. Das geht nicht nur mir so; ich kenne Kameraden, die empfinden es ähnlich. Die Arbeitsanforderungen im Einsatz unterscheiden sich extrem von den Aufgaben zu Hause, im Frieden. Als Logistiker müssen wir uns hier einfach nur in Übung halten. Wie soll man das machen? Hier wird die Instandsetzung, die Logistik immer mehr in die Hände der Wirtschaft gelegt. Im Einsatz aber sind wir auf uns gestellt. Man kann die Arbeit im Einsatz hier zu Hause als Logistiker schlecht üben. Im Einsatz gibt es gepanzerte Fahrzeuge, die repariert werden müssen, hier nicht.

Man kann schon sagen: Was die Arbeit betrifft, sind wir »einsatzgeschädigt«. Es gibt ja auch die Einsatz-Junkies, die gar nicht mehr anders können, als immer wieder in den Einsatz zu gehen. Wir fühlen uns hier zu Hause absolut unterfordert. Früher haben wir es nie so empfunden, aber mittlerweile ist es extrem.

Mein erster Afghanistan-Einsatz war von November 2006 bis März 2007. Auch dieses Mal ging ich mit der Instandsetzungskompanie. Es gab eine Einsatzvorbereitungsausbildung, wie vor den anderen Einsätzen auch. Es ging um die RoEs, die

Rules of Engagement. Also beispielsweise darum, wie man sich bei einer bewaffneten Auseinandersetzung verhält. Wenn es zu einem Gefecht kommt, wird auf einen sich zurückziehenden Feind nicht mehr geschossen. Mittlerweile überdenkt man das aber. Ich meine, wir sind ja nun in Kriegshandlungen miteinbezogen. In einen ISAF-Einsatz nach Afghanistan zu gehen ist etwas ganz anderes, als in den Kosovo zu gehen. Der ISAF-Einsatz ist ausgesprochen gefährlich.

Wenn man aber ein, zwei Einsätze hinter sich hat, spielt die Region keine Rolle mehr. Jedenfalls empfinde ich das so. Die Feldlager sind überall ähnlich. Mittlerweile hat man auch schon einige Erfahrung damit, Feldlager einzurichten, das sieht man deutlich in Afghanistan. Da gibt es inzwischen richtig gute Feldlager. Sie bestehen aus Container-Modulen. Die Container sind extra gehärtet, aber trotzdem werden noch Sandsäcke draufgelegt. Natürlich besteht immer die Gefahr eines Raketeneinschlags von den Bergen her. Aber das weiß man eben auch. Man macht keine Fahrten aus dem Feldlager heraus, die nicht unbedingt notwendig sind.

In meinem ersten Afghanistan-Einsatz hatten wir ein Patendorf, zu dem wir öfter hinfuhren. Wenn man da draußen steht und seine Fahrzeuge bewacht, ist das ein ganz mulmiges Gefühl. Man sieht ein Taxi auf sich zu rasen und hat schon die Hand am Sicherungshebel der Waffe. Oder da kommt ein Afghane daher, und der stellt sein Fahrrad genau neben einem ab, und am Lenker hängt ein Beutel oder ein Paket steht hintendrauf ... Man stellt sich um die Fahrzeuge auf, damit sie geschützt sind; wenn es knallt, hat man eben Pech gehabt. Dann kann man nur hoffen, dass man wenigstens ganz weg ist und nicht als halber Mensch nach Hause kommt. Man ist aufs Äußerste angespannt, beobachtet seine Umgebung bis ins Detail ganz genau. Den unterstellten Soldaten gegenüber muss man allerdings sicher auftreten, man muss Routine ausstrahlen, darf nicht in Hektik verfallen.

Ich glaube nicht, dass ich PTBS habe. Aber das kann sich mitunter auch erst Jahre später zeigen. Ich habe Freunde und Kollegen, bei denen es so war. Mich haben eher die Anspannung und das enorme Arbeitsaufkommen geprägt. Es ist jetzt vier Monate her, und ich erschrecke manchmal selbst darüber, dass dieses Gefühl noch immer da ist. Wir reden ja schon über den nächsten Einsatz: wie wir ihn gestalten, wie wir unsere Aufträge bearbeiten werden. Wir gehen wieder fast als das gleiche Team, das wird im Juli nächsten Jahres sein. Natürlich wollen wir wieder dieselben Leute dabeihaben, mit denen wir schon einmal einen Einsatz gut überstanden haben. Das ist aber nicht immer möglich, weil die Fluktuation in der Bundeswehr ziemlich hoch ist. Wir wollen jedoch keinen mitnehmen, der nicht belastbar ist oder mit dem es menschlich nicht hinhaut. Wenn man zu zwölft in so einem Zelt sitzt, zehn oder mehr Stunden am Tag, sieben Tage die Woche, dann ist es von entscheidender Wichtigkeit, wer im Team ist.

Zwei Mal war ich im Sommer im Kosovo. Den Sommer holt man nicht mehr auf. Gerade im Sommer – ich hatte Frau und Kinder und ein Grundstück ... Eigentlich ist es gestohlene Zeit. Die finanzielle Entschädigung wiegt das nicht auf. Während meiner fünf Einsätze haben sich mehrere Soldaten das Leben genommen. Sie haben sich erschossen. Das macht nachdenklich. Wie verzweifelt muss ein Mensch sein, um so etwas zu tun!

In den Einsätzen wachsen einige Kameraden über sich hinaus, die in Deutschland eher so vor sich hin dümpeln. Im Einsatz bringen sie Höchstleistungen. Unsere Arbeit als Instandsetzer ist sinnvoll, ohne uns gehen die anderen zu Fuß und unser Auftrag kann nicht erfüllt werden. Allerdings steht die Familie letztendlich über allem. Das ist bei mir so und auch bei meinen Kollegen. Wir wollen nicht mehr in den Einsatz. Wir wollen einfach nicht mehr. Aber wenn wir auf der Liste stehen, wenn unser Bataillon runtergeht, dann kommt wieder das berufliche Pflichtgefühl und wir gehen. Wir sind physisch und hoffentlich auch psychisch noch fit. Man geht halt. Aber wir waren drei, vier Mal unten und wir wollen nicht mehr, weil zu Hause viel kaputtgeht. Ein Einsatz ist für keine Beziehung gut. Nur: Wie kommt man da raus?

August 2009

DARAUF KANN MAN NIEMANDEN VORBEREITEN

O. Herz

Hier in Deutschland war keiner auf die Rückkehr von Bundeswehrsoldaten eingestellt. Niemand wusste, wie das abläuft. Meine Familie verhielt sich sehr abwartend, sie fragten sich, ob ich noch derselbe bin, wie stark ich mich wohl verändert habe, ob ich mich bei jedem Türenknallen auf den Boden werfen würde.

Die Fernsehberichte in Deutschland unterschieden sich oft deutlich von dem, was man selbst erlebt hat. Meine Eltern hatten erwartet, dass ich wie ein Veteran aus dem Zweiten Weltkrieg zurückkomme, nervlich völlig am Ende. Meine beiden Großväter waren im Zweiten Weltkrieg. Ich habe meinen Vater gefragt, ob ich mit einem meiner Großväter über den Einsatz sprechen soll, aber er hat mir davon abgeraten. Mein Großvater hat nie vom Krieg erzählt. Als ich ein kleiner Junge war, vielleicht ein, zwei Mal, aber dann war es auch schon zu viel für ihn, und er wollte nicht weiter darüber reden.

Ich habe die Fachhochschulreife und danach eine Ausbildung zum Bankkaufmann gemacht. Nach der Lehre habe ich ein halbes Jahr in meinem Beruf gearbeitet und bin dann als Wehrpflichtiger zur Bundeswehr eingezogen worden. Ich habe festgestellt, dass mir das Soldatsein gut liegt und dass mir das Umfeld gefällt. Also habe ich mich dann schrittweise immer weiter verpflichtet, zum Schluss auf zwölf Jahre. Seit 2005 bin ich nicht mehr bei der Bundeswehr. Allerdings bin ich als Reservist noch mit der Bundeswehr verbunden. Ich war zwölf Jahre dabei und konnte nicht einfach von einem auf den anderen Tag einen totalen Schnitt machen.

Mein erster Auslandseinsatz war 1999 im Kosovo. Ich wurde zuerst nach Mazedonien geschickt, zu einer Zeit, in der von einem KFOR-Einsatz noch nicht wirklich die Rede war. Damals waren noch die OSZE-Beobachter dort. In Mazedonien waren nur knapp 300 Soldaten stationiert, um mit Drohnen, den unbemannten Flugkörpern, den Kosovo zu überwachen und die OSZE-Beobachter im Notfall mit einem Infanteriezug zu evakuieren. Im März 1999 war im Grunde nur dieser kleine Einsatz geplant. Im Lauf der politischen Entwicklung wurde aufgestockt zu diesem riesengroßen KFOR-Einsatz und zur Besetzung des Kosovos. Ich habe das ganze Flüchtlingsdrama mitbekommen um Ostern 1999. Ich stand an der mazedonisch-kosovarischen Grenze und habe Flüchtlinge mit in Empfang genommen, habe sie in Flüchtlingslagern untergebracht und betreut und auch erlebt, wie ein Großteil der Flüchtlinge wieder zurückkonnte, nachdem das Abkommen mit Restjugoslawien geschlossen worden war.

In der Anfangszeit zeichnete es sich nicht ab, dass der Einsatz im Kosovo ein größeres Unternehmen werden würde. Klar, wir haben im Fernsehen gesehen, wie die Verhandlungen in Frankreich liefen und dass sie letztendlich scheiterten. Unmittelbar nach diesen Verhandlungen suchte Serbien nach einer militärischen Lösung, und dann kamen die Flüchtlinge. Als die Flüchtlinge die Grenze überquerten, wirklich scharenweise, war uns klar: Es muss irgendwas passieren, das kann so nicht weitergehen. Die Flüchtlinge kamen nicht nur nach Mazedonien, sondern auch nach Albanien. Albanien ist ein bitterarmes Land. Man war dort nicht in der Lage, die vielen

Menschen aufzunehmen. Die Leute waren zwar ausgesprochen hilfsbereit, aber sie konnten nicht so viel geben, wie sie vielleicht gern gegeben hätten. An manchen Tagen haben die deutschen Soldaten auf ihre Rationen verzichtet, damit die Flüchtlinge sie bekamen. Es zeichnete sich ab, dass man die Lage politisch so nicht hinnehmen konnte. Aber darauf hatten wir keinerlei Einfluss. Es war ein Gefühl großer Unzufriedenheit, hinter der Grenze in Mazedonien zu sitzen und jeden Abend in den Nachrichten zu sehen, dass im Kosovo die serbische Sonderpolizei und das Militär wieder Dörfer ausgelöscht und »gesäubert« hatten, und wir saßen keine 20 Kilometer Luftlinie davon entfernt und durften nichts tun. Da herrschte bei uns eine große Anspannung.

Die Hilfsorganisationen vor Ort konnten am Anfang überhaupt nichts ausrichten. Das große Problem dieser Organisationen – das konnte ich in den Flüchtlingslagern mitverfolgen – war, dass ihnen die Kapazitäten fehlten. Alle Nationen, gerade auch die Deutschen, stellten Zelte, die eigentlich als Notunterkünfte für die Soldaten gedacht waren, den Flüchtlingen zur Verfügung. In den ersten Wochen wurden die Flüchtlingslager also nicht von internationalen Hilfsorganisationen betreut, sondern vom Militär. Das waren rein militärisch betriebene und versorgte Flüchtlingslager. Die medizinische Versorgung klappte sehr gut. Gerade die deutschen Sanitäter waren Tag und Nacht ununterbrochen im Einsatz. Es kamen ja auch viele Schwerverletzte über die Grenze. Ich habe Kinder mit Schusswunden gesehen …

Die Lager wurden nach außen hin abgesichert und bewacht. Mazedonien ist ein Vielvölkerstaat, es gibt dort eine albanische, aber auch eine serbische Minderheit. Und die serbische Minderheit war natürlich nicht begeistert, dass Hunderttausende Albaner aus dem Kosovo nach Mazedonien strömten. Diese militärische Absicherung der Lager war Teil unserer Aufgabe. Ich war dort Fernmelder und hatte die Kommunikation zwischen den Flüchtlingslagern und dem deutschen Hauptlager sicherzustellen. Das Flüchtlingslager war nicht im deutschen Camp untergebracht, sondern etwas außerhalb. Zum Beispiel musste gemeldet werden, was an medizinischem Gerät, Nahrungsmitteln, Kleidung und so weiter benötigt wurde. Das war für mich noch der angenehmere Teil.

Dann begannen im Mai die Luftangriffe auf Restjugoslawien. Tetovo in Mazedonien war der letzte Orientierungspunkt vor der Grenze. Wir haben Flugzeuge der Alliierten beobachtet, die den Ort als Navigationspunkt genutzt haben, und wir haben Marschflugkörper gesehen, die über den Ort geflogen und auf der anderen Seite der Grenze eingeschlagen sind. Das war nervenaufreibend, denn man wusste zu diesem Zeitpunkt nicht, wie die serbische Seite reagieren würde. Die Kaserne, in der wir untergebracht waren, befand sich in Artillerie- und Raketenschussweite, es wäre also durchaus möglich gewesen, dass von der anderen Seite der Grenze auf uns zurückgeschossen würde. Da war die Anspannung beträchtlich.

Nachdem das Friedensabkommen geschlossen war und wir in den Kosovo verlegt wurden, begann dort die eigentliche Arbeit. Die öffentliche Ordnung musste aufrechterhalten beziehungsweise wiederhergestellt werden. Hinzu kamen die Massengräber. Täglich wurde uns von albanischen Einwohnern gemeldet, wo sich Massengräber befanden. Dann wurden kleine Gruppen der Militärpolizei, meist von den Feldjägern, losgeschickt, die die Tatortermittlung gemacht und alles an das UN-Kriegsverbrechertribunal weitergeleitet haben.

Die Feldjäger brauchten natürlich auch eine Kommunikationsanbindung. Für den Funk ist die Gegend ein ungünstiges Terrain, mit sehr vielen Hügeln und Bergen, also musste ich oft mit der Satelliten-Kommunikationsanlage ausrücken und war bei einigen Exhumierungen von Massengräbern dabei. Das war von allen Aufgaben die schwerste. Darauf war ich nicht vorbereitet, in keiner Weise. Darauf kann man niemanden vorbereiten.

Gerade am Anfang fehlten uns jede Menge Leute. Das, was zu tun war, konnte man mit der Anzahl von Leuten, die zur Verfügung stand, so gut wie nicht bewältigen. Wir haben oftmals vierundzwanzig Stunden am Tag gearbeitet. Drei, vier Tage nicht zu schlafen war eher die Regel als die Ausnahme. Normalerweise erledigen die spezialisierten Einheiten jeweils unterschiedliche Aufträge, aber wenn zu wenig Personal da ist, muss jeder jede Aufgabe übernehmen. So musste ich also auch mit exhumieren.

Erstaunlicherweise habe ich es irgendwie verkraftet. Ich hatte ungefähr zwei Jahre lang hin und wieder Albträume, aber seit drei, vier Jahren gar nicht mehr. Ich habe von diesen Massengräbern geträumt. Wir hatten beispielsweise ein Massengrab, daran erinnere ich mich noch sehr deutlich, das war eine komplette Dorfschule. Von Kindern im Grundschulalter bis zu Fünfzehn-, Sechzehnjährigen. Alle dort verscharrt, in diesem Massengrab. Kinder. Das war das Schlimmste.

Man hat sich schon Gedanken darüber gemacht, was einen erwarten würde bei so einem Auftrag. Man ist als Soldat, der für den »klassischen Krieg« ausgebildet wurde, auf Tote gefasst – aber auf tote Soldaten. In der Regel tote Männer. Aber wenn man dann das erste Mal tote Kinder und Frauen sieht – das liegt völlig außerhalb dessen, was man sich vorstellen kann.

Relativ schnell stumpft man dann ab. Man lässt das Geschehene nicht mehr so nah an sich heran, und irgendwann nimmt man es weniger intensiv wahr. Wenn man bei jedem Toten darüber nachgedacht hätte: »Das war ein Mensch wie ich, er hatte Eltern, und vielleicht hatte er Kinder. Wie mag sein Leben gewesen sein, aus dem er gewaltsam herausgerissen wurde?« – das wäre nicht auszuhalten gewesen. Ich denke, die Abstumpfung ist eine ganz natürliche Reaktion.

Es gab einen Truppenpsychologen für das deutsche Kontingent. Das Kontingent war ungefähr 5000 Soldaten stark. Man hätte zu ihm gehen können – wenn man die Zeit dazu gehabt hätte. Wie gesagt, wir haben oft zwei, drei Tage durchgearbeitet.

Zur damaligen Zeit, 1999, hatte sich die Bundeswehr noch nicht so weit für Frauen geöffnet wie heute. Damals war die Bundeswehr ein ziemlich männlich geprägter Haufen. Das muss man ganz klar sagen. Da wäre keiner so einfach mal eben zum Truppenpsychologen gegangen. Für so etwas hatte man die Kameraden. Die Kameradschaft in einem Einsatz ist eine andere als die in einer Kaserne in Deutschland, wo man Dienst von 7.30 Uhr bis 17 Uhr hat, und danach geht man nach Hause. Dort unten im Kosovo hatte man vierundzwanzig Stunden am Tag dieselben Leute um sich. Die Kameradschaft hilft sehr. Man kann über alles sprechen, die Kameraden sind einem teilweise näher als Verwandte.

Ich bin kein praktizierender Christ, aber ich muss sagen, die Truppenpfarrer, die Militärseelsorger, waren wichtiger als der Truppenpsychologe. Sie waren fast ständig vor Ort, man konnte sie einfach ansprechen und sie haben einem zugehört. Man hatte das Gefühl, dass sie einen besser verstanden haben als der Truppenpsychologe. Aber gut, einer für 5000 Leute, das ist kein angemessenes Verhältnis.

Im deutschen Kontingent gab es immer eine Wochenmeldung, bei der über alle Bereiche nach Deutschland berichtet werden musste. Auch der Truppenpsychologe hatte seinen Beitrag zu dem Bericht zu leisten, und da habe ich ihn kennengelernt. Er war kein Soldat. Er trug zwar Uniform, aber er war ein ganz normaler Psychologe, der entsprechend seiner Ausbildung mit einem militärischen Dienstgrad eingestellt wurde. Aber er war kein Soldat. Der gemeinsame Hintergrund fehlte. Er hatte nie eine Grundausbildung gemacht und nie mit einer Waffe geschossen. Sicher, das macht einen Menschen nicht schlechter, aber es fehlte einfach die gemeinsame Basis, um miteinander reden zu können. Deswegen hat man ihn auch eher gemieden. Die geistlichen Seelsorger dagegen waren meistens irgendwann mal Wehrpflichtige, die haben einiges erlebt, insofern gab es einen gemeinsamen Nenner. Das machte die Kommunikation wesentlich leichter.

Der Tag, an dem wir in den Kosovo einrückten, war ein intensives Erlebnis. Wir fuhren morgens sehr früh los, und kaum war die Sonne aufgegangen, kamen wir durch die ersten Dörfer. Hunderte, Tausende von Albanern standen an den Straßen. Sie freuten sich, dass jetzt die NATO da war, dass die Serben abgezogen waren. Das waren starke Emotionen. So etwas habe ich vorher nicht erlebt und auch danach nicht mehr. Man musste die Fenster runterkurbeln, jeder wollte einem die Hand schütteln, das war quasi ein Autokorso in den Kosovo. Für mich war das ein besonderer Moment.

Da ich im Kosovo die Fernmeldezentrale leitete, ging alles, was an Nachrichten vom deutschen Kontingent nach Deutschland übermittelt wurde, über meinen Schreibtisch. Umgekehrt natürlich auch alles, was aus Deutschland vom Einsatzführungskommando für das Kontingent in den Kosovo kam. Ich habe die Berichte der Militärpolizei und der einzelnen Stationen außerhalb gelesen, in denen mitgeteilt wurde, dass Albaner alte Rechnungen beglichen haben. Teilweise gegen noch verbliebene serbische Einwohner, teilweise gegen Sinti und Roma, die man verdächtigte, mit den Serben zusammengearbeitet zu haben. Aber auch die Albaner untereinander. Das war schon ernüchternd. Man hatte mit eigenen Augen gesehen, was den Albanern angetan wurde, und kaum waren sie zurück, machten sie genau das Gleiche mit den Serben. Gerade zu Beginn meiner Zeit dort wurden viele serbische Häuser angezündet. Die Feuerwehr konnte nur unter bewaffnetem Schutz der KFOR ausrücken, und wenn sie dann an Ort und Stelle war, schnitten Albaner die Feuerwehrschläuche durch und die Häuser der Serben konnten nicht gelöscht werden. Feuerwehreinsätze waren anfangs nur unter massivem militärischem Schutz möglich, teilweise mit Kampfpanzern. Ich fand, dass die Bundeswehrsoldaten im Kosovo sehr professionell gearbeitet haben und dass sie weder für die Serben noch für die Albaner Partei ergriffen haben.

Die Ursachen der Konflikte auf dem Balkan sind uralt. Tito hat dort ab 1945 mehr oder weniger für Ruhe gesorgt, zum Teil auch mit Gewalt. Aber immerhin, es war relativ ruhig an der Oberfläche, und das über vierzig Jahre lang. Man könnte meinen, die Generation, die sich an die Gräueltaten erinnern kann, wäre so langsam ausgestorben. Aber alles wurde weitergegeben an die nächste Generation. Ich bin der Meinung, dass die Gräueltaten von 1992 bis 1999 auf dem Balkan denen von vor 1945 in nichts nachstehen. Das zu vergessen wird viel Zeit brauchen.

Nach diesem Einsatz war ich ein knappes halbes Jahr zu Hause. Dann ging die Vorausbildung wieder los. Jeder Soldat, der in den Auslandseinsatz fährt, bekommt eine vorbereitende Ausbildung, in der er wichtiges Wissen über das Land, in dem er eingesetzt wird, vermittelt bekommt. Damals wurden wir ausgebildet in den Themen Konvois, Checkpoints, Umgang mit irregulär Bewaffneten – solche Dinge. Egal, ob man schon im Einsatz war oder nicht. Ein knappes Jahr später war ich dann in Bosnien im Einsatz. Zu Hause hatte sich inzwischen einiges verändert. Zum damaligen Zeitpunkt war ich noch verheiratet. Ich merkte, dass die Familie zu Hause auch ohne mich gut klarkam – das musste sie auch, ich war ja sechs Monate nicht anwesend.

Ich habe zu schätzen gelernt, was ich in Deutschland habe. Nach meiner Rückkehr habe ich jedoch auch Momente erlebt, die mir vollkommen surreal vorkamen. Als ich zu Hause das erste Mal nach meinem Einsatz wieder einkaufen war, zum Beispiel. Da stand ich im Supermarkt, und links und rechts

Regale voll mit verschiedenen Sorten Toilettenpapier. Das war so ein unwirklicher Moment. Zwei Tage vorher war ich noch im Kosovo gewesen, wo alles zerstört war, wo die Leute riesige Probleme hatten, überhaupt etwas zu essen zu finden oder eine Unterkunft, und jetzt stand ich hier im Supermarkt, und die einzige große Entscheidung, die ich zu treffen hatte, war: Welche Sorte Toilettenpapier nehme ich jetzt? Das war abgefahren. Es hat eine ganze Weile gedauert, bis ich mich wieder eingelebt hatte.

Ich wusste, dass es einen weiteren Auslandseinsatz geben würde. Gerade die Fernmeldetruppe in der Bundeswehr ist relativ klein, da lösen sich immer dieselben Leute gegenseitig ab. Allerdings wusste ich nicht, wohin es in den nächsten Einsatz gehen würde, ob Bosnien oder Kosovo. Erst einmal bin ich zurückgegangen in meine Stammeinheit nach Sigmaringen. Ich habe nach dem Einsatz nicht sofort Urlaub genommen, sondern ganz normal, so wie vorher, in der Kaserne meinen Dienst versehen, war also von 7 Uhr bis 17 Uhr nicht zu Hause. So konnte man sich innerhalb der Familie wieder langsam aneinander gewöhnen. Ich denke, das war eine gute Lösung.

Im Kosovo war ich Oberfeldwebel und damit auf einer Hierarchieebene, die man »mittleres Management« nennen könnte. Ich war es gewohnt, jeden Tag Entscheidungen zu treffen. Und dann kommt man zurück nach Hause in die Familie, die sechs Monate ohne meine Entscheidungen funktioniert hat. Da sind wir so einige Male aneinandergeraten. Dazu kommt, dass man als Oberfeldwebel daran gewöhnt ist, dass Entscheidungen nicht infrage gestellt werden. Bei »meinen« Soldaten habe ich mich immer bemüht, die Anweisungen zu erläutern, aber wenn die Situation es zeitlich nicht zuließ, habe ich erwartet, dass meine Anweisung auch ohne weitere Erklärungen ausgeführt wird. Zu Hause in der Familie funktioniert es so natürlich nicht. Da musste alles ausdiskutiert werden. Das war schwierig für mich.

Als Fernmelder war ich bei der Bundeswehr, wie gesagt, für die Kommunikation zuständig, speziell Funk, bei Reichweiten von bis zu mehreren 1000 Kilometern. Das war mein Einsatzbereich, sowohl als Bediener am Gerät als auch als Führer mehrerer Teileinheiten. In Bosnien war ich stellvertretender Zugführer. Ein Zug besteht aus 40 bis 100 Mann. In Bosnien hatten wir Funk- und Satellitenkommunikation. Für die Telefone innerhalb des deutschen Lagers haben Soldaten die Vermittlung betrieben. Während meines Bosnienaufenthalts wurde ich auch für zwei Wochen zum Inspektionsbataillon abgestellt. Die SFOR betrieb ein solches damals von Mostar aus. Es ging darum, die Waffenlager der verschiedenen ethnischen Parteien zu kontrollieren. Nach dem Dayton-Abkommen verblieb zwar ein Großteil der Waffen in den Händen der einzelnen Parteien, aber die Waffen mussten registriert werden. Diese Informationen wurden dann an die NATO weitergeleitet.

Die Waffenlager wurden in unregelmäßigen Abständen inspiziert – manchmal angekündigt, manchmal unangekündigt. Dabei wurde geprüft, ob noch alle Waffen vollzählig vorhanden waren. Fehlte etwas, wurde die gleiche Anzahl Waffen beschlagnahmt. Ich glaube, es gibt nichts Schlimmeres für einen Jugoslawen, als ihm die Waffe wegzunehmen. Waffen haben in dieser Gesellschaft einen ganz anderen Stellenwert als bei uns. Das war also eine der härtesten Strafen, die sie bekommen konnten. Die Inspektionen waren zum Teil sehr interessant für mich. Ich bin auch Schießlehrer bei der Bundeswehr, aber so viele Waffen auf einem Haufen hatte ich vorher noch nicht gesehen. Es war unglaublich. Von der Steinschleuder bis hin zu schweren Waffen – es gab alles: deutsche Maschinengewehre, italienische Karabiner, russische Maschinenpistolen und so weiter. Teilweise hatten sie noch Waffen von der deutschen Wehrmacht, funktionstüchtig, im besten Zustand und mit Munition. Im Grunde Raritäten, die sonst nur im Museum zu sehen sind. Die sind dort ganz normal in Gebrauch.

Während meines Einsatzes war ich auch an den routinemäßigen Patrouillen beteiligt, die den Zweck hatten, die öffentliche Ordnung aufrechtzuerhalten und Präsenz zu zeigen. Wir, das deutsche Kontingent, hatten dafür zu sorgen, dass in unserem Operationsgebiet niemand Straßensperren errichtete und dass keine unzulässige Wahlwerbung gemacht wurde, denn damals waren dort Wahlen.

Im Vergleich zum Kosovo-Einsatz war Bosnien wesentlich angenehmer. Es gab dort keine Kampfhandlungen, es war ruhig. In Sarajevo und Umgebung sah man viele zerstörte Häuser, aber es herrschte eine entschieden friedlichere Grundstimmung. Das Verhältnis zur einheimischen Bevölkerung war sehr gut. Die waren alle froh, dass wir da waren. Wenn man allerdings ein Stück hinausgefahren ist, hat sich das geändert. Direkt hinter Sarajevo, Richtung Pale, beginnt die serbische Republik. Bosnien ist ja geteilt in den bosnisch-kroatischen und den serbischen Teil. Sobald man sich im serbischen Teil befand, veränderte sich die Stimmung. Wenn man durch die Dörfer fuhr, erntete man bestenfalls böse Blicke. Die waren einem nicht gerade wohlgesonnen. Der SFOR begegneten sie feindselig.

Mit den Einheimischen, die bei uns im Lager arbeiteten, haben wir uns manchmal ausführlicher unterhalten. Unter anderem fragten wir sie: »Was würdet ihr davon halten, wenn die SFOR morgen abziehen würde?« Eine Frau hat ganz klar gesagt: »Wenn ihr morgen früh abzieht, stehen morgen Abend die Männer der verfeindeten Parteien vor den Kasernen, die Waffen werden ausgegeben, und dann geht es wieder los.« Wenn unsere Präsenz die Konfliktparteien davon abhält, wieder aufeinander loszugehen, hat der Einsatz auf jeden Fall Sinn. In die politischen Verhältnisse waren wir nicht involviert, und wir mischten uns in keiner Weise ein. Als SFOR

mussten wir streng neutral sein und unseren speziellen Aufgaben nachgehen.

Im Dezember 2000 kam ich zurück aus dem Einsatz. Während des Einsatzes hatte ich über Briefe und Telefon immer
Kontakt zu meiner damaligen Frau, und ich hatte den Eindruck, sie käme mit der Situation klar. Aber da sie ja inzwischen meine Exfrau ist, muss im Lauf der Zeit etwas passiert
sein, womit sie dann doch nicht zurechtkam. Nach dem letzten
Auslandseinsatz in Kuwait ist unsere Ehe dann zerbrochen.

Als ich 1992 als Wehrpflichtiger in die Bundeswehr eingetreten bin, gab es so gut wie keine Auslandseinsätze. Inzwischen haben diese Einsätze fast schon wieder Tradition. Früher hatte man immer das Gefühl, dass die Bundeswehr keine
richtigen Wurzeln hat. Auf den Ersten und Zweiten Weltkrieg
wollte man sich nicht beziehen, klar. Diese Epochen treten
durch die Einsätze jetzt auch immer weiter in den Hintergrund.

Ich stehe der Bundeswehr nach zwölf Jahren immer noch
sehr positiv gegenüber. Das geht nicht jedem so. Ich sehe
meine Entwicklung innerhalb der Bundeswehr als Reifungs-
prozess an. Es hat mir viel gebracht. Ich hatte mich ja für die
Unteroffizierslaufbahn entschieden, und da bekommt man
sehr schnell sehr viel Verantwortung. Man lernt, Verantwortung zu übernehmen, Situationen zu analysieren und Entscheidungen zu treffen, sie durchzusetzen und auch die Konsequenzen zu tragen, wenn man mal eine falsche Entscheidung
getroffen hat. Man sagt mir nach, ich sei sehr selbstbewusst.
Ich muss da ganz klar sagen: Das hat meine Zeit bei der Bundeswehr bewirkt.

April 2009

ICH HEULTE WIE EIN SCHLOSSHUND

Stephan Litzba

Man vereinsamt. Dadurch, dass man im Auslandseinsatz nur unter Männern ist, zählt allein, hart sein. Über Probleme wird nicht gesprochen, die werden runtergeschluckt. Man verändert sich, man wird kälter. Ich bin kälter geworden. Ich habe vieles in mich hineingefressen; so manches konnte ich erst nach dem Einsatz verarbeiten.

Ich wurde im Januar 1974 in der ehemaligen DDR geboren. 1990 war ich mit der Schule fertig. Danach habe ich eine Lehre gemacht, und als ich die beendet hatte, habe ich meinen Grundwehrdienst abgeleistet. Ende 1999 kam ich auf die Idee, wieder zur Armee zu gehen, aber diesmal für vier Jahre. Und während dieser Zeit bin ich dann auch in einen Einsatz gefahren. In den Kosovo, für sechs Monate, von Mai bis November 2001.

Ich bin Infanterist und war bei den Jägern. Wir hatten Sicherungsaufgaben, Konvoibegleitung, alles, was damit zu tun hatte. Im Vorfeld wurden wir auf das Schlimmste vorbereitet. Mein erster Eindruck der Region war jedoch positiv; ich hatte es mir anders vorgestellt, zerstörter. Es gab zwar hier und da eine kaputte Moschee, aber ansonsten war es ruhig. Trotz alledem hatten wir eine Schutzweste an und trugen eine Waffe.

Unsere Aufgabe war es, die Serben auf albanischem Gebiet zu bewachen.

Einmal in der Woche, immer dienstags, gab es einen Konvoi nach Priština, den wir als Schutztruppe begleiteten. Die Konvois wurden vom UNHCR organisiert. Die Serben mussten sich dafür in Listen eintragen lassen. Nur diejenigen, die in diesen Listen registriert waren, wurden in die Busse gelassen. Anschließend wurde das Gepäck kontrolliert, und dann sind wir nach Priština gefahren, zwei, drei Stunden dauerte die Fahrt. Um Ärger zu vermeiden, haben wir die Straße mit Panzern dicht gemacht, sodass keiner am Konvoi vorbeifahren konnte. Es war aber andererseits auch sehr provokant, sich das einfach so zu erlauben. »Warum dürfen die das?« – Uns hat es so weniger Probleme gemacht. Wenn man ein fremdes Auto im Konvoi hat, ist das unangenehm, es ist unberechenbar, weil man nicht weiß, was als Nächstes passiert. Man hat die Situation nicht mehr unter Kontrolle.

Die Albaner standen trotzdem an der Straße, haben den Stinkefinger gezeigt und sich darüber brüskiert, dass die Serben da einfach so durchfuhren. Es gab noch Spannungen. Prizren liegt direkt am Hang, und oben wohnten ein paar alte Serben, die nicht wegwollten. Sie wurden Tag und Nacht bewacht. Da lagen Scharfschützen, die ganz Prizren überblicken konnten. Aber die alten Leute haben keinen Ärger gemacht, sie haben nicht provoziert. Bei den Konvois dagegen flogen mitunter Steine.

Ich habe immer von einem Dienstag zum nächsten gelebt. Man konnte sowieso nicht nach Hause, die Tage hat man gar nicht mehr gezählt. Immer wenn ein Konvoi anstand, wusste ich: Jetzt ist wieder eine Woche um. Ein halbes Jahr ist eine ziemlich lange Zeit. Viel zu lange.

Ansonsten war es ruhig. Wir haben die Grenze zwischen dem Kosovo und Albanien gesichert. Dadurch kamen wir also jeden Tag raus, sodass wir auch keinen Lagerkoller gekriegt haben. Wir konnten uns relativ frei bewegen. Außerdem machten wir Betreuungsfahrten zum Amselfeld, zum KFOR-Hauptquartier der NATO nach Priština oder ins Lager der Amerikaner. Ansonsten hat man versucht, sich irgendwie einzurichten, um klarzukommen mit der Situation.

Das Menschliche, darauf wurde man nicht vorbereitet. Sie haben uns auf alles Mögliche vorbereitet, und auch gut – aber darauf nicht. Trotzdem bin ich der Meinung: Wer in den Einsatz geht, hat keinen Grund zu jammern, denn die Jungs, die das machen, wissen, was passieren kann. Wir tragen die Waffe ja nicht umsonst. Aber sich dann im Nachhinein beklagen ... Dann muss man eben auf das Geld verzichten.

2000 wurde ich Vater, im selben Jahr, in dem ich in die Bundeswehr eingetreten bin. Durch die Lehrgänge, die am Anfang stattfanden, habe ich von der Schwangerschaft fast nichts mitgekriegt. Aber ich hatte einen guten Ausbilder. Als ich sagte, dass ich Vater werde, aber noch nicht genau wisse, wann, sagte er: »Fahr einfach los. Wenn es nach Dienst so weit ist, sag irgendwem Bescheid, damit ich weiß, wo du bist, und wenn es während des Dienstes ist, meldest du dich ab.« Gott sei Dank konnte ich bei der Geburt meiner Tochter dabei sein.

Kurz darauf hieß es, dass unsere Kompanie in den Kosovo verlegt werden solle. Mein erster Gedanke war: Nein. Das hat mein Hauptmann auch akzeptiert: »Gut, dann bleibst du hier.« Aber dann habe ich mich damit auseinandergesetzt und habe meine Frau gefragt, was sie darüber denkt. Es ging ja auch um das Geld. Als Antwort kam dann: »Mach mal, wie du denkst.« Weil sie nicht Nein sagen wollte. Ich bin dann in den Kosovo gefahren.

Die Trennung von meinem Kind hat mir zu schaffen gemacht. Ich hatte während der Zeit meines Auslandseinsatzes überhaupt keine Beziehung zu meiner Tochter. Damals kam es mir normal vor, aber im Nachhinein sehe ich, dass es das nicht war. Darauf wurde man nicht vorbereitet. Auf alles andere, aber nicht auf das.

Nach dreieinhalb Monaten hatte ich 14 Tage Urlaub. Heute würde ich nicht noch mal zwischendurch nach Hause fahren. Es war so schwer, loszulassen und wieder runterzufahren, so weit weg. Und die restlichen zwei Monate wollten überhaupt nicht mehr vergehen.

Nach dem Einsatz – zurück in Deutschland – hatte sich viel verändert. Dinge, die eigentlich »Männerarbeit« waren, die einmal meine Aufgaben gewesen waren, erledigte meine Frau plötzlich selbst. Einen Nagel in die Wand schlagen ist gar nicht so schwer. Früher hatte sie gesagt:»Mach du mal.« Auf einmal hat sie es selbst gemacht. Da kommt man sich komisch vor. Im Einsatz wird das Männliche, das Hartsein gefordert, und zu Hause ist man plötzlich der Rolle des Mannes beraubt. Wir haben nicht darüber gesprochen, und das war wohl das Schlimmste. Das war in unserer Beziehung der Anfang vom Ende. Ich habe es ein halbes Jahr in mich reingefressen, dachte immer: Sie muss es doch merken. Ich habe mich mehr und mehr in mich zurückgezogen. Wir konnten einfach nicht miteinander reden und dachten irgendwie, dass dieser Zustand normal sei. Aber gar nichts war normal.

Später habe ich in Berlin in einer Disco zufällig meine halbe Gruppe von den Mannschaftssoldaten getroffen. Sie machten Party. Fast alle, die vor dem Einsatz eine Freundin gehabt hatten, hatten danach keine mehr. Diese Beziehungen sind alle kaputtgegangen. Das interessanteste Phänomen war, dass alle sagten:»Sie hat sich verändert. Sie ist anders geworden.« Keiner hat den Fehler bei sich gesucht.

Als ich wieder in Deutschland war, hatte ich große Probleme, auf Rasenflächen zu laufen, aufgrund der Minengefahr, der man sich im Einsatz ständig ausgesetzt sah. Weil ich damals selbst Vater war, habe ich im Kosovo insbesondere Kinder beobachtet. Ich fand es erstaunlich, wie sie mit Minen umgegangen sind, überhaupt mit der Situation, dass da Minen sein könnten. Oft gingen dort, wo wir nicht langgehen sollten, Kinder vor und sagten: »Kommt nach.« Da dachte ich: Ich möchte nicht, dass meine Tochter irgendwann einmal weiß, wie eine Landmine funktioniert. Aber für diese Kinder war das normal. So, wie es aussah, waren sie durchaus glücklich, haben gelacht und gespielt.

Wenn wir im Kosovo Kindern begegneten, winkten sie immer und riefen: »KFOR!«, und dann winkte man höflich zurück. Irgendwann einmal sahen wir ein Pferdefuhrwerk, das gerade vom der Feld kam. Hintendrauf saßen ein paar Kinder, acht, neun, zehn Jahre alt vielleicht. Die waren fix und fertig von der Arbeit, den ganzen Tag draußen in der Sonne. Der Vater sitzt vorne auf dem Kutschbock, wir kommen um die Ecke mit dem Panzer, da sehe ich sie. Die Kinder haben uns auch gesehen, aber sie wollten nicht winken, und sie hatten auch keine Lust zu rufen. Sie waren einfach zu erledigt. Da haben sie einen Anschiss vom Vater gekriegt – danach standen sie wie eine Eins auf dem Anhänger und haben gewunken. Da dachte ich: Das könnt ihr euch auch sparen.

Während meines Einsatzes da unten hatte ich ein Schlüsselerlebnis. Wir waren als Begleitschutz für mehrere Busse auf einer Straße, ähnlich einer Bundesstraße, unterwegs. Als unser Konvoi hielt, errichteten wir eine Straßensperre. Weil sich die Weiterfahrt verzögerte, befahl der Patrouillenführer schließlich, die Straßensperre zu öffnen. Plötzlich kam ein Auto mit viel zu hoher Geschwindigkeit angefahren. So etws passierte häufiger. In solchen Fällen handelte sich oft um Serben, die uns Deutsche nicht besonders leiden können. Das geht wahrscheinlich noch auf den Zweiten Weltkrieg zurück. Jedenfalls waren deutliche Spannungen zu spüren, und um uns zu provozieren, fuhren sie oft viel zu schnell.

Das Auto nähert sich also. Und es passiert, was passieren muss, wenn eine Menschengruppe versammelt ist, darunter auch Kinder: Ein Kind rennt auf die Straße. Das Auto kommt angerast, es macht *peng!*, und das Kind fliegt wie eine Puppe durch die Luft. Während es durch die Luft flog, war kein Leben in dem Kind. Es schlug auf dem Boden auf. Erst dann fing es an zu schreien.

In diesem Augenblick dachte ich an meine Tochter. Ich sprang von meinem Panzer, rannte zum Fahrer des Autos und brüllte ihn an. Die Umstehenden starrten mich entgeistert an. Dann sah ich, wie der Fahrer in seine Tasche griff, sämtliches Bargeld rausholte und es dem Vater des Kindes überreichte. Damit war die Sache für ihn geklärt. Ich stand da und dachte: Das gibt es doch gar nicht. Es wollte mir nicht in den Kopf: Ein Kind wird angefahren, nur weil der Fahrer uns Deutschen unbedingt zeigen will, dass er sich als freier Serbe nichts gefallen lässt.

Ich bin dann zurück zu meinem Panzer, wir haben die Straßensperre zugemacht und wieder nur kontrolliert Fahrzeuge durchgelassen. Kurze Zeit später kam noch ein Auto viel zu schnell angefahren, diesmal waren Jugendlichen darin. Ich hielt das Auto an, trat dabei unsanft gegen die Fahrertür. Ich dachte immer noch an meine Tochter und an das, was gerade vorgefallen war. Ich schrie ihn an: »Was bist du für ein Idiot! Warum machst du hier den Affen? Ich tu dir doch überhaupt nichts! Ich bin nicht hier, um dir wehzutun! Ich bin hier, um dich, um euch zu beschützen!«

In diesem Moment fühlte ich mich vollkommen missverstanden. Dann erst fiel mir mein aggressives Verhalten auf, und ich sagte ihnen, dass sie sich verziehen sollten. Darauf tippte mir mein Zugführer von hinten auf die Schulter. Er verwies mich des Feldes und sagte, ich solle mich doch bitte in den Panzer setzen. Und da hatte ich dann einen richtigen Nervenzusammenbruch.

Ich zitterte. Ich weinte. Ich wollte nur zu Hause anrufen, um zu hören, dass es meiner Tochter gut geht. Vom Panzer aus habe ich über das Satellitentelefon versucht, mit meiner damaligen Freundin zu telefonieren. Weil ich sie aber nicht erreichte, konnte ich erst abends mit ihr darüber sprechen. Das Ganze hat mich im Innern richtig stumpf gemacht, dieses Erlebnis trage ich bis heute mit mir herum.

Ende November war ich dann wieder zu Hause. Wir hatten den ganzen Dezember frei, und es war genug Geld auf dem Konto. Wir haben Weihnachten gefeiert. Im Januar ging es dann los, und es wurde immer schlimmer. Wir haben nicht mehr miteinander gesprochen. Im April, Mai ist sie schließlich gegangen. Ich habe überhaupt nicht verstanden, wieso. Mit mir war nichts mehr anzufangen. Es war gut, dass die Bundeswehr in der Zeit für mich da war, sie hat mir geholfen. Der behandelnde Arzt hatte selbst eine Scheidung hinter sich und sagte:»Pass auf, du musst das nicht in dich reinfressen. Es gibt Psychologen, rede mit denen.«

Dann hat er mich nach Berlin ins Bundeswehrkrankenhaus geschickt. Bei der ersten Sitzung bin ich zusammengebrochen, bei der zweiten auch. Diese Szene mit dem Auto ... das konnte ich nicht kontrollieren. Der Film in meinem Kopf spulte ab, und ich konnte es nicht steuern. Es ging einfach nicht. Und dazu noch die Trennung ... Ich merkte: Mensch, irgendwas ist auf einmal anders. Irgendwas um mich herum stimmt nicht. Mir war nicht klar, dass das mit dem Auslandseinsatz zu tun hatte. Aber ich fühlte, ich war dort stumpfer geworden. Für uns Soldaten war nur wichtig gewesen: Wir müssen da durch und hart sein. Wir sind die coolen Jäger.

2001 hatte ich meinen Einsatz. Danach ging es nicht mehr. Ich brach mit der Armee, das war nicht mehr meine Sache. Zu dieser Zeit lebte ich schon von meiner Freundin getrennt. Und ungefähr drei Monate war ich komplett dienstunfähig. Ich hatte Schlafstörungen, wurde von meinem eigenen Herzschlag wach. Später habe ich die Arbeit langsam wieder hochgefahren. Meine Freundin und ich haben noch mal versucht, uns zusammenzutun, aber es funktionierte nicht.

Dann wurde unser Bataillon aufgelöst. Für meine verblei-
bende Dienstzeit, die 2004 enden sollte, wurde ich den Sanitätern unterstellt und lernte dort eine andere Seite der Armee
kennen. Ohne Druck, Drall und Geschwindigkeit – mit Bitte-
sagen und Frauen. Das kannten wir überhaupt nicht, und es
war keine schlechte Zeit. Anschließend ging ich auf die Abend-
schule, habe mein Abi nachgeholt und mich selbstständig gemacht. Da war ich dreißig.

Das mit der Selbstständigkeit hat sich folgendermaßen ergeben: Ich kam gerade von der Armee und dachte mir, na ja,
gehst du mal zum Arbeitsamt, mal sehen, vielleicht helfen sie
dir. Von der Bundeswehr hat man ein halbes Jahr Ausbildung
geschenkt bekommen. Ich hatte dort einen Rettungssanitäter-
Lehrgang gemacht. Nun wollte ich noch einen Assistenten-
Lehrgang draufsetzen und mir diesen vom Arbeitsamt finan-
zieren lassen. Eine Stunde lang unterhielt ich mich mit der
Frau vom Amt. Sie meinte: »Wir sind nicht für Sie zuständig.
Sie haben die letzten vier Jahre keine Arbeitslosenversicherung bezahlt, Sie müssen zum Sozialamt.« – »Wie bitte?«

Damals, als wir in den Kosovo fuhren, stand die Mutter eines
jungen Soldaten vor mir. Ich habe ihr damals versprochen:
»Machen Sie sich keine Sorgen, ich bringe Ihnen Ihren Sohn
wieder.« Sie hat mich angeguckt, gelächelt und sich bei mir
bedankt. Daran dachte ich, als ich der Frau vom Arbeitsamt
gegenübersaß: Ich pass auf die da unten auf, und nun soll ich
zum Sozialamt? Das habe ich nicht kapiert. Ich hätte freiwillig
in die gesetzliche Arbeitslosenversicherung einzahlen können, aber das wusste ich damals nicht.

Wie gesagt, ich habe mich dann mit einer Hausbaufirma
selbstständig gemacht. Ich führte kleine Reparaturen aus, damit hielt ich mich über Wasser. Und abends ging ich zur Schule.
Später habe ich angefangen zu studieren.

Die Auslandseinsätze haben mich sehr verändert. Heute
denke ich, dass das alles irgendwie passieren musste. Es kommt

natürlich auch auf die Truppengattung an. Dieses Männlichkeitsdenken bei den Jägern: Wir sind die Härtesten. Wir sind die Besten. Kameradschaft ist etwas anderes als Freundschaft. Man lernt Leute kennen, ist eine Weile mit ihnen zusammen, und die ersten Male tut es einem auch leid, wenn man sie wieder aus den Augen verliert. Aber man gewöhnt sich daran. Man trifft sich auf einem Lehrgang und sieht sich danach nie wieder.

Aber für diese drei Monate, da ist man Kumpel. Man redet über alles, man macht alles zusammen, man hat denselben »Feind«, den Ausbilder. Das schweißt zusammen. Im Kosovo war es die Situation, in der wir uns befanden. Wir waren ständig im Ausnahmezustand. Es ist ja nicht normal, mit einer Waffe in der Hand durch die Straßen zu laufen. Auch das hat zusammengeschweißt.

Für meine Mutter war es richtig schlimm, als ich in den Kosovo ging. Sie hat es zwar nie gesagt, aber das eigene Kind gehen zu lassen ... Es muss ihr sehr schwergefallen sein. Das Abschiednehmen war das Schlimmste. Man verspürt ja selbst auch diesen Schmerz. Meine Freundin war dabei und meine Mutter auch. Mir war überhaupt nicht wohl, aber in dieser Situation hielt ich es für richtig, Stärke zu zeigen. Da war diese andere Mutter, der ich versprach, auf ihren Sohn aufzupassen. Man kann nicht einfach anfangen rumzujammern, das verunsichert die anderen nur noch mehr. Also musste ich sein wie ein Fels in der Brandung – eben kalt. Das kam bei meiner Freundin nicht gut an. Es war schrecklich für mich; gleichzeitig war es aber auch eine Art Selbstschutz. Und die anderen Mütter sollten wissen, dass da jemand ist, der sich um ihr Kind kümmert. Wie es meiner Mutter ging? Sie fand es nicht gerade toll, so viel habe ich ihr entlocken können. Aber was wirklich in ihr vorging, hat sie nie gesagt.

Während der Zeit des Einsatzes konnte man zwar telefonieren, aber ich habe wieder angefangen, Briefe zu schreiben.

Auch meine Mutter hat mir geschrieben. Feldpost. Das hat was, wenn man morgens aufgerufen wird und seine Post ausgehändigt bekommt.

Kurz bevor meine Tochter ein Jahr alt wurde, stellte ich einen Urlaubsantrag. Aber der Antrag wurde abgelehnt. Es waren schon so viele weg. Ich schaute den Spieß ganz entsetzt an. Mein Kind hatte Geburtstag! Unter den Leuten, die wegfuhren, waren auch einige aus meiner Stube, aber die waren selbst so fertig, so mit sich beschäftigt, die wollten einfach nur noch raus, woandershin.

Und was mache ich Idiot? Ich halte die Klappe. Ich habe nichts gesagt und mir meinen Teil gedacht. Meine Kameraden wussten, dass meine Tochter ein Jahr alt wird; man hätte ja tauschen können. Aber ich habe sie nicht gefragt, und darüber waren sie wohl auch ganz glücklich. Den ersten Geburtstag meiner Tochter habe ich im Kosovo verbracht. Ich beauftragte einen Kameraden, der nach Hause fuhr – er ist heute noch mein Kumpel –, in einen Spielzeugladen zu gehen, einen bestimmten Teddy zu kaufen und ihn ihr vorbeizubringen. Ich selbst schloss mich an diesem Tag in meiner Stube ein.

Als ich damals in den Kosovo flog, konnte meine Tochter schon sitzen, aber noch nicht krabbeln oder laufen. Als ich nach dreieinhalb Monaten Urlaub hatte und zurück nach Deutschland flog, holte meine Freundin mich vom Flughafen ab. Ich gehe ihr entgegen, sie kommt mir entgegen – und meine Tochter läuft! So lange war ich weg gewesen. Mir kommen heute noch die Tränen, wenn ich daran denke. Ich sackte auf die Knie, heulte wie ein Schlosshund und dachte: Was bin ich eigentlich für ein Idiot? Da überlegt man, ob das alles überhaupt Sinn macht, was man da tut.

Der Gedanke, der mich damals in erster Linie dazu bewog, zur Bundeswehr zu gehen, war das regelmäßige Geldverdienen. Ich dachte mir, vier Jahre, dann sind wir aus dem Gröbsten raus und ich kann meine Familie ernähren. Ich habe viel dafür aufgegeben. Zu viel, denke ich im Nachhinein. Im Februar 2000 wurde ich eingestellt, im Mai kam ich für drei Monate zum Lehrgang. Meine damalige Freundin war schwanger, ihr Bauch wurde immer dicker – und ich war die ganze Woche über nicht da. Am Freitagabend kam ich immer nach Hause, doch dann musste man sich auch erst wieder aneinander gewöhnen. Den Samstag haben wir genossen, aber wenn ich sonntags die Augen aufmachte, war mir schlecht, weil ich schon wieder wegfahren musste.

Als meine Freundin schwanger war, stand nur sie auf dem Balkon und hat geweint. Nachdem dann aber unsere Tochter geboren war, hatte sie auch das Kind auf dem Arm. Und dann so ein Abschied ... Ich hatte oft das Gefühl, dass sie dachte: Was ist das denn für einer? Warum hat er denn nicht mal eine Träne für mich übrig? Aber ich konnte nicht. Im Auto saß schon einer, der sich gerade von seiner Freundin verabschiedet hatte, obwohl er überhaupt nicht gehen wollte. Zuerst war immer eine halbe Stunde Funkstille. Komplett Ruhe. Keiner hat was gesagt. Irgendwann aber legte sich ein Schalter um, wir fingen an vom Wochenende zu erzählen, und dann waren wir wieder Soldaten.

Heute sehe ich das alles aus größerer Distanz, die Zeit heilt Wunden. Dennoch weiß ich, dass ich manche Menschen durch mein Verhalten sehr verletzt habe. Ich möchte daher am Schluss ein paar Worte an sie richten: Es tut mir leid, Kerstin. Gleichzeitig möchte ich allen danken, die mich unterstützt und mir die Augen für das Wesentliche geöffnet haben, vor allem meiner Familie und meinen Freunden. Das letzte Wort gilt dem wichtigsten Menschen in meinem Leben: Nele, ich liebe dich!

Januar 2009

MAN STEHT KOMPLETT UNTER ADRENALIN

Normann Kliemann

Im Jahr 2006 war ich für vier Monate, von April bis Juli, in Kabul, Afghanistan, als Fernmelder für den Funk und die Kommunikationstechnik zuständig. In dieser Zeit habe ich viel gelernt. Ich fand die Erfahrung des Einsatzes gut und hilfreich. Endlich habe ich mich mal wirklich als Soldat gefühlt. Nicht immer nur hinter dem Schreibtisch sitzen, sondern auch etwas bewegen.

Während der Monate, als ich unten war, gab es auch Zwischenfälle, Angriffe auf das Camp. Unser Lager wurde mit RPGs, raketengetriebenen Geschossen, das sind Panzerfäuste, beschossen. Personenverluste hatten wir nicht, aber es war ziemlich erschreckend. Wer geschossen hat, weiß ich nicht. Man muss da unten mit der Tatsache leben, dass so etwas vorkommen kann. Ich hatte Glück, andere Kameraden hingegen nicht, sie wurden verletzt. Zum Zeitpunkt des Anschlags hatte ich keinen Dienst. Ich war in meinem Zimmer und habe es rumsen gehört. Zuerst einmal. Beim zweiten Mal, kurz darauf, zog ich meine Sachen an, samt Splitterschutzweste und Waffe, um zu sehen, was passiert war. Wenn das Lager getroffen wurde, heulten die Sirenen als Warnsignale und die Wachposten gaben vom Turm aus Schüsse ab. In so einer Situation ist man im Alarmzustand, man steht komplett unter Adrenalin.

Bei mir hat es ein Jahr gedauert, bis ich mich dafür entschied, in den Einsatz zu gehen. Ich habe mit meiner Familie darüber gesprochen. Es gab viele Diskussionen mit meiner Freundin, meiner Mutter und meiner Schwiegermutter. Sie wollten mich nicht gehen lassen. Wir haben oft darüber gesprochen. Am schwersten war es für mich, meiner Oma beizubringen, dass ich in den Auslandseinsatz gehen würde. Sie hat den Zweiten Weltkrieg miterlebt, war selbst in der Wehrmacht als Flak-Helferin und bei den Fernmeldern. Sie weiß daher, was Krieg bedeutet, und deshalb war mein Entschluss für sie gar nicht nachzuvollziehen. Für die anderen Familienmitglieder war es auch nicht einfach, aber für meine Oma war es am schwersten. Sie hat so viel mitgemacht und sieht die Bilder vom Krieg immer noch vor sich. Sie sagte: »Das muss nicht sein. Musst du wirklich da runter?« Ich antwortete ihr: »Ich kann dort neue Erfahrungen machen. Und finanziell lohnt sich der Einsatz auch.« Das Geld spielte für mich eine große Rolle – wie für so viele, die solch eine Entscheidung treffen.

Mein Opa war bei der Marine. Später war er in englischer Kriegsgefangenschaft. Letztendlich hatte er aber Glück und kam bald wieder nach Hause. Uns Enkeln gegenüber hat er nie vom Krieg erzählt. Er hat bloß immer gesagt, seine Kameraden seien in Ordnung gewesen, aber »der Krieg ist Mist, das ist alles nicht richtig«. Nur meiner Oma hat er vom Krieg erzählt. Auch an dem Abend, bevor er gestorben ist, wie mir meine Oma später berichtete. Da hat er ihr die schlimmsten Geschichten aus seiner Zeit in der Marine anvertraut.

Man wird auf den Einsatz vorbereitet. Früherkennung ist dabei wichtig, das bedeutet, dass man lernt, die Menschen auf Auffälligkeiten hin zu beobachten, erkennen zu können, ob ein Verhalten von der Normalität abweicht. Das ist nicht einfach. In Afghanistan findet alles auf der Straße statt. Da wird

Handel getrieben, Autos werden repariert, sogar geschlachtet wird auf der Straße. Die Stimmung ist lebhaft und geschäftig. Diejenigen, die nichts zu tun haben, treiben sich einfach dort herum. Da muss man unterscheiden können: Ist das ein normales Treiben, oder sind die Leute nervös? Man lernt das mit der Zeit. Aufpassen muss man, wenn keine Kinder und Frauen mehr auf den Märkten zu sehen sind, weil die vorgewarnt werden. Das ist ein Zeichen für uns, dass es gefährlich werden könnte. Ein Teil der Afghanen ist dafür, dass wir dort unten sind, aber es gibt auch einen anderen Teil, dem das überhaupt nicht passt. Wenn wir etwas aufgebaut haben, haben sie es wieder eingerissen.

Zu Fuß waren wir als Fernmelder nicht unterwegs. Wir sind mit dem Luchs, dem Fuchs und dem Dingo, alles gepanzerte Fahrzeuge, durch die Gegend gefahren und haben unsere Funk-Erkundungen gemacht. Dadurch kamen wir aber auch nur wenig in unmittelbaren Kontakt zur einheimischen Bevölkerung.

Dennoch gab es Momente, in denen ich eine große Freundlichkeit von diesen Menschen erfahren habe, besonders von den Kindern. Eigentlich sollten wir nicht mit ihnen in Kontakt treten, aber wenn man so ein Kinderlächeln und die blitzenden Augen gesehen hat, dann hat man ihnen doch mal etwas Süßes geschenkt. Die haben sich gefreut, als hätten sie Geburtstag. Trotzdem musste man aufpassen. Wenn man merkte, dass es immer mehr wurden, musste man sich schleunigst entfernen. Es bestand immer die Gefahr, dass in dem Getümmel eine Bombe explodiert. Die Kinder selbst hatten keine Angst; sie kennen ja nichts anderes als Krieg und Soldaten, sie sind damit aufgewachsen.

Bei meiner ersten Fahrt in Afghanistan saß ich im Panzer und habe nicht gesehen, was draußen los war. Das war ein mulmiges Gefühl. Auf der Rückfahrt wurde ich gefragt, ob ich mal rausschauen wollte. Natürlich wollte ich. Und das ist noch mal ein ganz anderes, aber ebenso merkwürdiges Gefühl. Man muss aufmerksam sein, gut beobachten. In solchen Momenten ist man hellwach und aufs Äußerste angespannt. Routine darf nicht aufkommen. Wir als Fernmelder sind nie allein gefahren, immer war auch die kämpfende Truppe dabei.

Ich habe oft mit meiner Familie telefoniert, um ihnen zu sagen, dass bei mir alles in Ordnung ist. Man konnte allerdings nie eine Zeit festlegen, wann man anrufen würde. Das wäre nicht ratsam gewesen, denn es war nicht gewährleistet, dass man zu dem vereinbarten Zeitpunkt tatsächlich anrufen konnte – die Angehörigen hätten sich dann womöglich furchtbare Sorgen gemacht. Und so sagte ich: »Ich ruf dich an, weiß aber nicht genau, wann.« Das ist zwar auch nicht schön für diejenigen, die zu Hause auf einen Anruf warten, aber anders geht es einfach nicht.

Ich persönlich finde nicht, dass ich mich durch den Einsatz verändert habe. Meine Familie meint aber, ich sei reifer geworden, nachdenklicher. 4000 Kilometer entfernt von zu Hause, das ist weit weg. Wenn man sich das klarmacht, vermisst man die Familie umso mehr. Mir wurde bewusst, was ich an meiner Familie und meiner Freundin habe. Viele Ehen sind am Auslandseinsatz kaputtgegangen. Einem Kameraden von mir erging es so. Ich musste ihn dann motivieren, seinen Job trotzdem so weiterzumachen wie vorher. Es ist ja auch eine Gefährdung für einen selbst, wenn der Kamerad physisch und psychisch nicht auf der Höhe ist. Es gibt Kameraden, die keine Familie oder Lebensgefährtin haben. Die sagen sich: »Bei einem Auslandseinsatz verdiene ich viel Geld. Lasst mich das machen.« Aber normalerweise ist man froh, wenn man nach vier Monaten nach Hause kommt.

Nach Dienstschluss konnte man im Lager Musik hören, lesen oder Sport treiben. Jede Kompanie konnte jeweils an bestimmten Abenden das Programm gestalten. Wir waren immer donnerstags dran. Meist haben wir Discos veranstaltet. Da haben dann die verschiedensten Nationen miteinander getanzt. Bei uns im Camp gab es Portugiesen, Schweizer, Österreicher, Kroaten und Rumänen. Frauen waren auch darunter, aber in der Minderzahl.

Die Amerikaner sind meiner Meinung nach nicht so sehr Helfer, sondern vielmehr Besatzer. So führen sie sich zumindest auf, nach dem Motto: »Wir sind die Kings.« Mir war nicht wohl dabei, wenn wir mit ihnen unterwegs waren. Sie verhalten sich rücksichtslos. Wenn wir mit den Amerikanern rausgefahren sind, habe ich immer gesagt: »Am besten, die fahren zwei, drei Kilometer vor oder hinter uns.« Die Gefahr, angegriffen zu werden, war zu hoch. Wichtig war auch, immer das Hoheitszeichen am Fahrzeug zu haben, also die Fahne der ISAF und die deutsche Flagge. Das musste unbedingt sein. Viele Armeen haben die gleichen Fahrzeuge, vielleicht ein bisschen anders lackiert. Ohne Hoheitszeichen konnte es unter Umständen gefährlich werden. Man will ja nicht verwechselt werden, und schon gar nicht mit den Amerikanern.

Die Hitze und der Staub haben mir zu schaffen gemacht. Die höchste Temperatur, die ich dort erlebt habe, waren 56 Grad. Der Staub ist wie feines Puder. Man muss sich mit Tüchern dagegen schützen und versuchen, nicht so viel davon einzuatmen. Und trotz alldem muss man körperlich fit sein.

Da ich Familie habe, stellt sich die Frage nach einem weiteren Einsatz nicht mehr. Meine Familie war sowieso dagegen, dass ich gehe, und ich glaube nicht, dass sie das alles noch einmal durchhalten würden. Sie haben zu viel Angst. Ich möchte jetzt hierbleiben. Meine Familie ist mir wichtiger.

Dezember 2007

FEIGHEIT VOR DEM FEIND

Daniel Hamann

Ich war von 1996 bis 2002 als Zeitsoldat bei der Bundeswehr. Während dieser Zeit war ich 2001 für sechs Monate
im Rahmen des dritten Folgekontingents der KFOR im Kosovo. Wenn man dann wieder in Deutschland ist und sieht,
wie die Menschen hier ihren Spaß haben – das ist eine andere Welt. Von jetzt auf gleich. Gerade noch war man in
einem durch Bürgerkrieg zerstörten Land, war von sehr armen Menschen umgeben, und dann ist man plötzlich in einem der reichsten Länder der Erde. Mein Flugzeug landete
damals in Berlin-Tegel, also auf einem ganz normalen zivilen Flughafen. Im Nachhinein erscheint mir das bizarr: gut
300 uniformierte Soldaten in Tropentarnanzügen mit Rucksack und Helm in der Hand zwischen Hunderten von reise-
lustigen Urlaubern.

Ich fuhr mit der S-Bahn zu meinen Verwandten, bei denen
ich mein Auto geparkt hatte. Ich stand noch unter diesem
»Ankunftsschock« – dort der Kosovo, hier ein intaktes Land,
wo es alles im Überfluss gibt –, als ich auf Leute aus dem Teil
der Bevölkerung traf, die sich am wenigsten mit unserem Staat
identifizieren. Es ist schon sehr unangenehm, wenn man von
Personen aus der linken Szene mit bunten Haaren und

Anarchieaufnähern angepöbelt und beleidigt wird, weil man
Uniformträger ist und den Staat vertritt, in dem wir alle leben.
»Soldaten sind Mörder« und »Na, es ist wohl schön, auf kleine
Kinder zu schießen«, das waren noch die harmlosesten Be-
schimpfungen, die ich mir anhören durfte.

Diese Leute wissen gar nicht, was wir im Kosovo leisten und
wie wir versuchen, die Menschen vor Ort zu unterstützen. Sie
verschwenden keinen Gedanken daran, dass Soldaten auch
helfen und Gutes bewirken können. Die glauben, dass Soldaten nur morden, vergewaltigen und brandschatzen. Das
Schlimmste für einen selbst ist, dass man mit denen nicht normal reden oder argumentieren kann. Es bleibt einem nichts
anders übrig, als die eigenen Emotionen zurückzuhalten und
auf Distanz zu gehen.

Im Einsatz meinen Mann zu stehen war für mich nie ein Problem. Doch in die Heimat zurückzukommen und so gar keine
Anerkennung für das Geleistete zu erhalten, ja vielmehr dafür
verhöhnt und verspottet zu werden, das hat einen mitgenommen. Heute bin ich Reservist, und als solcher wäre ich auch
wieder bereit, in einen Einsatz zu gehen.

Ich komme aus den neuen Bundesländern und würde sagen,
ich bin ein typisches »Wendekind«. Mit Jobs war bei uns nicht
viel los, die Bundeswehr war somit die letzte Alternative für
mich. Nicht gerade das, was ich unbedingt wollte, aber ausgerechnet dort hat es geklappt. 1995 habe ich den Einstellungs-
test für Zeitsoldaten in Berlin-Köpenick absolviert. 1996 ging
ich dann im Alter von siebzehn Jahren mit Erlaubnis meiner
Eltern zur Bundeswehr, zum Panzergrenadierbataillon 152
nach Hessen. Mir klingen heute noch die Worte des Einpla-
ners der Bundeswehr in Berlin in den Ohren. Zitat: »Das ist
heimatnah. Machen Sie sich keine Sorgen, das liegt gleich um
die Ecke.« Wenn er mit »heimatnah« Deutschland gemeint
hat, dann hat er wohl recht gehabt. Vom Standort bis zu meinen Eltern waren es 450 Kilometer.

Ich blieb dann, wie gesagt, als Zeitsoldat bei der Bundeswehr. 2001 nahm ich am KFOR-Einsatz im Sommerkontingent
teil. Wir flogen mit einem Airbus von Köln nach Skopje. Schon
dieser Hinflug war ein Abenteuer, denn als unser Airbus landen wollte und sich schon im Landeanflug befand, musste der
Pilot kurzfristig ein unvorhergesehenes Ausweichmanöver
fliegen. Den Grund dafür erfuhren wir erst nach der Landung.

Die mazedonische Armee hatte mit ihren Kampfhubschrau-
bern den Raketenbeschuss auf die Berge um Skopje intensi-
viert. Da sie aber nur wenig Sprit zur Verfügung hatten, flogen
sie nicht von ihren Landeplätzen aus weitläufig um den Flughafen herum, sondern direkt über die Start- und Landebahn
zu ihren Feuerzonen. Damals wollten die mazedonischen Albaner den internationalen Flughafen in ihre Gewalt bringen
oder zumindest Unruhe stiften. Damit sollte erreicht werden,
dass die internationale Staatengemeinschaft auf ihre missliche
Lage in Mazedonien aufmerksam wird und ihnen hilft – was
letztendlich auch geschah.

Nach der Landung erfolgten die Verhaltensbelehrungen für
das Flughafengelände und für den Transport von Mazedonien
in den Kosovo. Dann war erst mal Warten angesagt, und zwar
auf die Schutzwesten und die Transportfahrzeuge. Die Schutzwesten erhielten wir direkt von unseren Vorgängern. Die
Jungs hatten es geschafft, ihre Einsatzzeit war um. Da es nicht
genügend Schutzwesten gab, wurden sie einfach von Träger
zu Träger weitergereicht.

Eine solche Weste anzuziehen ist nicht gerade ein Vergnü-
gen, wie man sich vorstellen kann. Die Weste wiegt ohne
Genitalschutz ungefähr 16 Kilo, und es herrschten Außen-
temperaturen um die 35 Grad. Viel später, so ungefähr in der
Mitte unseres Einsatzes, haben wir mal mit einem Thermo-
meter die Temperatur unter der Weste gemessen. Bei normaler Tagestemperatur und Dienstbelastung waren es um die
80 Grad.

Als wir dann endlich unsere Schutzwesten erhalten hatten, wurden wir auf zivile Busse verteilt. Dann ging alles sehr schnell: Rucksäcke in die Stauräume und einsteigen. Auf 50 Soldaten pro Bus kam ein einziger Sicherungssoldat mit Waffe und Munition, der Rest war unbewaffnet. Insgesamt waren es sechs Busse. Und los ging es. Leider nur nicht sehr weit. Denn an der Grundstücksgrenze des angemieteten Flughafenteils, den die Truppensteller nutzten, war schon wieder Schluss. Der mazedonische Militärposten ließ die Fahrzeugkolonne halten und kontrollierte erst mal die kosovo-albanischen Fahrer der Busse.

Diese Kontrolle lief wie folgt ab. Der Busfahrer musste mit seinen Papieren aussteigen, diese wurden geprüft. Danach liefen sie um das Fahrzeug und schauten sich den Bus von allen Seiten an. Dabei wurde der Fahrer angeschrien – was sie sagten, war für uns natürlich unverständlich – und geschlagen. Sie verpassten ihm Ohrfeigen und Kopfnüsse. Wir konnten das nicht mit ansehen. Ein Kamerad und ich sind schließlich dazwischengegangen und haben die Situation entspannt, sodass wir weiterfahren konnten.

Das Erste, was uns im Kosovo auffiel, nachdem wir die Grenze passiert hatten, waren die vielen kaputten Häuser. Die allgegenwärtige Zerstörung nimmt einen schon sehr mit. Und dann der Müll, der überall achtlos herumliegt und stinkt. Dabei ist die Landschaft des Kosovos wunderschön.

Wir fuhren an intakten, von NATO-Sicherheitsdraht umgebenen Kirchen vorbei, und dann wieder an Moscheen, die mit Einschusslöchern übersät oder sogar komplett gesprengt waren. Für uns, die Krieg und seine Folgen nur aus dem Fernsehen und aus Büchern kannten, war das schwer zu verstehen. Der Großteil von uns war ja gerade mal um die zwanzig Jahre alt, manche erst achtzehn. Das war ein enormer Kulturschock.

Befremdlich war auch die Heldenverehrung, die die albanische Bevölkerung ihren gefallenen UÇK-Kämpfern entgegenbrachte. Auf den Grabsteinen war für gewöhnlich das Porträt des Gefallenen mit seiner Waffe eingemeißelt, drum herum türmte sich ein Meer aus Blumengestecken und Kränzen. Serbische Friedhöfe dagegen wurden zerstört und geschändet, manchmal sogar als Weide missbraucht. Für uns war das kaum zu begreifen.

Unser Auftrag war der Minderheitenschutz in der Kleinstadt Orahovac sowie in dem angrenzenden Dorf Velika Hoča. Das hieß in diesem Fall nichts anderes, als die serbische Minderheit sowie die Bevölkerungsgruppe der Sinti und Roma vor Übergriffen der Albaner zu schützen. Die Albaner stellten die weitaus größte Bevölkerungsgruppe.

Die Trennung der Bevölkerungsgruppen erfolgte an der Stadtteilgrenze und wurde durch stationäre Checkpoints gesichert. Orahovac sah deshalb aus wie Berlin zu Zeiten des Mauerbaus. Zusätzlich waren rund um die Uhr zwei Fußstreifen eingesetzt. Auch existierte ein eigenes, von der UNMIK betriebenes Polizeibüro im Viertel. Die Feuerwehr war zweigeteilt, denn auf die albanische Feuerwehr war innerhalb des serbischen Viertels kaum Verlass. Sie traf häufig erst dann ein, wenn es zu spät war. Daher gab es noch eine serbische Freiwillige Feuerwehr, die von einer durch uns gestellten Alarmgruppe unterstützt wurde.

Auf dem Land sah die Gesamtsituation anders aus. In Velika Hoča lebten zwar nur Serben, Sinti und Roma, aber diese hatten Felder zu bestellen und zu bewirtschaften, und auch dabei mussten sie geschützt werden. Zum Glück gab es nur eine Zufahrtsstraße in das Dorf. Dort betrieben wir einen Checkpoint. Wir verfügten auch über einen Radpanzer. Der Radpanzer war speziell für die zweite Aufgabe, den Checkpoint, notwendig, die darin bestand, in Zusammenarbeit mit einem Checkpoint in Orahovac den sicheren Personen- und Fahrzeugverkehr der Serben zwischen Orahovac und Velika Hoča zu gewährleisten. Wenn die Serben von A nach B wollten, wurden Teilabschnitte der Straße komplett gesperrt und erst wieder für Albaner freigegeben, wenn die Serben diesen Bereich verlassen hatten. Im Dorf selbst war, wie im Minderheitenviertel von Orahovac, ständig ein Grenadierzug im Einsatz. Auch patrouillierten zwei Fußstreifen. Um aber auch die Feldarbeiter sichern zu können, betrieben wir auf einer Hügelkette einen Beobachtungsposten. Dieser war, je nach eingesetztem Personal, mit einem Kampfpanzer oder einem Schützenpanzer ausgerüstet, der das Dorf und die umliegenden Felder und angrenzenden Hügel überwachte. Im Bedarfsfall hätte mit diesem Fahrzeug auch der Feuerkampf geführt werden können.

Diese beiden Aufträge, der Schutz des Minderheitenviertels von Orahovac und der Bevölkerung von Velika Hoča, waren die Kernaufgaben unserer Kompanie im Einsatz. Personell waren wir damit an der Leistungsobergrenze unserer Einheit angekommen. Sie müssen sich vorstellen, dass immer zwei der vier Einsatzzüge der Kompanie in einer 24-Stunden-Schicht gebunden waren. Zwei lagen als Reserve und zur Ruhe im Feldlager Phönix auf der anderen Seite der Stadt, etwa vier Kilometer vor Orahovac.

Das war der Stand des ersten Monats. Wir hätten unseren Auftrag mühelos erfüllen können, wenn nicht bürokratische und logistische Probleme sowie lagebedingte Umstände unseren Einsatz erschwert hätten. Zum Beispiel lange Wartezeiten auf Ersatzteile und -geräte. Mitunter warteten wir bis zu sechs Monate auf eine Mutter für den Radwechsel. Stellen Sie sich vor, Sie fahren in Deutschland in die Werkstatt, und der Mechaniker sagt Ihnen, dass der Radwechsel sechs Monate dauert, weil ein Ersatzteil nicht vorrätig ist und die Lieferung eben Zeit braucht. Wie würden Sie reagieren?

Ein anderes Problem war die Mandatsobergrenze für das eingesetzte Personal. Ausfälle durch Krankheit und Urlaub konnten nicht ersetzt werden, weil eine vorübergehende Personalergänzung an der Mandatsobergrenze scheiterte. Die Urlauber wurden nämlich zur Sollstärke der Einheit hinzugerechnet; ähnlich skurril verhielt es sich mit Krankheitsausfällen. Um die Einsatzaufträge zu erfüllen, war eine Iststärke von 75 Prozent stets zu halten, gleichzeitig sollten aber auch alle Soldaten ihren Urlaub während der Einsatzzeit aufbrauchen. Das führte dazu, dass die ersten von uns schon drei Wochen nach Ankunft wieder für zehn Tage nach Deutschland flogen, andere drei Wochen vor Ende des Einsatzes.

Amüsant wurde es auch immer, wenn wir Besuch von Abgeordneten, Ministern oder anderen Volksvertretern erhielten. Sie erinnern sich bestimmt noch an die Mallorca-Affäre. Der damalige Verteidigungsminister Rudolf Scharping und Friedrich Merz, seinerzeit CDU/CSU-Fraktionschef, waren unabhängig voneinander zum Truppenbesuch in den Kosovo gekommen. In der Presse war damals zu lesen, dass Herr Merz unfreiwillig eine Nacht auf dem Flughafen in Skopje verbringen musste, weil unser Verteidigungsminister mal kurz zu seiner Freundin nach Mallorca geflogen war. Was nicht in den Medien zu lesen war, war die Tatsache, dass diese Maschine vom Typ Airbus nicht nur für Herrn Merz, sondern auch für ungefähr 200 Soldaten bestimmt war, die auf ihren Abflug in den Urlaub warteten. Die durften also auch eine Nacht unfreiwillig auf dem Flughafen verbringen.

In bleibender Erinnerung habe ich auch die Pressekonferenz zu den Marschrouten des gepanzerten Einsatzverbands der Task Force Fox, der vom Kosovo nach Mazedonien einrücken sollte. Nicht mal wir als betroffene Soldaten kannten zu diesem Zeitpunkt die geplanten Marschrouten, sie waren streng geheim. Bis sie dann unser Verteidigungsminister zwei Stunden vor Marschbeginn live in den Medien bekannt gab. Nun wusste auch wirklich jeder über die Marschrouten Bescheid. Und das hatte gravierende Folgen. Die Grenzübergänge, die benutzt werden sollten, waren durch mazedonische

Zivilisten versperrt, eine Nutzung nicht mehr möglich. In größter Eile mussten Alternativen gefunden werden. Die Alternative, die schlussendlich umgesetzt wurde, sah wie folgt aus. Der Tross der ungepanzerten Fahrzeuge blieb mit einigen wenigen gepanzerten auf den Marschstraßen stehen und wurde vierundzwanzig Stunden später nachgezogen. Der Großteil der gepanzerten Fahrzeuge verlegte querfeldein nach Mazedonien, wobei die wenigen Dingos – das sind Minenschutzfahrzeuge – vorausfuhren und alle anderen in ihrer Spur folgten. Hört sich einfach an, aber bei unklarer Minenlage und in einer dunklen Nacht ist das kein Kinderspiel. Es grenzt an ein Wunder, dass dabei nichts passiert ist.

Doch damit nicht genug. Die Truppen für Mazedonien, ebenso ihr Material und ihre Fahrzeuge, gehörten offiziell zum Mandatsbestand des deutschen Kontingents im Kosovo, erhöht werden durfte die Truppenstärke aber nicht, weshalb es bei uns im Kosovo zu einer erheblichen Verknappung der Ressourcen kam. Zumal wir auch im rotierendem System das eingesetzte Personal der Task Force Fox abwechseln mussten.

Zur selben Zeit, als sich die NATO, auch mit deutscher Unterstützung in Form der Task Force Fox, in Mazedonien einbrachte, erhielten wir den Auftrag, das österreichische Bundesheer beim Kontingentwechsel zu unterstützen. Wir übernahmen einen Teil ihrer Aufgaben, beispielsweise die Grenzsicherung zwischen Mazedonien, Albanien und dem Kosovo im Hochgebirge, nahe der Stadt Dragaš. Ziel dieser Grenzsicherung war es, den Waffenschmuggel von Albanien über den Kosovo nach Mazedonien zu unterbinden und damit die Arbeit und das Ansehen der NATO und ihrer Bündnispartner in Mazedonien zu erleichtern und zu verbessern.

Für uns als Panzergrenadierkompanie gestaltete sich die Grenzsicherung doppelt schwierig, obwohl wir mittlerweile von Fallschirmjägern, die eigentlich zur Absicherung der

Wahlen im Kosovo aus Deutschland eingeflogen worden waren, unterstützt wurden. Zum einen, weil Grenadiere nicht wirklich für das Gebirge ausgebildet werden, und zum anderen, weil keiner von uns Erfahrung in der Grenzsicherung hatte. Mazedonische Soldaten konnten wir leicht als solche erkennen und von den Schmugglern unterscheiden, bei den albanischen Grenzeinheiten war das schon schwieriger: vollbärtig, mit einer Kalaschnikow bewaffnet, versahen sie den Grenzdienst. Sie waren mit den unterschiedlichsten Uniformteilen bekleidet bzw. patrouillierten manchmal auch in Zivil. Genauso sahen aber auch die albanischen Schmuggler aus, außer dass sie oft noch Esel für die Lasten dabeihatten. Daneben gab es auch Bauern und Hirten, die, bewaffnet mit Schrotflinten und Karabinern, in den Bergen nach ihren Tierherden sahen oder Futtergras holten. Freund und Feind zu unterscheiden war also nicht gerade einfach.

Doch das Schlimmste für uns dort oben war das Wetter. Tagsüber drückende Hitze mit 35 bis 40 Grad, dabei kaum Schatten, nachts bis zu minus 25 Grad und eisige Winde. Ich war bei unserem ersten Einsatz in den Bergen mit dabei. Unser Kompaniechef hatte uns in drei Gruppen und Lager, ein Basislager und zwei Außenlager, aufgeteilt. Personell waren wir mit zwei Einsatzzügen vor Ort. Und zunächst sah es so aus, als ob wir die geplanten sechs Einsatztage dort oben problemlos hinter uns bringen würden. Die Lager wurden zügig aufgebaut, und schon zwei Stunden nach der Ankunft konnten wir Einsatzbereitschaft melden.

Doch dann kam am vierten Tag abends per Funk eine Sturmwarnung aus dem deutschen Headquarter in Prizren. Stürme und schlechtes Wetter hatte jeder von uns schon mal erlebt, doch was da auf uns zukam, kann ich schlecht in Worte fassen. Es regnete in Strömen, dazu extreme Hagelschauer. – Als der neue Tag anbrach, sah man das ganze Ausmaß der Verwüstung. Es sah aus wie auf einem Schlachtfeld, auf dem die Artillerie gewütet hat. Von sieben Achtmannzelten im Basislager waren nur noch drei zu gebrauchen. Die anderen waren so zerstört oder beschädigt, dass sie als Totalausfall gezählt wurden. Selbst die Hauptpfeiler von zwei Zelten waren vom Hagel durchschlagen worden. Einige Scheiben unserer Fahrzeuge waren zu Bruch gegangen, der Wassertank auf unserem Lkw war durchlöchert. Von den Blechschäden ganz zu schweigen.

In den beiden Außenlagern sah es noch schlimmer aus. Das Lager der Fallschirmjäger hatte gar keine brauchbaren Zelte mehr. Sie selbst mussten während des Sturms Schutz in ihren Panzern suchen. Im zweiten Lager wurden die Überreste von drei Zelten mit unseren zerstörten Zelten zu einem großen Zelt zusammengelegt, um wenigstens vorübergehend einen notdürftigen Unterstand zu haben, der dann als Zentrale für den Kommandostab, als »Küche« und als Schlafraum für acht Soldaten gleichzeitig diente.

So schlimm hatte der Hagelsturm also gewütet. Und dennoch hatten wir Glück im Unglück, denn außer Prellungen und Beulen gab es keine Personenschäden oder Ausfälle. Militärisch korrekt hat unser Kompaniechef die Schäden an unsere übergeordnete Führung gemeldet und Ersatzmaterial sowie wetterbeständige Ausrüstung gefordert, um den Einsatz weiter durchführen zu können. Die Schäden wurden zur Kenntnis genommen, mehr aber auch nicht. Selbst auf wiederholte Nachfrage an diesem Tag gab es keine positive Rückmeldung. Stattdessen verhöhnte man uns als »Weicheier« und ermahnte uns, die Situation nicht zu übertreiben. Im Tal sei vom Sturm nichts zu spüren gewesen, und das Wetter sei jetzt doch wieder sonnig und schön, also könne es ja nicht so schlimm gewesen sein. Allerdings müsse man uns leider mitteilen, dass die Inspektion durch den Brigadegeneral, welche für den kommenden Tag geplant war, wegen schlechten Flugwetters für Hubschrauber ausfällt.

Am Tag darauf besprach unser Kompaniechef mit uns Dienstgraden im Basislager die Lage. Und die sah nicht gerade rosig
aus. Die Motivation der Männer war auf dem Tiefpunkt an-
gelangt, und die Einsatzbereitschaft ließ sich nur mit Mühe
aufrechterhalten. Wasser und Verpflegung mussten rationiert
werden. Wann und wie wir abgelöst werden würden, war nicht
eindeutig klar, da das Wetter dafür gesorgt hatte, dass die
Wege nur noch mit Kettenfahrzeugen befahrbar waren und
wir außer den fünf Wieseln der Fallschirmjäger keine weiteren Kettenfahrzeuge dabeihatten.

Nach der Besprechung versuchte unser Kompaniechef, den
Ernst der Lage dem Brigadegeneral per Funk zu übermitteln.
Doch dieser machte sich mehr Sorgen darüber, was unsere
NATO-Verbündeten über uns denken würden, wenn wir unser Basislager auf einen etwas tieferen Standort verlegen und
die Außenlager auflösen würden. Im Endeffekt lief es darauf
hinaus, dass unser Kompaniechef den Befehl bekam, weiter
dort oben auszuharren und das Beste aus der Situation zu machen, da wir uns vor unseren Bündnispartnern keine Blöße
erlauben könnten. Zu dem Zeitpunkt war aber eigentlich außer uns niemand mehr oben, alle anderen waren schon weg.
Selbst diejenigen, die im Gebirgskampf erfahrene Truppen im
Einsatz hatten, hatten sich schon Tage vorher auf tiefer gelegene Standorte zurückgezogen, um sich nicht diesen Witte-
rungsbedingungen auszusetzen. Sie beschränkten sich darauf, ihre Gebiete durch große Streifenwege mit Fahrzeugen
oder zu Fuß abzusichern.

Unser Kompaniechef hat damals eigenständig entschieden,
den Bereich zu verlassen und runterfahren. Die Motivation
der Truppe war, wie gesagt, zu diesem Zeitpunkt ganz unten.
Der kleinste Funke hätte gereicht und einige wären durch-
gedreht. Man muss dazu sagen, dass die Jungs Tag und Nacht
schwer bewaffnet waren, das heißt, sie hatten ihre Waffen und
die dazugehörige Sicherungsmunition immer am Mann. Wenn

da jemand durchdreht, ist es deutlich gefährlicher als in einer Kaserne in Deutschland. Wer hat dort schon ständig 60 Schuss Munition dabei?

Meine Truppe war die letzte, die wieder im Feldlager Phönix eintraf. Wir waren gerade angekommen, da erfuhren wir, was unserem Kompaniechef vor ein paar Stunden im Lager passiert war. Er und unser Spieß mussten in voller Ausrüstung zum Rapport vor den stellvertretenden Bataillonskommandeur treten. Doch nicht im normalen Rahmen, sondern in unserem Betreuungszelt, der Balkan-Bar. Alle Anwesenden, zum Großteil unbeteiligte Soldaten, bekamen es mit. Meinem Chef wurde vor versammelter Mannschaft Feigheit vor dem Feind vorgeworfen. Der stellvertretende Bataillonskommandeur sprach eine Disziplinarstrafe gegen unseren Kompaniechef aus. Am nächsten Morgen hätten wir wieder auf den Berg zu ziehen.

Die Strafe und der darauf erteilte Befehl, am nächsten Morgen mit frischen Kräften wieder auf den Berg zu gehen, sorgten bei uns für Unverständnis. Wir fühlten uns wie auf einem Trip in die deutsche Vergangenheit. Durchhaltebefehle, die auf keinen Fall zu hinterfragen waren – hatten wir davon nicht auch in Schulbüchern gelesen? Dabei wurde uns in der Ausbildung immer gesagt, so etwas wie im Zweiten Weltkrieg könne uns heute nicht mehr passieren. Wir befanden uns nicht im Krieg, doch kamen ranghohe Offiziere, ohne sich vorher ein Bild von der Lage gemacht zu haben, auf die Idee, einem anderen Offizier »Feigheit vor dem Feind« vorzuwerfen. Welcher Feind überhaupt?

Der zweite Einsatz, der am Tag darauf begann, lief dann anders ab. Das Basislager wurde tiefer angesiedelt und war mit Radfahrzeugen gut zu erreichen. Wir erhielten auch eine bessere Ausrüstung als beim ersten Mal, doch auch hier erlebten wir viele absurde Dinge, die zu erzählen jedoch diesen Rahmen sprengen würde.

Vieles, was einem in so einem Einsatz widerfährt, vergisst man nicht so schnell. Beispielsweise, als wir auf dem Berg Erebino von allen Seiten beschossen wurden. Der Erebino hatte, als sich zwischen den Albanern und Mazedoniern alles zuspitzte, eine sehr prekäre Lage, weil die Einheiten dort wenig Möglichkeiten hatten, sich in Sicherheit zu bringen. Sie saßen in der Mitte, oben auf dem Berg. Daneben war ein Lager von mazedonischen Soldaten. In gewisser Weise haben beide Seiten, auch wenn es offiziell dementiert wird, die Deutschen als Schutzschild missbraucht. Die Albaner schossen über das Camp der Deutschen hinweg auf die Mazedonier und umgekehrt.

Jedes Mal, wenn dieser Beschuss wieder anfing, fanden wir uns in einer großen Lagerhalle zusammen. Die Eingänge wurden mit gepanzerten Fahrzeugen geschützt, und dann hoffte man, dass es nicht zu Einschlägen kommen würde, weil die Halle das nicht ausgehalten hätte. Die Mazedonier sind mit ihrem Hubschrauber aus Spritmangel einfach nur hochgeflogen und haben ihren ganzen Munitionsvorrat auf die Albaner verschossen. Danach sind sie wieder runter, haben kurz aufgetankt und nachmunitioniert. Und wieder dasselbe Spiel. Sie haben nicht gezielt geschossen. Vielmehr haben sie einfach querfeldein irgendwo in den Berg geballert und gehofft, dass sie irgendetwas treffen. Dabei waren wir eigentlich nicht als Pufferzone dort. Ich könnte in der Tat noch so manch andere Geschichte voller Widersinnigkeiten erzählen ...

Meine gesamte Familie setzte sich während meines Einsatzes sehr intensiv mit dem Thema auseinander. Es hat alle ganz schön mitgenommen. Eine Begebenheit hat sich besonders in meine Erinnerung eingeprägt. Als ich im Urlaub meine Familie besuchte, sagte meine Oma zu mir: »Na, jetzt hast du es ja wenigstens geschafft. Jetzt hast du die Sache hinter dir.« Mein Opa daraufhin: »Nein, er ist nur auf Urlaub hier. Der muss wieder runter.« In dem Augenblick fiel meiner Oma die Kaffeetasse aus der Hand. Dann sagte sie: »Nee, das macht der nicht. Den verstecken wir. Den finden die nicht! Sollen die ihre Söhne schicken. Wir schicken unseren Enkel nicht mehr.« Wir hatten enorme Probleme, unserer Oma zu erklären, dass es nicht so geht, wie sie sich das vorstellt. Dass man ein Pflicht-bewusstsein hat und wieder hingeht.

Über die Medien oder gar durch die Politik hat meine Fami-lie nicht wirklich erfahren, was wir im Einsatz erlebt haben. Es war schwierig, meinen Angehörigen zu erklären, dass nicht alles so war, wie es beispielsweise im Fernsehen dargestellt wurde. Das, was für sie wichtig gewesen wäre, haben sie nicht erfahren. Zwar wurden sie in den Familienbetreuungszentren informiert, aber selten konkret darüber, wie es dem einzelnen Angehörigen ging. Am Telefon konnten wir nicht frei über al-les sprechen. Das Gespräch wäre sonst unterbrochen worden, denn unsere Gespräche wurden mitgehört. Übrigens nicht nur vom MAD, sondern auch von anderen Geheimdiensten.

Während meines Einsatzes habe ich viel an Lebenserfah-rung gewonnen. Ich habe sehr lange gebraucht, um alles zu verarbeiten und mich hier in Deutschland wieder zu integrie-ren. Damals gab es bei der Bundeswehr noch keine richtige Nachbetreuung, sondern nur ein dreitägiges Seminar. Dort sollte man den Einsatz vor zwei Psychologen Revue passieren lassen. Die Psychologen selbst waren noch nie im Auslands-einsatz gewesen. Und die sollten nun erkennen, ob man an Folgeschäden litt oder nicht. Die ganzen Eindrücke waren aber noch so frisch, da konnten Spätfolgen noch gar nicht auf-getreten sein.

Im ersten Jahr nach meiner Rückkehr habe ich große Men-schenansammlungen gemieden. Ich ging entweder weiträu-mig drum herum oder bin gar nicht erst hin. Es war mir unan-genehm, mit so vielen Menschen zusammen zu sein. Mir war es auch unangenehm, ständig Fragen über den Kosovo zu be-antworten. Im Freundes- und Familienkreis wurden Fragen

gestellt wie:»Ihr hattet wirklich den ganzen Tag eure Waffe
und Munition dabei?« Beim ersten Mal nimmt man diese Frage
noch hin, aber irgendwann kann man sie nicht mehr hören,
weil man sich fragt:»Was denken die, was wir da unten machen?« Natürlich hatte man seine Waffe Tag und Nacht dabei.
Und auch die Munition.

Meine Mutter hat damals die Einverständniserklärung, damit ich mit siebzehn zur Bundeswehr konnte, nur absolut wi-
derwillig unterschrieben. Es gab eine heikle Diskussion. Mein
Vater ist ehemaliger NVA-Soldat. Er setzte sich schließlich für
mich ein, indem er sagte:»Da kannst du hin, in der Bundeswehr ist es nicht so schlimm wie damals in der NVA.« Was den
Einsatz anging, hatte er gemischte Gefühle. Aber er ließ sich
nichts anmerken. Der Rest der Familie meinte, es mir ausre-
den zu müssen. Ich wollte den Einsatz. Ich habe extra um zwei
Jahre verlängert, um hingehen zu können. Normalerweise
wäre ich 2000 aus der Bundeswehr ausgeschieden, da wäre
mein Zeitvertrag ausgelaufen. Aber als ich erfuhr, dass unsere
Einheit in den Einsatz geht, habe ich um zwei Jahre verlängert.

Damals war ich sehr jung. Ich wollte wissen, wofür ich meine
Soldaten ausbilde. Als Ausbilder will man verstehen, was
Kampf und Krieg bedeutet. Auch wenn man ständig auf
Übungsplätzen ist, die Realität kann dort nicht vermittelt werden. Ich wollte wissen: Wie ist das, wie fühlt man sich in so einer extremen Situation? Letztendlich habe ich genug gesehen.
Ich kann nicht sagen, dass wir Krieg erlebt haben. Wir haben
vielmehr eine Nachkriegszeit erlebt. Aber mir hat es gereicht.
Ich kann heute nachvollziehen, wie man sich in so einer Situation fühlt. Ich weiß jetzt, was die Leute dort durchmachen
und welche Alltagsprobleme sie haben.

Mein Bruder war 2007 für vier Monate in Afghanistan, in
Kunduz und Mazar-i-Sharif. Wir können uns gegenseitig viel
helfen, indem wir miteinander reden. Und das ist gut so. Von

der Bundeswehr wird einem nämlich nicht großartig geholfen. Mein Bruder hat mit dem Nachbereitungsseminar, an dem er teilnahm, ähnliche Erfahrungen gemacht wie ich mit meinem. Und auch er hat erlebt, dass man nach Hause kommt und die Hälfte der Freunde nichts mehr mit einem zu tun haben will. Sie können die Probleme, die man im Einsatz hatte, einfach nicht nachvollziehen. Man kommt zurück in die westliche Welt, und hier hat jeder seine eigenen alltäglichen Schwierigkeiten. Kaum einer beschäftigt sich mit den Konflikten in anderen Ländern. Die Menschen gehen relativ oberflächlich mit dem Thema um und beruhigen sich damit, dass man Leute runterschickt, die es dann schon richten werden. Hauptsache, hier kommt nichts an. Wenn jemand im Einsatz war, darf er *mal* davon erzählen, aber nicht andauernd. Die anderen können damit nicht umgehen. Aber für uns ist es wichtig, wieder und wieder darüber zu sprechen; nur so können wir es verarbeiten.

Während meines Einsatzes habe ich viel gelernt. Ich konnte Vorurteile gegenüber fremden Nationen abbauen. Anderen Menschen gegenüber bin ich inzwischen positiver eingestellt, ich gehe offener auf Leute zu. Mein Interesse an politischen Entscheidungen oder internationalen Konflikten hat sich deutlich geändert. Vor dem Einsatz hat mich das alles nicht großartig interessiert. Heute möchte ich solche Dinge verstehen und die Zusammenhänge erkennen. Mich interessiert aber vor allem das, was ich in den Medien nicht mitgeteilt bekomme.

Es ist tragisch, dass die Bevölkerung nur so schleppend darüber informiert wird, was wirklich los ist. Wenn man bedenkt, wann der Afghanistan-Einsatz für die Bundeswehr begonnen hat, und wenn man sieht, wann hier in Deutschland die Medien angefangen haben, darüber zu berichten, dass Soldaten sterben und dass wir uns in einem Kriegseinsatz befinden – das war ein ziemlich langer Prozess. Der Auftrag an sich hat sich seither nicht geändert.

Auch unsere Regierung weiß, dass die Einsätze nicht so bald beendet sein werden. Der Kosovo wird noch lange auf internationale Hilfe und Soldaten angewiesen sein. Von Afghanistan ganz zu schweigen. Die Truppen, die derzeit dort sind, reichen bei Weitem nicht aus. Es werden immer mehr deutsche Soldaten dorthin müssen. Und die Politiker hier in Deutschland haben Angst davor, sich mit der Bevölkerung unseres Landes auseinanderzusetzen und ihr zu erklären, worum es eigentlich geht.

Persönlich wünsche ich mir, dass unsere politische Führung sich endlich ihrer Verantwortung bewusst wird, die sie für unsere Soldaten hat, wenn sie diese in Krisengebiete schickt. Es kann nicht sein, dass wir in den Medien von robusten Mandaten reden, diese aber bei genauerem Hinsehen gar nicht robust sind, sondern eher eine Zumutung für unsere Soldaten. Wenn dann etwas passiert, ist die erste Handlung, nach dem Schuldigen vor Ort zu suchen, anstatt zu prüfen, wer insgesamt dafür verantwortlich ist. Auch kann es nicht sein, dass sich Politiker hinter dem Deckmantel der Unwissenheit verstecken dürfen, während Soldaten, die die Missstände beim Namen nennen, in den Ruhestand geschickt oder entlassen werden.

Januar 2010

MEIN GEWISSEN VERANLASST MICH, WACHSAM ZU SEIN

Christian Neumann*

Als Soldat der Bundeswehr, der an zwei Auslandseinsätzen teilgenommen hat, darf ich mich öffentlich zu meinen Erlebnissen im Dienst nur eingeschränkt äußern. Dennoch gibt es sie, Soldatinnen und Soldaten, die offen Position beziehen. Ich selbst sehe keinen Widerspruch darin, die Uniform zu tragen, für wahren Frieden im Sinne des Grundgesetzes einzustehen und – wenn es darauf ankommt – kritisch zu sein, das Wort zu ergreifen.

Ich wurde in Osterburg in der ehemaligen DDR, Sachsen-Anhalt, im Dezember 1979 geboren. Nach dem Ende meiner Schulzeit 1996 stellte sich die Frage: Willst du aufs Gymnasium und dann studieren? Ich entschloss mich für die Praxis und habe bei der Kataster-Behörde in Salzwedel Vermessungstechniker gelernt, mit diversen Praktika beim Grundbuchamt, im Landesvermessungsamt und bei öffentlich bestellten Ingenieuren. Nach drei Jahren beendete ich die Ausbildung zum Vermessungstechniker.

---

*Christian Neumann ist Oberfähnrich der Bundeswehr und aus disziplinarrechtlichen Gründen gezwungen darauf hinzuweisen, dass er in diesem Beitrag nur seine persönlichen Auffassungen vertritt.

Danach stand die Wehrpflicht an, und ich musste mich entscheiden, ob ich zum Bund will. Gedacht, getan. Ich hatte her-
ausgefunden, dass die Bundeswehr Fachleute im Bereich Ver-
messungstechnik suchte. Ich war ausgebildet, sodass ich mich
direkt als Zeitsoldat melden konnte. Durch diese Offerte war
ich in der Lage, meine bisherigen Fachkenntnisse mit einem
richtigen Gehalt und der Pflicht zum Dienst in den Streitkräften zu verbinden. Nach diversen Tests wurde ich als Mann-
schaftssoldat eingestellt. Noch im ersten Dienstjahr ging ich
mit Teilen des militärischen Vermessungswesens im Sommer
2000 in den Kosovo-Einsatz (KFOR).

Dort war ich in der Vermessung tätig, im Raum Prizren und
Umgebung, bis nach Tetovo, Priština und zur albanischen
Grenze. Ich durfte eine Menge vom Balkan sehen; als Landver-
messer kamen wir weit herum. Die Minengefahr reiste natürlich stets im Hinterkopf mit, zumal wir nicht nur auf der Straße
arbeiteten, sondern auch abseits. Wir hatten unter anderem
den Auftrag, eine neue Straße abzustecken, eine Umgehungs-
straße, von der Stadt Prizren zum militärischen Flugplatz. Bislang hatten sich die Militärkonvois immer durch die Stadt ge-
drängt, über sehr schlechte, durch den Krieg beschädigte
Straßen, und im September 2001 standen im Kosovo Wahlen
an. Bis dahin sollte die neue Straße fertig sein – im Übrigen ein
Projekt, das in erster Linie der NATO zugutekam und in zweiter Linie die Stadt Prizren vom Militärverkehr entlastete.

Nun werden Soldatinnen und Soldaten ja nicht einfach so in
den Einsatz geschickt, sondern sie werden vorher ausgebildet,
bekommen zahlreiche Schutzimpfungen, werden ausgerüstet.
In der Ausbildung wurde uns aufgrund der Minengefahr ein-
geschärft, nicht abseits der Wege zu gehen. Wir wissen, wie
wir Minenfelder erkennen können, und wir wissen, wie wir
uns verhalten sollen. Als mein Auftrag sich plötzlich vor Ort
konkretisierte und wir abseits des Weges auf die Wiese gehen
mussten, fragte ich meinen damaligen Vermessungstrupp-

führer, was ich machen sollte, denn ich befände mich in einem Dilemma von widersprüchlichen Anweisungen. Uns war schließlich regelrecht eingedrillt worden, dass wir freies Gelände ohne Freigabe des EOD (Explosive Ordnance Disposal) nicht einfach so betreten dürfen. Daraufhin stellte er mir ein ganz klares Ultimatum: »Entweder Sie bewegen sich jetzt und erfüllen Ihren Auftrag, oder Sie fahren nach Hause und wir holen Ersatz, der das hier erledigt.« Ich musste also gehen. Befehl ist Befehl; ich war Teil des Systems.

Die Dienstzeit auf dem Balkan erweiterte meinen Horizont. Ich habe viele zerschossene Gebäude und Industrieanlagen gesehen. Dass die NATO in der Region Anfang 1999 völkerrechtswidrig Bomben abwarf, wurde mir erst später bewusst. Vor dem Hintergrund von Massakern an bestimmten Bevölkerungsgruppen, bei denen Teile der westlichen Staatengemeinschaft nicht tatenlos zuschauen wollten, wurde diese militärische Intervention forciert. Bis heute wurde dafür niemand zur Rechenschaft gezogen. Ich hatte nun beim Neuaufbau mitgeholfen, konnte den Krieg aber nicht ungeschehen machen. Gleichwohl hat mich der Einsatz veranlasst, mich politisch zu interessieren.

In den Jahren 2001 bis 2006 habe ich in der Bundeswehr Karriere gemacht. Befördert bis zum Unteroffizier mit Portepee, wechselte ich auch die Aufgabenbereiche. Als ich im Jahr 2006 in der Kartografie tätig war, wurde ich gefragt, ob ich nicht in den ISAF-Einsatz wolle. Mittlerweile war mein politisches und rechtliches Interesse geweckt, und so fiel meine Antwort positiv aus. Damit verbundene Aussichten auf Karriere und Auslandszuschlag ordneten sich dieses Mal meiner Hauptmotivation, bei ISAF einen Blick hinter die Kulissen zu werfen, unter. Sicherlich würde ich meinen Erfahrungsschatz erweitern können. Mich interessierten die komplexen Arbeitsabläufe vor Ort, der Bedarf der Truppe in Afghanistan, das ferne Land und vieles mehr. Und ich wollte mitreden können.

Mitreden auf Augenhöhe mit denjenigen, die zurückkamen, mit Befürwortern und Kritikern, denn ich sehe mich auch als Steuerzahler, und die Militärmissionen im Mittleren Osten verschlingen riesige Summen und stehen in einem eklatanten Missverhältnis zu den Ausgaben für den Wiederaufbau.

Im August 2007 wurde mir der konkrete Termin zur Verlegung in den Mittleren Osten mitgeteilt. Beim Abschied Anfang November flossen Tränen, innerhalb der Familie, aber auch bei Mitarbeiterinnen und Mitarbeitern. Bei meinen Verabschiedungen nach Afghanistan im Kreis von Mitarbeitern kam es mir manchmal so vor, als wäre das bereits das Ende meiner Dienstzeit. Es war wirklich herzlich. Jeder hatte das Gefühl, es könnte sein, dass man sich nicht wiedersieht. Besonders nahestehende Menschen gaben mir Glücksbringer mit. Meine Familienangehörigen konnten beim Abschied ihre Betrübtheit nicht ganz verstecken –Tränen hier und da. In mir mischten sich die Emotionen. Im Wechselbad zwischen Anerkennung von Freunden und Kameraden, Verantwortungsbewusstsein, Abenteuerlust und Ernsthaftigkeit, und begleitet von den üblichen Abschiedsritualen, verflogen die letzten Tage in Deutschland rasch. Die Regelung der persönlichen Belange nahm mich bis auf die sprichwörtlich letzte Sekunde vor der Abreise in Anspruch.

Die Checkliste war lang. Beispielsweise wurde empfohlen, die Lebensversicherung zu informieren, denn es besteht Meldepflicht aufgrund der Kriegsklausel in den Vertragsbedingungen. Ein Testament schrieb ich ebenfalls. Ich stellte einen Postnachsendeantrag an meine Eltern, meldete mein Auto ab und bestimmte eine Person meines Vertrauens, die ein Auge auf meine Wohnung haben sollte. Man musste an vieles denken. So kündigte ich auch das Zeitungsabo und die Mitgliedschaft im Sportclub; darüber hinaus fotografierte ich meine Habseligkeiten zur Beweissicherung im Fall von Einbruch oder Wohnungsbrand. Meine Hausratversicherung kündigte im Übrigen einseitig den bestehenden Vertrag, weil sie meine bestellte Wohnungsaufsicht nicht anerkannte und die Wohnung zu lange unbewohnt bleiben sollte. Pech gehabt!

Viele Soldaten verfügen über eine private Lebensversicherung. Bestandteil der meisten Verträge ist die sogenannte Kriegsklausel. Damit regeln die Versicherer ihre Leistungspflicht bei Todesfällen im Rahmen bewaffneter Konflikte. Die Lebensversicherer unterscheiden dabei zwischen passiver und aktiver Teilnahme an bewaffneten Konflikten. Bisher brauchten sich Bundeswehrsoldaten im Einsatz darüber keine Gedanken zu machen, denn 99 Prozent der Versicherungsunternehmen zahlen bei passiver Teilnahme im bewaffneten Konflikt, also solange der Bundeswehrsoldat als unbeteiligter Helfer zwischen den Fronten im humanitären Auftrag agiert hat. In Anbetracht der neuen Qualität der bewaffneten Auseinandersetzungen sprechen sich die meisten Lebensversicherer von ihrer Leistungspflicht frei, denn die aktive Teilnahme an Kampfhandlungen ist häufig nicht versichert. Auf Soldaten, die im Zinksarg heimkehren, waren sie wohl nicht eingestellt. Die private Lebensversicherung verpufft in diesem Fall. Bis dato sind vierzehn Fälle dieser Art bekannt geworden. Die Bundesrepublik Deutschland übernimmt die Leistungen nach langer, quälender Nachweisführung in der Regel bis zu der vom Versicherten vertraglich vereinbarten Versicherungssumme, maximal jedoch bis 250 000 Euro. Bei Soldaten, die ihre Familie – aus welchen Gründen auch immer – darüber hinaus abgesichert haben, sind die Angehörigen letzten Endes angeschmiert.

Anfang November 2007 wurde es ernst. Einen Tag vor dem Abflug in den Mittleren Osten durfte ich die typische dreifarbige Tarndruckuniform, auch Tropenuniform genannt, erstmals im Dienstbetrieb tragen. Tags darauf wurde ich von der Fahrbereitschaft der Bundeswehr ganz früh morgens zu Hause abgeholt und nach Köln zum militärischen Teil des

Flughafens gebracht. Ich stieg in einen Airbus A310 ein. Bei einer Zwischenlandung in Berlin wurde der größte Anteil der Soldaten aufgenommen. Es gibt bei den Einsätzen immer wechselnde Leitverbände. Für das 15. Kontingent, ISAF-Einsatz Afghanistan, von November 2007 bis März 2008, zeichnete Torgelow verantwortlich. Deshalb stiegen auch die meisten Soldaten in Berlin zu. Wir führten untereinander Gespräche über unsere Erwartungen, Erfahrungen, Ziele, Wünsche und Hoffnungen. Dann ging es weiter nach Usbekistan, wo wir für eine Übernachtung Zwischenstopp machten.

Anfangs war es schwierig, sich der Zeitumstellung anzugleichen. Meine Funkuhr passte sich nicht automatisch an, weder in Usbekistan noch in Afghanistan. Die Nacht gestaltete sich kurz, nicht zuletzt wegen der Zeitverschiebung. Es gab Verpflegung und auch Waschmöglichkeiten in ganz einfachen Containern, die ich so auch aus dem Kosovo kannte. Auffällig war allerdings, dass der Bereich der Zeltstadt, in dem die Bundeswehr übernachtete, von einem hohen provisorischen Zaun umgeben war. Wir durften uns außerhalb des Zauns nur in Begleitung von eingeteilten Kräften aufhalten, und zwar deshalb, weil dort Visumspflicht besteht. Über ein usbekisches Visum verfügten nur jene Soldaten, die in Usbekistan fest eingesetzt waren. Ich fühlte mich regelrecht eingesperrt.

Der Weiterflug von Termes nach Mazar-i-Sharif am nächsten Morgen dauerte gerade einmal 15 Minuten. Und wieder gab es eine Zeitverschiebung. Ich hatte permanent zwei Uhren bei mir, eine mit der jeweiligen Ortszeit und eine mit der mitteleuropäischen Zeit. Erst zum Zeitpunkt der Überquerung der afghanischen Grenze beginnt der Anspruch auf Auslandsverwendungszuschlag (AVZ), der im Februar 2009 von 92 Euro auf 110 Euro pro Tag erhöht worden ist. Gefährliche Einsätze bedürfen anscheinend einer höheren finanziellen Vergütung, andernfalls könnte es bald heißen: »Stell dir vor, es ist Krieg und keiner geht hin.« Die von den USA geforderte

Aufstockung der deutschen Truppen Ende 2009 wird einen Mangel an ausreichend fähigem und einsatzbereitem Personal nach sich ziehen. Deshalb wird in der Truppe schon gemunkelt, der Auslandsverwendungszuschlag könnte bald auf 150 Euro angepasst werden – und das in Zeiten der Krise, die es für militärische Aufgaben nicht zu geben scheint.

Während des Fluges trugen wir alle Helm. Ein Gefühl der Gespanntheit auf das Land, in dem ich die kommenden Wochen Dienst leisten durfte, durchzog meinen Körper. Ich stellte mir vor, das Flugzeug würde angelasert werden und die Piloten müssten Ausweichmanöver fliegen. Auf jeden Fall wurden wir kurz vor dem Start noch auf die Möglichkeit einer derartigen Situation hingewiesen. Letztlich blieb alles ruhig.

Als wir nach steilem Sinkflug gelandet waren, bewunderte ich als Erstes die Kulisse des Marmal-Gebirges. Ich nahm mein Handgepäck in Empfang und hatte Glück, denn ein Kamerad meiner Truppengattung, bereits seit einem Monat vor Ort, begrüßte mich, um mich bei den ersten Einschleusungsmaßnahmen zu begleiten. Es war ein äußerst positives Gefühl, ein bekanntes Gesicht zu erblicken. Mein erster Eindruck: Es ist verdammt warm für November. Die Sonne brannte. Keine Wolke am Himmel. Es war staubtrocken, das Licht unheimlich grell wegen des hellen, khakifarbenen Bodens. Es roch nach Kerosin.

Nun folgte eine Einschleusungsinformation. Dabei handelte es sich um eine Powerpoint-Präsentation in einem brütend heißen Zelt. Der Einschleusungsvortrag beinhaltete so viele Informationen, dass ich sie mir in der Fülle kaum merken konnte. Ich griff auf meine bewährte Strategie zurück und machte mir eine Menge Notizen. Schließlich stand ich ganz allein da: Ich war angekommen – im größten Feldlager der Bundeswehr im Ausland.

Es galt jetzt erst einmal, einen Laufzettel abzuarbeiten. Die altbekannte deutsche Bürokratie war auch hier zu spüren. In

den zuständigen Anlaufstellen gab es weitestgehend festge-
legte Öffnungszeiten, und in dem riesigen Lager waren lange
Wege zu gehen zwischen den verschiedenen zuständigen
Stellen. Zunächst wurde ein Foto von mir für einen speziellen
ISAF-Berechtigungsausweis angefertigt. Im Zusammenhang
mit dieser Prozedur wurde ich gleichfalls im Camp registriert.
An anderem Ort im Lager nahm ich Bettzeug, Wäschenetze
und so weiter in Empfang. So meldete ich mich an verschiedensten Stellen.

Zur Besonderheit meiner Tätigkeit gehörte auch, dass mir
ein Internetzugang zur Verfügung stand. Den musste ich,
ebenso wie Nutzungs- und Zugriffsrechte auf diverse Netzwerke, erst noch beantragen. Normalerweise stellte ausschließlich das Unternehmen KB Impuls offene Datenleitungen bereit,
die für sämtliche Nutzer kostenpflichtig waren. Für etwa 2500
Soldaten standen Ende 2007 weniger als zehn Internetplätze
zur Verfügung. Kommunikationsmöglichkeiten in die Heimat
waren spärlich vorhanden, oft kostspielig und eben unterschiedlich gut zugänglich. Wer sich sputete, konnte die Posten
auf seinem Laufzettel innerhalb weniger Tage abarbeiten.

Zu Beginn wurde ich von meinem kompetenten Vorgänger
in die Prozesse eingewiesen. Währenddessen lief der Dienstbetrieb unterbrechungsfrei weiter. Dank eines engagierten
und durchaus kritischen fachdienstlichen Vorgesetzten erfuhr
ich sehr viel über Afghanistan, sowohl über geografische und
klimatische als auch über ethnische Gegebenheiten. Diese
Gespräche füllten ganze Nächte aus. Bereits in der ersten Woche baute sich Schlafmangel bei mir auf. Ich stand unter
Strom, nahm meine Aufgabe äußerst ernst, denn mir war bewusst, hier würde es um Menschenleben gehen. Fehler könnten tödlich sein. Der Schlafmangel trug allerdings nicht gerade zur Vermeidung von Fehlern bei …

Ich profitierte teilweise von meinen Erfahrungen aus dem
Kosovo. Es ist gut, wenn man innerhalb der ersten Woche in

einen Rhythmus findet. Obwohl Rhythmus eigentlich nicht gewollt ist. Im Einsatz darf keine Routine einkehren, damit Fehler vermieden werden. Routine ist der Feind der Aufmerksamkeit. Auch die Umweltbedingungen in Afghanistan stellten insbesondere für die Kameraden, die sich draußen im Land in voller Montur auf Patrouille befanden, an vielen Tagen eine außergewöhnliche Belastung für Körper und Geist dar. Die Soldaten sind in der Regel gesund und topfit, aber an die physische und psychische Zähigkeit der dort geborenen Menschen reichen durchschnittliche Mitteleuropäer einfach nicht heran.

Es gelang mir relativ schnell, in einen Rhythmus zu kommen. Die wenigen Stunden, die mir zum Schlafen blieben, verbrachte ich in der Gemeinschaftsunterkunft, dem sogenannten Shelter. Der Shelter besteht aus mehreren aneinandergereihten Container-Modulen. In so einem Container stehen drei Betten, drei Schränke, ein Tisch und drei Stühle. Er bietet ein kleines Fenster mit Jalousie und Fliegengitter. Das soll vor der Sandmücke schützen. Diese Mücke ist in der Lage, eine gefährliche Krankheit zu übertragen, die zum Tod führen kann. Da hatte ich mit vergleichbar harmlosen Erkrankungen im Verlauf des Einsatzes noch mächtig Glück. Die Shelter waren mit Klimaanlage ausgestattet und in meinem Fall geschlechterübergreifend, das heißt gemischt belegt. Ungefähr zehn Prozent des Personals waren weiblich. In einem Shelter fanden 87 Personen locker Platz. Zusätzlich angegliedert waren ein Kombi-Container mit WC und Dusche für Damen sowie ein WC-Container und ein separater Dusch-Container für Herren. Für die Reinigung der sanitären Anlagen waren afghanische Männer angeheuert worden, welche ISAF-Soldaten, auch ich, zu beaufsichtigen hatten.

Das mit den Frauen und Männern war so ein Thema für sich. Die Bundeswehr hat erst mit einem Urteilsspruch aus dem Jahr 2001 alle Bereiche für Frauen geöffnet und sammelt seit-

dem Erfahrungen. Soweit ich das im alltäglichen Kleinstadt-
betrieb des Feldlagers mitbekam, lief da manchmal tatsächlich etwas zwischen männlichen und weiblichen Kameraden.
Meine direkten Containernachbarn waren sogar miteinander
verheiratet. Die inneren Trennwände der Unterkünfte waren
aus dünnem Blech. Wenn ich, selten genug, mal vor Mitternacht mein Bett aufsuchte, nahm ich mitunter gewisse Laute
wahr ... Besser Liebe als Krieg, dachte ich mir und schaltete
dann meinen Walkman ein. Auch homosexuelle Kontakte im
Lager schließe ich nicht aus, nach dem, was ich so gehört
habe. Nun ja, auch Soldaten sind Menschen.

Für mich lautet die goldene Regel im Auslandseinsatz: »Geben und nehmen«. Durch mein Spezialwissen als Kartograf
konnte ich geben. Ich habe Anerkennung erfahren und fühlte
mich gebraucht. Oftmals schlug ich mir Nächte um die Ohren,
damit am nächsten Morgen die bestellten Dokumente zeitge-
recht bereitlagen. Aktuelle Karten waren begehrt. Ich fühlte
mich mehr als ausgelastet. Einige Kameraden schlossen bereits Wetten ab, wann ich ausgebrannt wäre. Es gab kaum
Zeitfenster, um über den eigenen Arbeitsbereich hinauszubli-
cken. Was läuft hier eigentlich ab? Wie viele Milliarden Euro
versickern hier? Wo fließen die Mittel hin? Und vor allem: Warum wehen die Flaggen im Camp fast täglich auf halbmast?
Meinem truppendienstlichen Vorgesetzten, der mich im Übrigen kein einziges Mal in meinem Arbeitsraum aufgesucht und
beaufsichtigt hat, bin ich durch kritische Fragen in der Kan-
tine wohl negativ aufgefallen. Das führte später zu einem in
sich widersprüchlichen Beurteilungsbeitrag. Ich unterließ jedoch eine Beschwerde.

Ich sprach im Einsatz ganz offen über meine Aktivitäten in
der Friedensbewegung, und das sogar einem Nachrichten-
dienstler gegenüber, der beim Militärischen Abschirmdienst
tätig war. Dieser Soldat beäugte mein persönliches Tagebuch
lange Zeit mit Argwohn. Drohte ein Geheimnisverrat? Einmal

las ich ihm eine Passage vor, um ihm den Wind aus den Segeln zu nehmen. Als er sah, worüber ich schrieb, ließ er von mir ab. Meine Mutter hörte in den Nachrichten von Raketenangriffen auf Bundeswehreinrichtungen. Gleichwohl wird in den deutschen Medien längst nicht alles gemeldet, was in Afghanistan täglich passiert. Ein großer Teil wird gefiltert. Es geschieht wesentlich mehr. Dessen war sie sich auch bewusst, und aus diesem Grund hatte sie Angst, ob ich auch unversehrt wiederkommen würde. Bevor ich in den Einsatz flog, ging das sogar so weit, dass meine Mutter meinen Chef in Deutschland anrief und um ein Sechs-Augen-Gespräch bat – sie, mein Chef und ich. Das Gespräch fand statt. Meine Mutter trug ihre Bedenken offen vor. Keine einfache Situation für sie, wo inzwischen vermehrt Bundeswehrsoldaten in Zinksärgen heimkehrten. Mein Vorgesetzter beruhigte sie und überließ die endgültige Entscheidung mir.

Der Einsatz – eine ganz andere Welt. Einige hatten einen Auftrag, der sie nur stundenweise am Tag forderte. Sie hatten viel Leerlauf. Da einem im Lager alle »häuslichen Arbeiten« wie Wäschewaschen, Kochen und so weiter abgenommen wurden, lag es am Einzelnen, wie er mit dieser Freizeit umging. Fairerweise möchte ich aber auch sagen, dass die Kameraden unterschiedlich gefährliche Aufgabenbereiche innehatten. Freie Zeit ist für diese Kräfte als Ausgleich besonders wichtig. Ich störte mich jedenfalls nicht daran, wenn andere Pause machten.

Es wurde viel Sport getrieben. Manch einer rief oft zu Hause an, und wieder ein anderer spielte an seiner Waffe herum und brachte sich damit unabsichtlich um. Auch das ist passiert. Im September 2007 beging jemand Selbstmord. Er, ein Unteroffizier, erhielt einen Anruf von seiner Frau, die mit ihm Schluss machte. Daraufhin brachte er sich um. Auch dieses Risiko ist immer da. Dessen war ich mir bewusst, als ich in den Einsatz ging. Da ich mich bereits vor dem Einsatz von meiner Partne-

rin getrennt hatte, war die Gefahr eines Selbstmords aufgrund
von Beziehungsproblemen nicht geben.

Ich habe Nachtschichten absolviert. Es ging selten vor 1 Uhr
morgens ins Bett, und um 7 Uhr wieder raus. Einige sagten:
»Wenn du so weitermachst, brennst du aus.« Aber nach zwei,
drei Wochen war ich immer noch gut drauf. Nun ja, ich hatte
meine Tiefs, aber ich habe auch gespürt, wie belastbar der
Körper sein kann. Man wächst mit seinen Aufgaben. Ich
machte auch die Erfahrung, wie stark ein Team funktionieren
kann; das erwies sich jedes Mal, wenn die Fähigkeiten und
Fertigkeiten von mehreren Kameraden zusammengetragen
wurden und ein wirklich akzeptables Ergebnis dabei herauskam.

Die Kameradschaft war gut. Sicherlich gab es ohne Frage
einige, die sich überhaupt nicht leiden konnten. Es ist kein
Geheimnis, dass bis dato ungefähr 80 Prozent der Bundeswehrsoldaten ihren Dienst im Feldlager leisteten, somit nur mittelbar das afghanische Volk unterstützten. Für einen Infanteris-
ten am Puls des Geschehens sind in der heutigen Struktur der
Bundeswehr etwa acht Unterstützungskräfte im Hintergrund
tätig – deswegen auch Lagerkoller. Beispielsweise gab es Ge-
tuschel und Neiddebatten nach begründungsloser Auszeich-
nung von Kameraden mit förmlichen Anerkennungen in Verbindung mit Sonderurlaub. Knurrige Vorgesetzte, die zum
Dienst hier regelrecht gezwungen worden sind. Die Masse
war stets hilfsbereit, das muss gesagt werden, einigen konnte
ich es jedoch trotz bestem Willen nie recht machen.

Es gab drei Stufen von Alarm, nennen wir sie: G-, O- und
R-Alarm. R-Alarm bedeutet Bedrohung. Beim G-Alarm ist der
zugewiesene Schutzraum und beim O-Alarm der nächstgele-
gene aufzusuchen. Ansonsten gilt: Helm auf, Schutzsachen
an, Handwaffe klar. Einen R-Alarm hatten wir am 18. Dezember 2007, und davon will ich kurz berichten, denn dieser
Alarm war keine Kleinigkeit.

An dem Abend hatte es fast ganz Afghanistan erwischt. Es war 1 Uhr nachts. In meinen Aufzeichnungen steht: »Nach Mitternacht beschloss ich zu schlafen. Eine Stunde später wurde ich abrupt geweckt: R-Alarm. Keine Übung. Die Tür schlug auf, der Shelter-Marschall kam rein. Ich rief nach Stefan (mein Mitbewohner). Mehrmals rief ich nach Stefan. Keine Antwort. Es war immer noch stockdunkel. Verwirrt stand ich auf und zog mich an. Stefan kam vom WC, schaltete das Licht an. Ich muss ihn beschützen, war mein erster Gedanke im schlaftrunkenen Zustand. Er war Abflieger kurz vor der Rückkehr nach Deutschland und daher unbewaffnet. Er war im Ausschleusungsvorgang. Helm und Weste lagen im Arbeitscontainer (…)

2.15 Uhr erfuhr ich, dass in vier bis sechs Kilometer Entfernung eine Raketenabschuss-Vorbereitung beobachtet worden ist. Zwei Teams der Schnellen Eingreiftruppe (Norweger) und die Objektschutzgruppe auf Streife waren draußen, um das Vorhaben zu vereiteln. Der Flur leerte sich. Alle gingen wieder in ihre Container.«

Dazu muss man wissen: Der Flur des Shelters bildete den Schutzraum, weil die Geometrie der Wände nach außen hin halbwegs Schutz vor Einschlägen bietet. Ein Treffer wird dort am stärksten abgemildert. »In Montur legte ich mich wieder ins Bett, meine Pistole erstmals teilgeladen.« Das muss man bei R-Alarm machen. Es bringt zwar wenig gegen Raketen, dessen war ich mir bewusst, aber es beruhigte mich. »Stefan meinte noch: ›Wenn Warlords nur einhundert Mann mobilisieren würden, dann kämen hier viele um, weil wir darauf nicht vorbereitet sind.‹«

Und genau das war die größte Befürchtung, die viele der Soldaten dort mit sich herumtrugen. Ein einfacher Außenzaun umgab das Lager, dazwischen ein mit Sensoren gespickter 200-Meter-Streifen, an den sich noch eine drei Meter hohe Steinmauer anschloss. Die Mauer war alles andere als lückenlos, sie wies einige offene Durchgänge auf. Es wäre absolut denkbar gewesen, dass eine Hundertschaft das problemlos hätte überwinden können. In dem Fall wäre es mit Sicherheit zu Verlusten gekommen. Ich hatte mir vorher nie Gedanken darüber gemacht, aber in diesem Moment, als Stefan es zum Ausdruck brachte, ratterten die grauen Zellen los. Merkwürdig, wie man von den Ängsten anderer angesteckt werden kann.

Sobald ein Soldat der Koalitionskräfte ums Leben kam (Koalition, das heißt hier: ISAF und OEF zusammen), wurde in der Regel für zwei Tage halbmast befohlen. In vier Monaten wehten die Flaggen knapp drei Monate lang auf halbmast, sogar im Sandsturm. Damit kann sich jeder ausrechnen, wie viele Leben dieser Krieg in Afghanistan tatsächlich auslöscht. In den Meldungen blieben oftmals die Nationalitäten der Opfer ungenannt. Es wurde lediglich standardisiert gemeldet: »Soldiers killed in action.« Informationen wie am Fließband. Die Staatsangehörigkeit des verwundeten oder gefallenen Soldaten wurde immer schön unter der Decke gehalten, denn die unterschiedlichen Opferzahlen der NATO-Mitglieder hatten schließlich schon zu einem Disput im Bündnis geführt. Das Engagement der Staaten wurde auf makabere Weise anhand der Opferstatistik gemessen. Ich denke, Gewalt erzeugt Gegengewalt, und jedes Opfer auf jeder Seite ist eines zu viel.

Meine persönliche Meinung ist, dass wir gegen Angriffe der Aufständischen, gegen ihre Guerilla-Taktik, mit militärischen Mitteln nichts ausrichten können. Wir können allenfalls mithilfe des Nachrichtendienstes im Vorhinein Informationen abfangen, um dieses Netzwerk zu durchschauen, und dann an den entscheidenden Stellen zugreifen, bevor etwas passiert. Aber mit militärischen Mitteln kommen wir da nicht weiter.

Mein Eindruck ist, dass die Bundeswehr auch deshalb dort im Einsatz ist, um ihre Personaldecke hier in Deutschland zu rechtfertigen. Sie wollen ihr Existenzrecht untermauern. Außerdem wird im Einsatz geübt. Wir haben hier in Deutschland nicht das Gerät, was dort unten vor Ort ist. Um noch mal auf die Frage der Sinnhaltigkeit zurückzukommen: Afghanistan ist nicht bereit, die Demokratie anzunehmen. Das liegt in den Stammesstrukturen sowie im geschichtlichen Hintergrund begründet. Ich persönlich glaube, dass die Operation Enduring Freedom die Absicht hat, Stammesstrukturen Afghanistans zu zerschlagen, um das Land in den Griff zu bekommen. Das werde ich nie unterstützen.

Wegen meiner kritischen Einstellung sah ich mich aus Bundeswehrkreisen mit Forderungen konfrontiert, den Soldatenberuf aufzugeben. Ich denke aber, das wäre grundfalsch. Wenn alle das machen würden, die nur einen Millimeter von der »Norm« abweichen, hätten wir folgenden Effekt: Jeder, der Kritik übt, verschwindet sofort von der Bildfläche, weil er sich unterdrückt oder als Verfechter einer Minderheitenmeinung nicht angehört fühlt. Für mich steht fest: Ich bleibe als notwendiges Regulativ in der Bundeswehr und in der Friedensbewegung, und ich kläre auf, beide Seiten, immer unter dem Gesichtspunkt, die Geheimhaltung zu wahren, und ohne Namen zu nennen. Zumindest nicht, wenn es um einen detaillierten Sachverhalt geht, der eventuell verfolgbar wäre.

Stichwort: Einsatz-Junkie. Auf manche wirkt der Einsatz wie ein Virus. Den bekam ich im Jahr 2008 auch deutlich zu spüren. Dieses Gefühl ... ich spürte einen Adrenalinschub, wenn ich daran dachte, glaubte mich unersetzbar. Ich wollte wieder zurück. Ich erfuhr Anerkennung. Es bildeten sich Kontakte heraus. Je länger ich vor Ort war, desto mehr Kontakte knüpfte ich.

Nach allem, was ich in Afghanistan gesehen, gehört und erlebt hatte, kehrte ich mit der Überzeugung nach Deutschland zurück, dass es uns hier in diesem Land außergewöhnlich gut geht. Ich lebte viel bewusster in den ersten Wochen daheim. Ich spendete Geld. Eine Freundin sagte zu mir: »Du bist so

ernst geworden. Wo ist denn deine Lebensfreude geblieben?«
Unweit meiner alten Wohnung befindet sich ein italienisches
Restaurant, das »Rialto«. Nach dem Dienst ging ich regelmäßig zum Abendessen dorthin. Jetzt wusste ich dieses Restaurant umso mehr zu schätzen. Es ist schon ein gutes Leben hier.
Ich genoss Cappuccinos und das gute Essen, gleichzeitig las
ich über Afghanistan. Ich beschäftige mich weiterhin viel mit
diesem Land. Es ist mir wirklich wichtig geworden.

Die Entwicklung seit 2008 ließ mich zu dem Schluss kommen, dass dieser Einsatz mit einem humanitären Auftrag
nichts mehr zu tun hat. Obwohl persönlich nicht betroffen,
quälte mich eine Ohnmacht, durch die ich Energie schöpfte
für friedenspolitische Arbeit. Zum Beispiel ergriff ich auf Einladung der Iraq Veterans Against the War (IVAW) am 14. März
2009 in Freiburg/Breisgau zusammen mit ehemaligen, größtenteils unter posttraumatischen Belastungsstörungen leidenden
US-amerikanischen und britischen Soldaten die Gelegenheit,
mit der Bevölkerung in Kontakt zu treten. Eine internationale
Podiumsdiskussion sollte der Öffentlichkeit die Vorgänge im
Irak, in Afghanistan, im Kosovo, in Abu Ghraib und Guantánamo durch Augenzeugenberichte schildern. Die Erlebnis-
schilderung eines amerikanischen Soldaten wurde vom Ton-
band abgespielt, weil es ihm nicht möglich war, über das, was
er gesehen und erlebt hatte, öffentlich zu sprechen – er musste
seinen mündlichen Vortrag unter Tränen abbrechen.

Der jüngste amerikanische Soldat bei dieser Veranstaltung
in Freiburg war gerade achtzehn Jahre jung und vor zwei Jahren in Guantánamo eingesetzt. Seine und all die anderen
Sachverhaltsdarstellungen klangen wie Thriller. Der US-ame-
rikanische und britische Krieg gegen den Terror stellte sich
durch die Augenzeugenberichte grausamer dar, als in den
Massenmedien jemals dokumentiert wurde. Mit derartigen
Erfahrungen konnte ich selbstverständlich und zum Glück
nicht aufwarten. Die Bundeswehr befindet sich auf Afghani-

stan bezogen aber sehr wohl im gleichen Gebiet, und wie sollen die Herzen der afghanischen Bevölkerung gewonnen werden, wenn einige Truppen der NATO oder gar Privatarmeen massive, unverhältnismäßige Militärschläge aussichts- und rücksichtslos gegen den unsichtbaren Gegner führen, dabei zivile Opfer in Kauf nehmen und deutsche Einheiten danebenstehen und zusehen? Die Bundeswehr wurde somit zwangsläufig in einen Konflikt gezwungen, der von einer geistesgestörten Elite weiterhin gepuscht wird. *The point of no return* wurde überschritten. Der NATO droht eine Niederlage. Ohne Gesichtsverlust ist an Abzug von Militär nicht mehr zu denken. Gerade deshalb setze ich mich für einen geordneten Abzug ein, bevor es noch schlimmer kommt und ich meine damit, die Bundeswehr aus dem Land geprügelt wird, denn der Gegner wird von offizieller Seite vollkommen unterschätzt.

Später habe ich dann erfahren, dass bereits am 16. März 2009 ein Video der IVAW-Veranstaltung im Bundesverteidigungsministerium ausgewertet wurde. Daraufhin dauerte es knappe vier Wochen, bis mich zwei Mitarbeiter vom Militärischen Abschirmdienst zu einem Gespräch baten. Weil ich mir nichts vorzuwerfen hatte, erklärte ich mich zu diesem Gespräch bereit. Ich habe es freiwillig geführt. Allerdings gab es keine Vorbereitungszeit. Mir wurde untersagt, mitzuschreiben. Ich erhielt die Anweisung, mein Mobiltelefon auszuschalten. Die beiden Herren in Zivil nannten auch auf Nachfrage nicht ihre Namen, mit der Begründung, sie hätten Angst vor Übergriffen auf ihr Privatleben. Das heißt, ich wusste nicht, mit wem ich sprach, das war mir auch völlig egal, denn ich fand selten »Offizielle«, die sich mit mir über meine Meinung zu NATO-Kriegen unterhalten wollten. Die beiden Männer belogen mich in diesem Zusammenhang sogar, denn sie sagten mir, sie hätten sich gegenüber meinem militärischen Vorgesetzten ausgewiesen. Tage später fragte ich nach. Mein Vorgesetzter hatte nie einen Ausweis gesehen.

Die Herren gingen dem Vorwurf nach, ich sei in linksradika-
len Kreisen aktiv. Dabei führe ich weder ein Parteibuch, noch
will ich jemals extrem oder radikal sein. Sie konfrontierten
mich mit der für mich bis dahin völlig unbekannten Organisation »Vereinigung der Verfolgten des Naziregimes« – dem
Bund der Antifaschistinnen und Antifaschisten (VVN-BdA) –,
die einer unter vielen Unterstützern der Freiburger Veranstaltung war, wie sich herausstellte. Für den Fall, dass ich entweder nicht gesprächsbereit wäre oder versucht hätte, eine
Falschaussage zu machen, führten die dubiosen Herren zahlreiche Unterlagen über meine Person in einer kleinen Mappe
mit sich. Mal abgesehen von der Tatsache, dass ich spontan,
ohne Vorankündigung, in dieses Gespräch geraten bin, blieb
ich ruhig, denn ich hatte mir, wie gesagt, kein Fehlverhalten
vorzuwerfen.

Schnell stellte sich heraus, dass die Herren über Freiburg
kaum etwas wissen wollten. Lediglich, wer mich eingeladen
hatte, wie meine Beziehung zu Deserteuren wäre und welche
Motivation mich trieb. Es ging konkret um den Verdacht, ich
würde eine linksextreme Organisation unterstützen. Zweifellos ist das nicht der Fall. Daher plapperte ich wie ein Buch. Der
Protokollant füllte mehr als vier Standardseiten Papier, wie ich
aus dem Augenwinkel beobachtete. Sie waren sehr an meiner
Bereitschaft interessiert, wieder in den militärischen Auslandseinsatz zu gehen. »Jetzt nach Afghanistan«, hieß es, obwohl
ich mich doch gerade am Anfang eines zweijährigen Lehr-
gangs befand. Das Verständnis für den Zusammenhang mit
dem Vorwurf des Linksextremismus fehlte mir an dieser Stelle
völlig. Es wurde aber schnell klar, und zwar mit der Frage:
»Haben Sie an der Anti-NATO-Demonstration in Straßburg/
Kehl am 4. April 2009 teilgenommen?« Man nahm also an, ich
hätte etwas mit den Brandanschlägen auf das Zollhäuschen
und das Ibis-Hotel auf der französischen Rheinseite zu tun gehabt. Ich blieb immer noch ganz ruhig. Als der Gesprächsfüh-

rer mir dann vorwarf, ich müsse tätig werden, wenn ich von einer rechtswidrigen Angelegenheit Kenntnis erlangt hätte, redete ich mich in Rage. Bezug nehmend auf die deutsche Beteiligung am Irakkrieg seit 2003, stellt es einen Skandal dar, dass diejenigen, welche mit einem Strafantrag bereits bis zur Bundesanwaltschaft vorgedrungen waren, abgeschmettert wurden. Und dieser Mensch da vor mir verlangte gerade von mir als letztem Glied in der Kette, die Notbremse zu ziehen.»... dann haben vor mir bereits viele andere Verantwortliche versagt«, fuhr ich fort. »Könnte sein«, gab er zu.

Für mich ist Deutschland mein Land – ein Land, in dem ich mich als Staatsbürger in Uniform dafür entschieden habe, Öffentlichkeitsarbeit zu betreiben, im zulässigen Rahmen meine Meinung zu äußern, weil ich gefährliche Entwicklungen aufseiten des Finanzkapitals, in der Gesellschaft und in der Politik erkenne, denen es von unten her zu begegnen gilt. Ich fühle mich dem Grundgesetz und den darin festgelegten Pflichten zur Wahrung des Friedens gegenüber in der Verantwortung. Das Parlamentsbeteiligungsgesetz, das die Bundeswehr erst zu einer Parlamentsarmee macht, ist keine schlechte Ausgangslage, reicht mir persönlich jedoch nicht weit genug, wenn es um die Frage der Kontrolle der Bevölkerung über ihre Streitkräfte geht. So sollten unter anderem die Regeln zur Informationspolitik über Einsätze des Kommandos Spezialkräfte (KSK) schnellstens in das ParlBG integriert werden. Wir benötigen dringend eine Novellierung des § 80 Strafgesetzbuch, zum Beispiel nach dem Vorschlag des Publizisten Jürgen Rose. Machen Sie sich schlau! Nutzen Sie die demokratischen Instrumente, um sich einzumischen! Wir dürfen der mit Macht ausgestatteten Elite niemals blind vertrauen!

Ich engagiere mich gerade als Bundeswehrsoldat deswegen zum Beispiel im medienwirksamen Aachener Friedenspreis e.V., den es seit mehr als zwanzig Jahren gibt, und im Darmstädter Signal – dem Forum für kritische Staatsbürger in Uniform. Beide Organisationen, Aachener Friedenspreis und Darmstädter Signal, bieten Informationen aus anders gefilterten Quellen, als sie über die Bundeswehr erhältlich sind.

Dezember 2009

ICH HABE EINEN FREUND VERLOREN

Andreas Schindler

Mein Großonkel sagte einmal zu mir: »Junge, wer viel vom Krieg erzählt, hat wenig erlebt. Wer wirklich Schlimmes erlebt hat, hält den Mund.«

Ich wurde 1963 in einem kleinen Dorf im Emsland geboren und bin dort auch aufgewachsen. Kindheit und Jugend verbrachte ich in der dörflichen Gemeinschaft. Erst der Beginn meines Wehrdienstes nach Ende der Schulzeit führte mich 1983 nach Hamburg. Ich verpflichtete mich gleich als Zeitsoldat auf vier Jahre.

Mein Wehrdienst stand im Zeichen des NATO-Doppelbeschlusses von 1979, der Ende der Siebzigerjahre heftige politische Diskussionen und schließlich die Friedensbewegung der frühen Achtziger auslöste. In meinem Umfeld galt es durchaus als angesagt, den Wehrdienst zu verweigern. Einige meiner Freunde gingen zum Bund, andere waren total dagegen. Heute sagen sich viele junge Menschen: »Wenn ich einberufen werde, dann gehe ich halt hin. Es sind sowieso nur neun Monate.«

Ich selbst war hin- und hergerissen. Ich war ein kritischer Soldat, aber ich war Soldat, auch wenn ich für mich selbst immer versuchte, diese Berufsbezeichnung zu umgehen. Nach

zwei Jahren Dienstzeit liebäugelte ich mit einer nachträgli-
chen Kriegsdienstverweigerung, fing mich dann aber wieder,
nachdem ich einige sehr persönliche Gespräche mit dem
evangelischen Militärgeistlichen geführt hatte. Diese Gespräche bestärkten mich darin, nun doch durchzuhalten und die
zwei folgenden Jahre meiner Verpflichtungszeit zu überstehen. Eine Versetzung in einen Bereich, der mir nicht mehr so
altbacken militärisch erschien, machte es mir leichter.

Nach vier Jahren verließ ich die Bundeswehr und war glücklich darüber. Es war eine interessante Erfahrung gewesen,
aber mehr auch nicht. Trotzdem bekam ich immer wieder Post
vom Kreiswehrersatzamt. Ich wurde nach wie vor für die Mobil-
machungsreserve eingeplant. Das erinnerte mich daran, dass
ich ja eigentlich noch verweigern wollte. Und Einplanungen
kamen viele.

1989 fiel die Mauer. Die darauf folgende komplette Umge-
staltung der Sicherungsorgane brachte viel Hin und Her mit
sich, bis ich letztendlich gar nichts mehr vom zuständigen
Kreiswehrersatzamt hörte. Ob ich noch Reservist war oder
nicht, wusste ich bald nicht mehr, und ehrlich gesagt war es
mir aufgrund der globalen Veränderungen nach Beendigung
des Kalten Kriegs auch egal.

Der Genozid in Ruanda 1994 war für mich ein Schlüsselerlebnis. Ich hatte einen persönlichen Bezug zu diesem Land
und sah plötzlich in den Nachrichten Bilder von marodieren-
den Banden, die wahllos Menschen abschlachteten. Wenn ich
die Existenz der Bundeswehr vorher allenfalls zur unmittelbaren Landesverteidigung akzeptiert hatte, so dachte ich mir
jetzt: Es bedarf eigentlich nur einer Kampfeinheit, um diesem
Wahnsinn ein Ende zu bereiten. Aber nichts dergleichen passierte. Während in Ruanda geplündert und gemordet wurde,
redete man sich bei der UNO die Köpfe heiß. Selbst die dort
stationierten Blauhelmsoldaten mussten tatenlos zusehen,
ihre Kontingente wurden weder aufgestockt, noch bekamen

sie ein Mandat zum Eingreifen. Kofi Annan, der siebte Generalsekretär der Vereinten Nationen, bezeichnete dieses Ereignis später als das größte Versagen der UNO. 1990 dagegen, als der Irak in Kuwait einmarschierte, wurde sehr schnell mit den Operationen Desert Shield und Desert Storm reagiert. Aber Ruanda hat ja nun kein Öl und keine Rohstoffe ...

Im November 1994 begleitete ich eine Hilfsorganisation nach Zaire und fand mich unter Hunderttausenden von Flüchtlingen wieder. Dem Genozid war der Exodus gefolgt. Immer wieder ging mir im Kopf herum: Ruanda hat eben kein Öl ... Die ganze Welt, informationsgierig und gleichwohl darauf bedacht, Abstand zu wahren, sah zu und ließ es geschehen. Das schien mir besonders verwerflich, wenn man bedenkt, dass wir für die Ursachen mitverantwortlich sind. Seitdem hat sich meine Einstellung zu militärischen Interventionen drastisch geändert.

Anfang 2001 dachte ich ganz beiläufig über meinen militärischen Status nach. Laut meinen Unterlagen war ich noch Reservist. Dem wollte ich jetzt nachgehen. Ein Mitarbeiter im Kreiswehrersatzamt holte meine Akte aus dem Archiv und stellte fest, dass ich gar nicht eingeplant war. Ich hätte gern wieder eine Reserveübung gemacht. Der zuständige Sachbearbeiter hielt dem entgegen, dass die Bundeswehr ja gar keine Übungen mehr mache, und meinte damit die großen Herbstmanöver, von denen ich als aktiver Soldat in den Achtzigerjahren noch zwei mitgemacht hatte. Ich entgegnete, dass ich mehrere Leute kannte, die regelmäßig Wehrübungen machten, einer davon sogar im Kosovo. »Sie wollen in den Kosovo?«, fragte er ungläubig, und ich erwiderte: »Wenn es sein muss, gehe ich auch in den Kosovo!«.

Ich bin Rettungsassistent von Beruf. Zwei Wochen nach diesem Gespräch erhielt ich vom Kreiswehrersatzamt die Einplanung in einem Sanitätsregiment. 17 Jahre nachdem ich aus dem aktiven Dienst als Soldat ausgeschieden war,

betrat ich als Wehrübender 2004 erstmals wieder eine Kaserne.
Zu dieser Zeit war das Sanitätsregiment 12, in dem ich übte, Leitverband für ISAF in Afghanistan. Das heißt, dieses Regiment plant, leitet und organisiert die medizinische Versorgung der Soldaten im Auslandseinsatz. Ich informierte mich im Lagezentrum über diese Dinge und erfuhr, dass ich als Rettungsassistent zu besonders gefragtem Personal gehörte. In diesem Moment fiel meine Entscheidung, zu ISAF nach Afghanistan zu gehen. Zwar war ich nicht gerade vom Gegner von Out-of-Area-Einsätzen zu deren uneingeschränktem Befürworter mutiert, aber das militärische Eingreifen der USA hielt ich nach dem 11. September für richtig, die Beseitigung eines terroristischen Regimes unter den Taliban befürwortete ich. Ich fühlte mich daher als Rad im Getriebe einer vollkommen richtigen Sache.

Zunächst musste ich mich mehreren medizinischen Untersuchungen und verschiedenen Impfungen unterziehen. Dann begann eine Reihe von Lehrgängen, die mich auf den Einsatz vorbereiteten. Militärische Grundkenntnisse wurden aufgefrischt und vertieft, ebenso gab es Unterweisungen in Bezug auf die UNO-Resolutionen und die sogenannten *Rules of Engagement*. Dem folgte zu guter Letzt noch ein Lehrgang für das medizinische Gerät, mit dem ich arbeiten sollte.

Fast genau auf den Tag zehn Jahre nach Ruanda stand ich wieder am Flughafen Köln-Wahn und bestieg einen Flieger, diesmal nicht nach Goma, sondern nach Termes in Usbekistan, wo die Bundeswehr für den Afghanistan-Einsatz einen Stützpunkt unterhält. Ich verließ Europa für etwa sechs Monate.

In Termes bestiegen wir im Morgengrauen eine Transall C-160, die uns nach Kunduz brachte. Zusammengepfercht zwischen unserem Gepäck und Versorgungsgütern, flogen wir etwa eine Stunde. Durch die kleinen Fenster des Flugzeugs versuchte ich, einen Blick auf Afghanistan zu erhaschen, aber das war fast unmöglich. Also versuchte ich ein wenig zu schlafen. Müde und abgeschlafft vom langen Flug und der Zeitumstellung, aber dennoch aufgeregt und aufgekratzt, stand ich schließlich in Kunduz auf der Rollbahn.

Kaum dass wir uns an die Sonne gewöhnt hatten, saßen wir auch schon in einem Truppentransportpanzer auf dem Weg ins Camp. Leider haben Truppentransportpanzer keine Fenster, und so konnte ich wieder nichts vom Land sehen. Die ersten Eindrücke des Landes beschränkten sich auf die Hitze und den Staub, der in der Luft lag.

Ich wurde in der Sanitätskompanie im Bereich Medical Evacuation (MedEvac) eingesetzt. Hier bildete ich mit einem Arzt und einem Fahrer einen sogenannten Beweglichen Arzttrupp (BAT). Der Fahrer in meinem Trupp hieß Max, ein außergewöhnlich zuverlässiger Kamerad, mit dem ich gern über die unebenen Straßen und Wege Afghanistans gefahren bin. Ich habe ihn später für eine förmliche Anerkennung vorgeschlagen. Jedem BAT standen zwei Fahrzeuge zur Verfügung, ein Transportpanzer Fuchs, den ich geliebt habe, weil er mit seinen sechs Rädern erschütterungsfrei über die holprigen Pisten glitt, und ein Unimog, der sich für Afghanistan als beinahe ungeeignet herausstellte. Wenn eine Kolonne hinausfuhr, waren wir dabei, sei es bei Aufträgen von CIMIC, OpInfo, des Kampfmittelräumdienstes (EOD) oder auch nur als Sicherungseinheit am Flugfeld in Kunduz.

Über die Einteilung des MedEvac-Personals machte ich mir so meine Gedanken. Zwar wurden nur solche Ärzte eingesetzt, die auch den Fachkundenachweis »Rettungsdienst« besitzen, und es wurde ihnen ein Soldat zur Seite gestellt, der als Mindestqualifikation den Ausbildungs- und Tätigkeitsnachweis (ATN) »Rettungssanitäter« hat. Aber so mancher hatte nur wenig praktische Erfahrung, und oft muss man mit Schwerstverletzten lange draußen ausharren, bevor zusätz-

liche Hilfe kommt. Theorie und Praxis liegen hier weit auseinander. Stimmt die ATN, wird der Soldat eingesetzt – ob er
fähig ist oder nicht, danach fragt keiner. Das war jedenfalls
mein Eindruck, ich mag mich auch täuschen.

Was mein Team betraf, war ich mir allerdings sicher: Mit
Max würde ich überallhin fahren. Oft genug haben wir uns
bei langen Fahrten Szenarien ausgedacht und uns überlegt,
was wir tun würden, wenn dies oder jenes plötzlich passieren
würde. Was würden wir machen, wenn wir auf einmal vom
Tross abgehängt würden und keine Möglichkeit hätten, zurück nach Kunduz zu kommen? Was, wenn das Feldlager eva-
kuiert werden müsste, während wir draußen sind? Könnte unser Panzer einen Sprengstoffanschlag überstehen? Wenn ja,
könnte man sich damit zwischen die Angreifer und die eigenen Kräfte schieben?

Da ich durch meinen Beruf über sehr viel praktische Erfahrung verfügte, wurde ich oft in Operationen eingebunden, bei
denen ich im schlimmsten Fall ganz auf mich allein gestellt
war. Leider auch ohne Max.

So bestellte man mich Anfang Mai in den Kompaniege-
fechtsstand, in dem die Planungen der sanitätsdienstlichen
Einsätze liefen. Man teilte mir nur kurz mit, dass ich sehr früh
am Morgen mit Teilen des Kampfmittelräumdienstes (EOD)
und der Einsatzkompanie Richtung Taloqan ausrücken würde.
Alles Weitere sollte ich bei der Lagebesprechung mit den Kollegen vom EOD erfahren. »Du wirst eine Woche da draußen
sein, pack genug ein, mehr können wir im Moment auch nicht
sagen«, hieß es.

Die UNO startete zu dieser Zeit ein Entwaffnungsprogramm.
Die afghanische Bevölkerung war aufgefordert, Waffen und
Munition gegen Bezahlung abzugeben. Außerdem sollten ge-
meinsam mit afghanischen Regierungsvertretern verschiedene
Waffenlager inspiziert werden. Für die fachliche Beurteilung
wurde seitens der UNO EOD-Personal bei der Bundeswehr

angefordert. Da man diplomatisch vorgehen wollte, sollte die militärische Präsenz auf das Nötigste reduziert werden. Das hieß für mich: Kein kompletter BAT, ich war wirklich mit meiner Notfallausrüstung auf mich allein gestellt. Wenn wir frühmorgens aufbrachen, wussten wir noch nicht, wo wir die Nacht verbringen würden. Von Taloqan ging es nach Khwaja Ghar und weiter nach Farkhar und Darya-ye Bangi, Namen, die man noch nie gehört hat und gleich wieder vergisst. Für europäische Verhältnisse liegen diese Orte nicht weit auseinander, aber auf afghanischen Straßen ist man lange unterwegs. Nicht selten mussten wir mit unseren Fahrzeugen Flussbetten durchqueren.

Auf der Fahrt freundete ich mich mit Andreas an, einem Sprengmeister, der schon unzählige Operationen dieser Art hinter sich hatte. EODler sind gefragte Fachleute in der Welt – eine bedenkliche Tatsache, wenn man es genau betrachtet. Da ich viel und gern fotografiere, spielte sich mit der Zeit folgende Vorgehensweise ein: Andreas sichtete die Waffen, dann ließ er mich die Bestände fotografieren und erteilte schließlich seine »Freigabe«, damit die anderen Waffen und Munition zählten, notierten und registrierten. Naiv, wie ich war, hielt ich diese Aktion für gut und nützlich, aber Andreas holte mich zurück auf den Boden der Tatsachen: »Erstens ist das hier alles Schrott, nur wenig funktionierendes Waffenmaterial, aber höchst gefährlich, was Handling und Lagerung angeht. Zweitens bekommt ein Afghane drei Dollar für eine Patrone von der UNO, geht mit dem Geld nach Pakistan oder Usbekistan und kauft neue Munition, Stückpreis ein Dollar. Danach verkauft er es dann wieder an die UNO.« Das war ernüchternd. Man lernt so einiges da draußen.

Und immer wieder sagte Andreas: »Wenn dieser Schrott verladen wird, möchte ich weit weg sein.« Oft genug vernichtete er Minen gleich vor Ort, indem er sie sprengte. Gleiches geschah mit Sprengfallen, die durchaus noch gegen uns einsetzbar gewesen wären. Das letzte Lager war in einem so desolaten Zustand, dass Andreas jedem verbot, es zu betreten. »Weg hier! Da geht niemand rein, das ist eine tickende Zeitbombe!« So fotografierte ich alles aus »sicherer« Entfernung durch die Tür.

Wir verstanden uns gut. In den Abendstunden saßen wir oft noch im Licht einer Benzinlampe und unterhielten uns. Bald entdeckten wir unser gemeinsames Hobby, unsere Vorliebe für Vorderladerwaffen. Wir wollten uns in Deutschland treffen, sobald wir wieder zu Hause wären. Ich flog Ende Mai, Andreas hatte noch eineinhalb Monate vor sich.

Im Juni hörte ich dann in den Nachrichten von einer Explosion beim Verladen von Munition im Norden Afghanistans. Zwei Soldaten der Bundeswehr und etliche Afghanen wurden dabei tödlich verletzt. Mehr war nicht zu erfahren: Nachrichtensperre. Ich hatte aber meine Kanäle und rief jemanden an, der damals mit uns im Einsatz war. »Ich weiß, warum du anrufst, ich darf dir nichts sagen!«, hörte ich gleich, als ich ihn am Telefon hatte. Ich erwiderte: »Sag nur Ja oder Nein«, und nannte Andreas' Namen. Ich hörte nur ein »Ja«. Andreas war dabei gewesen. Drei Jahre später habe ich es endlich geschafft, sein Grab zu besuchen. Ich hatte einen Freund verloren.

Drei Monate war ich im Bereich MedEvac eingesetzt, dann wurde die Stelle des Leiters der Notaufnahme vakant. Ich übernahm. Eigentlich wäre ich lieber im Einsatz draußen geblieben, aber die Tätigkeit bei der Notaufnahme war keineswegs uninteressant, die medizinische Arbeit dort war abwechslungs- und lehrreich. Es wurden auch Afghanen behandelt, operiert und nachversorgt. Man sieht sehr viele alte Kriegsleiden. Menschen, die seit Jahren mit schief zusammengewachsenen Beinen herumlaufen oder total verstümmelt sind. Es tauchten Menschen auf, die von den Taliban misshandelt worden waren. Nicht immer sind die kriegerischen Auseinandersetzungen Ursache der Verletzungen, aber aufgrund der jahrelangen medizinischen Unterversorgung hatten oft auch einfache Blessuren und Krankheiten schlimme Folgen.

Verbrennungen und Verbrühungen bei Kindern sind in Afghanistan keine Seltenheit. Wer dort einmal in einem Haus zu Gast war, dem wird klar, wieso. Inmitten eines großen Raumes steht meist ein Ofen aus Blech, auf dem stets heißes Wasser in einem riesigen Kessel bereitgehalten wird. Man kann sich leicht vorstellen, was passiert, wenn Kinder in diesem Raum toben und der Ofen umkippt.

So sind wir mit einem Team regelmäßig ins örtliche Krankenhaus gefahren und haben dort bei Kindern mit Verbrennungen geholfen, die Verbände zu wechseln. Das musste alle zwei Tage gemacht werden. Wir mussten die Kinder komplett narkotisieren, da die Verbände an den Wunden klebten und der Verbandswechsel starke Schmerzen verursachte. Eine örtliche Betäubung reichte da nicht aus. Nachdem die Verbände abgenommen worden waren, mussten auch die Reste der Salben entfernt werden. Ohne Narkose hält man das nicht aus. Diese Kinder hatten ohnehin schon genug Schmerzen.

Jamila, ein kleines afghanisches Mädchen, war auf einen Baum geklettert, heruntergefallen und hatte sich dabei den Arm gebrochen. Im Krankenhaus hatte man ihr den Arm viel zu eng gegipst. Als wir schließlich auch in dieses Krankenhaus kamen, bat man uns, einmal nach dem Kind zu sehen, es käme regelmäßig seit einem halben Jahr, eine Anfahrt von knapp 100 Kilometern. »Wie bitte? Ein halbes Jahr trägt sie den Gips jetzt schon?« Wir entfernten den Gips. Der Arm war vollkommen unterversorgt und schlecht durchblutet, die Hand teilweise verfault. Wir holten sie zu uns ins Rettungszentrum. Der Arzt sagte: »Die Hand werden wir nicht mehr retten können.« Daraufhin erwiderte der Vater: »Was soll ich mit einer Tochter, der eine Hand fehlt? Die kann ich doch nicht mehr verheiraten.« Wir haben die Kleine über drei, vier Wochen behandelt. Die Nerven der Hand waren nur noch teilweise in

Ordnung. Das tote Gewebe wurde entfernt, aber trotz all unserer Versuche bekam sie immer wieder Fieberanfälle. So musste die Hand schließlich doch abgenommen werden. Obwohl der Verlust von Gliedmaßen ein furchtbarer Schicksalsschlag ist, war uns das Mädchen unglaublich dankbar. Endlich ein Leben ohne Schmerzen!

Vieles, was am Anfang neu und aufregend erscheint, wird bald zur Routine. Zumindest habe ich es so empfunden. Es entsteht eine Leere, ein Gefühl von Einsamkeit. Das mag seltsam klingen, wenn man sieben Tage die Woche in einer Kaserne lebt und immer Leute um sich hat. Ich teilte mir den Container mit sieben anderen Kameraden. Es fehlt da nicht an Geselligkeit, man kann sich ja in der Enge kaum aus dem Weg gehen. Man erschwindelt sich seinen privaten Bereich, indem man in der Unterkunft um »seine« Ecke herum mit Bettlaken einen Sichtschutz baut.

Aber das Gefühl blieb. Ich bin froh, dass ich die Einsamkeit gut aushalten konnte. Sie hat nichts Negatives für mich. Sie gibt einem Gelegenheit, den Blick nach innen zu wenden – wie in den Büchern Antoine de Saint-Exupérys, wenn er von langen Alleinflügen über der Sahara oder den Anden erzählt. Einige haben damit Probleme; ich schätzte meine Fähigkeit zur Einsamkeit. Meine innere Welt war mir ein Ausgleich.

Unser Feldlager war von einer Mauer umgeben, die, ebenso wie die meisten afghanischen Häuser, in Lehmbauweise gebaut war. In regelmäßigen Abständen gab es Türme, wo afghanische Helfer den Wachdienst versahen. Nur ein Turm, ganz in der Nähe des Einfahrttors, war nicht besetzt. Auf diesen Turm – Turm 9 – zog ich mich dann und wann zurück. Ich fotografierte das Leben auf der Straße vor dem Lager und schrieb Briefe oder Tagebuch. Das war eine der wenigen Rückzugsmöglichkeiten, darüber schwieg man, damit nicht auch andere auf die Idee kamen. Es gibt wohl kein Patentrezept, wie man ein halbes Jahr Kasernierung übersteht. Jeder findet auf seine Weise einen Weg – oder auch nicht. Viele verbrachten die abendliche Freizeit im Betreuungszelt, andere gingen früh schlafen oder nutzten wie ich die Zeit zum Lesen oder Schreiben. Eine gute Mischung ist wahrscheinlich der beste Weg. In demselben Maße, wie die Versorgung mit Nahrungsmitteln und sonstigen Gebrauchsgütern wichtig für uns war, waren wir hungrig auf Nachrichten von zu Hause. Ich habe viele Kameraden gesehen, die sehr verzweifelt waren, weil wieder nichts kam. Als das Flugfeld in Kunduz ausgebessert werden musste – diese Zeit war wirklich schwierig. Eine Woche lang landete kein einziges Flugzeug. Das Nötigste kam per Hubschrauber, Post war aber kaum dabei, da die Ladekapazität der Hubschrauber niemals an die Kapazität einer Transall herankommt.

Die nächste Durststrecke wurde durch ein ganz anderes Ereignis ausgelöst, das ungefähr 4400 Kilometer südöstlich von Kunduz stattfand, nämlich durch den Tsunami 2004 in Indonesien. Die Bundeswehr übernahm Hilfsflüge und stellte sanitätsdienstliche Unterstützung in Banda Aceh zur Verfügung. Das ging natürlich nur, indem man die Prioritäten veränderte. Auch Wartungsarbeiten führten manchmal zu Engpässen. Massiver Unmut kam aber auf, als wir erfuhren, dass unsere gesamte Osterpost in Deutschland beim Zoll festhing und nicht an unsere Familien ausgeliefert wurde.

Im Mai 2005 musste ich dann Abschied nehmen. Das Gebirgssanitätsregiment 42 hatte den Stab abgegeben, das Personal wurde nach und nach ausgetauscht. Plötzlich fühlte man sich fremd. Wenn man als einer der Letzten des Kontingents geht, ist man noch für einige Zeit ein gefragter Mann: »Wo gibt es das? Wer ist hier zuständig?« Aber schon bald haben sich die Neuen an das Feldlager gewöhnt und finden sich allein zurecht. Man fühlt sich überflüssig. Den eigenen Aufgabenbereich hat jemand anders übernommen, man mischt sich nicht mehr ein. Jetzt heißt es loslassen und gehen. Aber das ist

gar nicht so einfach. Als sich unser Kontingent so langsam auf-
löste, gingen wir immer mit an die »Platte«, den Ort, wo die
Transporter Richtung Flugfeld aufbrachen. Wir verabschiede-
ten unsere Kameraden, mit denen wir so viel Zeit verbracht
hatten. Als ich ging, war fast keiner mehr da, der mich verab-
schieden konnte.

Und dann war ich wieder zurück in Deutschland. Erst jetzt
bemerkte ich die permanente Anspannung, unter der ich die
ganze Zeit gestanden hatte. Ich habe einige Zeit gebraucht,
um nicht immer an Afghanistan zu denken. Vor allem fehlte
mir zuerst meine Waffe. Ich hatte im Einsatz ständig eine
Handfeuerwaffe bei mir, außer unter der Dusche oder im Bett.
Sobald ich unterwegs war, war immer die Waffe dabei, auch
im Camp. Es brauchte einige Zeit, bis ich wieder unbeschwert
gepflasterte oder befestigte Wege verlassen konnte. Die ständige Minengefahr in Afghanistan hatte ihre Spuren hinterlassen.

Es ist schwer, ein endgültiges Resümee zu ziehen. Mein
Werdegang war nie geplant. Ruanda und Afghanistan sind
Orte auf dieser Welt, die mich zum Nachdenken gebracht und
mich geprägt haben. Markierungspunkte in meinem Leben,
die mein Denken und Handeln verändert haben, ob ich nun
aktiv oder passiv beteiligt war, habe ich genannt: Die Operation Desert Shield und Desert Storm 1990, das Versagen der
UNO 1994 in Sachen Ruanda und die Operation Allied Force
1999 im Kosovo. Afghanistan reiht sich ein, und heute denke
ich an Darfur.

November 2009

WIR WURDEN VON ALLEN SEITEN BESCHOSSEN

Andreas Schmidt*

Ich war für drei Monate im Auslandseinsatz in Afghanistan. Mir ist bewusst, dass es ein Problem darstellt, als Deutscher mit der Waffe in der Hand ins Ausland zu gehen. Aber ich bin der Meinung, wir sind in der NATO und haben uns somit verpflichtet, an solchen Aktionen teilzunehmen. Und es schien mir meine Pflicht, meinen Beitrag zu leisten.

Ich bin bei OpInfo, das steht für Operative Information. Wir machen »Propaganda« – obwohl wir es nicht so nennen sollen, Propaganda ist so ein negativ besetztes Wort. Zeitung, Radio, Fernsehen, Internet – wir arbeiten mit allen möglichen Medien. Unter diesen Voraussetzungen bin ich hingegangen, nicht als Kämpfer. Wir sind fast jeden Tag aus dem Lager herausgefahren und haben uns mit den Menschen draußen im Land über ihre Probleme unterhalten. Viel ändern konnten wir jedoch nicht. Unsere Aufgabe war, eine positive Stimmung für ISAF zu erzeugen – für sämtliche ISAF-Soldaten, also auch für die Amerikaner. Die sind dort überhaupt nicht gut angesehen, aber sie sind nun mal unsere Verbündeten. Einer unserer Wahlsprüche lautete: »Euren Kindern helfen, eine bessere Zu-

---

* Name geändert

kunft aufbauen.« Das hat immer gezogen. Wir haben auch alle
möglichen Sachen verteilt, mit dem ISAF-Logo darauf, beispielsweise Decken in den Wintermonaten. Die riechen zwar
muffig, aber sie halten warm.

Es ist schon eine komplizierte Situation. Auf der einen Seite
leisten wir Aufbauhilfe, bauen Schulen en gros, die Welthun-
gerhilfe ist dort enorm aktiv. Auf der anderen Seite werden
Opiumfelder abgeholzt oder in Brand gelegt. Aber Opium ist
dort die Haupteinnahmequelle, zumindest in der Region, wo
ich war. Es ist eine Gratwanderung und schwierig zu vermitteln: »Wir, die ISAF-Soldaten, setzen uns ein für euch, die
arme Landbevölkerung, und mit allem, was im Süden passiert,
haben wir nichts zu tun, das läuft unter einem anderen Mandat, der Operation Enduring Freedom.«

Wir schaffen es selbst kaum, die Protagonisten auseinanderzuhalten, aber die Rollenverteilung auch noch den Einheimischen verständlich zu machen, ist fast unmöglich. Hinzu
kommt die Sprachbarriere. Ich hatte immer meinen Übersetzer dabei, weil dort kaum Englisch gesprochen wird. Ohnehin
hatte ich Probleme, wieder ins Englische reinzukommen. Und
dann musste der Dolmetscher wiederum vom Englischen in
eine andere Sprache übersetzen, die noch dazu so viele Dia-
lekte hat, dass er manchmal selbst nichts verstand. Da kann es
natürlich zu Fehlern kommen, es können auch Missverständ-
nisse entstehen. Aber nichtsdestotrotz: Mein Übersetzer war
ein prima Mann.

Auf diese Weise habe ich mit Schuldirektoren gesprochen,
mit Dorfältesten, mit dem ganz normalen Bürger auf der Straße,
eigentlich mit allen. Mir fiel positiv auf, dass alle sich als sehr
offen gezeigt haben. Sie waren ausgesprochen gastfreundlich
und haben uns zum Essen eingeladen, wobei man als ISAF-
Soldat diese Einladungen eigentlich nicht annehmen darf.
Das ist verboten, weil man sich alles Mögliche einfangen
könnte. Die Einladung abzulehnen verstößt jedoch wiederum

gegen die Gastfreundschaft. Wir haben es dann so gehand-habt: Alles, was einem vorgesetzt wurde, sollte zumindest pro-biert werden, um die Menschen nicht vor den Kopf zu stoßen. Wir waren immer draußen. Das kam mir nicht weiter schlimm vor. Informationen abfangen, die Stimmung ergründen, her-ausfinden, wo eventuell etwas passieren könnte – das war mein Job. An eine solche Aufgabe darf man nicht mit Angst herangehen, Angst ist dort grundsätzlich fehl am Platz. Wir waren viel unterwegs, haben zum Beispiel Schulen besucht, um dort Bleistifte und Schulhefte – in Afghanistan Mangel-ware – zu verteilen, sind zum Bildungsminister oder zum Poli-zeihauptquartier gefahren. Wenn man Termine ausgemacht hatte, kamen die Leute in der Regel eine halbe Stunde zu spät oder gar nicht. Aber richtig terminieren konnten und wollten auch wir nicht, denn es sollte niemand mitbekommen, wann genau wir uns wo aufhielten. Das ist kein Vergleich mit unse-rer Bürokratie. Einen Termin zu machen war echt schwierig, aber letztendlich sind wir einfach auf gut Glück hingefahren, ohne Termin, und die Leute hatten dann meistens auch Zeit. Man kann dieses Land eben nicht mit Deutschland verglei-chen.

Die Gegend ist überaus unwirtlich. Es ist eine wunderschöne Landschaft, aber bei 45 Grad am frühen Morgen ist man gleich schon erschlagen, wenn man aufsteht. Die Sterblichkeitsrate in Afghanistan ist allgemein sehr hoch. Es herrschen mittel-alterliche Verhältnisse, die in eigenartigem Widerspruch zu moderner Technik stehen, die auch dort langsam Einzug hält. So wird bei der Landarbeit noch der einfache Holzpflug ver-wendet, aber gleichzeitig kann es passieren, dass ein Bauer von seinem Pflug absteigt, weil sein Handy gerade klingelt. Die Bauweise der Häuser ist bemerkenswert. Die Mauern sind aus Lehmziegeln, doch gar nicht selten entdeckt man an der Wand eines Hauses eine Satellitenschüssel, damit die Bewoh-ner MTV gucken können. Da sind Sprünge drin, Gegensätzlichkeiten. Ich glaube, diesen krassen Wandel und das Auseinanderklaffen der Gegensätze hat die Gesellschaft nicht richtig verkraftet.

Die einfache Bevölkerung kennt sich in der Politik kaum aus, auch nicht die Dorfältesten. Die große Landespolitik ist ihnen fremd. Es geht in erster Linie ums schlichte Überleben: Wie bekomme ich etwas zu essen für meine Familie? Was mache ich im Winter? Was, wenn mein Haus kaputt ist? Wie bringe ich meine Familie durch? Das sind die Hauptanliegen, ganz existenzielle Dinge eben.

Es war erst einmal ein Schock für mich, als ich dort ankam. Man kannte die Bilder zwar schon aus Erzählungen von den Kameraden; aber das alles dann mit eigenen Augen zu sehen war noch mal etwas ganz anderes. Ich dachte: Jetzt bist du also hier.

Da war keine Straße. Wir fuhren über einen modderigen Feldweg, das ist die Hauptstraße. Die vielbeschworene Sicherheit, zum Beispiel gepanzerte Fahrzeuge – so etwas gab es bei uns nicht. Wir hatten den normalen Wolf, das ist ein Mercedes-Jeep, mit dem sind wir durch die Gegend gefahren. Unten wurde eine Aluplatte reingelegt, damit hat man zwar einen etwas verstärkten Unterbodenschutz, aber viel mehr auch nicht.

Wir waren in einem Tal untergebracht, in einem der schlechtesten Camps, die ich bis dahin gesehen hatte. Wir wurden von allen Seiten beschossen und konnten uns nicht verteidigen. Das nagt an einem, man fühlt sich irgendwie ausgeliefert. Sie haben die alten russischen Panzerfäuste nach oben ausgerichtet. Man kann damit nicht zielen, denn die sind ja nur für den Beschuss von Panzern auf Entfernungen von 200 Metern geeignet, und sie haben uns von einem etwa drei Kilometer entfernten Hügel aus beschossen. Aber wenn es im Lager doch einmal einen Einschlag gab, konnte das echten Schaden anrichten. Das Dumme war, dass keiner von uns zurückschießen konnte, weil wir dafür einfach nicht die Waffen hatten. Es ist beklemmend, so zur Passivität verdammt zu sein. Einmal wurde von unserer Seite aus zurückgeschossen. Da wurde in unserem Container Beifall geklatscht, weil es das erste Mal war, dass zurückgeschossen wurde, wenn auch ohne Aussicht auf Erfolg. Die Entfernung gab es einfach nicht her. Aber allein um zu zeigen: Wir können das auch.

Die Stimmung im Camp war gut, ebenso die Kameradschaft untereinander. Wir waren wirklich der letzte Außenposten. Es gibt ein T-Shirt mit der Aufschrift: »Wir sind zwar nicht am Arsch der Welt, aber wir können ihn von hier aus schon sehr gut sehen.« Das hat es ziemlich genau getroffen. Dass dort mal ein Flugzeug landet, ist im Sommer schon selten, aber im Winter kann man noch länger darauf warten. Wenn man dann zwei Wochen keine Post bekommen hat, es nicht mal mehr Cola gibt, ist das hart, aber es wurde mit Humor verdrängt. Die Stimmung bei mir und meinen Leuten war immer gut. Insgesamt waren wir ungefähr 400 Mann, Tschechen, Dänen und ein Großteil Deutsche.

Zwei Tage nachdem ich angekommen bin, gab es eine Verabschiedung, eine Messe für einen toten tschechischen Kameraden, dessen Auto von einer Schlammlawine erfasst worden war. Er ist im Auto umgekommen. Das war ein echter Tiefpunkt.

Probleme gab es immer dann, wenn mal wieder ein Gast kam. Und es kamen ständig welche. Das hat uns total behindert, wenn diverse Generäle von der oberen Führung einen Besuch abstatteten oder jemand so eine »Afghanistan-Rundtour« gebucht hatte. Dann wurden die Sicherheitsmaßnahmen erhöht, und es durften keine Bauarbeiter ins Lager.

Das Tal außerhalb lag auf 1200 Meter Höhe, da wächst fast nichts mehr. Außer Schlafmohn, der dafür in Mengen. Getreide wurde auch angebaut, aber die Einnahmen betragen im Endeffekt nur einen Bruchteil dessen, was die Drogen einbrin-

gen. Das Einzige, was es dort oben sonst noch gibt, ist dieser
blaue Stein, Lapislazuli. Aber das bringt ökonomisch offensichtlich auch nicht wirklich etwas ein. Man müsste erst einmal
eine wirtschaftliche Basis finden, um die Leute zu ernähren,
doch das ist in dieser Region äußerst schwierig. Selbstversor-
gung ist da oben schon fast eine Überforderung. Allein der
Drogenanbau bringt Geld, das dann wiederum der Familie
über den kalten Winter hilft. Um unser Camp herum hat es
immer mal wieder gekracht; da wusste man, die Briten, die
Amerikaner, die afghanische Polizei oder das afghanische Militär haben mal wieder irgendwo Felder abgefackelt.

Auf dem Land gibt es den sogenannten City Council, das
heißt, die Dorfältesten der umliegenden Dörfer kommen ein
Mal in der Woche zusammen. Bei einer dieser Zusammen-
künfte waren wir auch dabei. Und da kam dann ein älterer,
sehr verstörter Mann auf uns zu und berichtete, sein ganzes
Dorf sei gerade durch eine große Schlammlawine verschüttet
worden. Wir konnten nichts tun. Ich habe es weitergemeldet,
damit eine Patrouille hingeschickt wurde. Die Patrouille
wurde geschickt, aber das Dorf war nicht mehr da. Das sind
Dinge, die bekommt man hier in den Nachrichten gar nicht zu
sehen, weil es dort eben keine Berichterstattung gibt.

Mitunter ist es wirklich schwierig, die kulturellen Differen-
zen zu überwinden. Wir waren in einem Waisenhaus, da wurde
ich von dem Vorsteher gefragt, was eine Frau in Europa kos-
tet. Den Leuten zu erklären, dass eine Frau bei uns gleichbe-
rechtigt ist, war schwierig. Das ist für sie unvorstellbar. Religion war ein Tabu, man durfte nicht darüber sprechen. Einmal
wurde ich auf der Straße von einem Vollbärtigen angespro-
chen. Der Dolmetscher übersetzte: Ich sei doch ein Ungläubi-
ger und hätte meinen Bart bitte schön abzurasieren. Ich bin
Bartträger aus Leidenschaft und habe versucht, ihm das über
meinen Sprachmittler zu erklären. Dass es bei mir mit Religion
überhaupt nichts zu tun hat und dass ich Bart trage, egal ob

ich jetzt Christ oder Buddhist oder sonst was bin. Das wollte er nicht einsehen.

In Afghanistan wird eine Art Polo mit einem toten Kalb ge-spielt. Dabei gibt es zwei Mannschaften, eben wie beim Polo, nur dass sie dort ein totes Kalb als Spielball benutzen. Das Kalb muss in eine Endzone gebracht werden. Es wird auf den Boden gelegt, und alle preschen mit ihren Pferden darauf los. Einer schnappt es sich, und die anderen versuchen, es ihm wieder abzunehmen. Dabei bildet sich dann ein riesiger Pulk aus Menschen, Pferden und totem Kalb. Das Spiel kann in zwanzig Minuten zu Ende sein, es kann aber auch fünf Stunden dauern. Es geht sehr martialisch zu. Oftmals gibt es zwei bis drei Kälber pro Spiel, weil sie kaputt getreten werden. Das ist in Afghani-stan so eine Art Nationalsport. Zu großen Hochzeiten lädt sich beispielsweise der Gastgeber zwei Mannschaften ein, die dann zu seinen Ehren spielen. Ich habe es nur auf Video gese-hen; mich persönlich spricht dieser Sport nicht an.

Die Provinz, in der wir waren, hat genau 700 Meter asphal-tierte Straße, ist aber so groß wie Niedersachsen. Es gibt einen staatlichen Omnibusverkehr. Dass diese Busse überhaupt fah-ren, ist erstaunlich. Da passen 150 bis 200 Leute rein. Und in die Kleinbusse, die man hier hin und wieder auch als Markt-busse sieht, gehen 15 bis 20 Personen rein. Es ist der Wahn-sinn; die Leute sitzen darin quasi gestapelt.

In dem Ort, in dessen Nähe sich unser Lager befand, gab es eine Hauptstraße, die sich drei bis vier Kilometer durch die ganze Stadt schlängelte. Da steht eine Holzbude neben der anderen. In jedem Laden sitzt den ganzen Tag der jeweilige Inhaber herum und wartet darauf, dass Kundschaft vorbei-kommt. Die Waren werden über die Pässe getragen, mit ganz alten Kutschen transportiert, mit Lkws, die fast auseinander-fallen vor Rost, mit Eselkarren. Das kann man sich gar nicht vorstellen. Dort gibt es alles, Cola, Fanta, Rolex-Uhren … wirk-lich alles. Während der Ausbildung wurde immer gesagt, man soll keine engen Straßen befahren, überall könnten Gefahren lauern. Aber das ist die einzige Route, die dort entlangführt. Wenn dann auch noch ein Auto entgegenkommt, wird es reichlich eng. Man darf sich nicht mit dem Gedanken befassen, dass in diesem Auto eine Bombe sein könnte.

Einmal haben Hirten ihre Schafherden aus ihren Dörfern in die weiter oben gelegenen Weiden getrieben, und das geht nur auf der Straße, die durch den Ort führt. Wenn man in so einem Pulk von Schafen festsitzt, ist das äußerst unangenehm – und kann sogar zur Bedrohung werden. Auf unseren Chef ist einmal mithilfe eines Esels ein Anschlag verübt worden. In der Tragetasche des Tieres war eine Bombe versteckt, und die ist dann gezündet worden. Der Esel hat sich auf mehrere hundert Meter verstreut. Unserem Chef ist Gott sei Dank nichts passiert. Wenn man vor dem Hintergrund solcher Erfahrungen mit dem Auto in einer Tierherde feststeckt, ist das alles andere als komisch.

Esel werden dort für alles benutzt. Meine beiden Fahrer haben mir einmal erzählt, dass sie drei kleine Jungs dabei beobachteten, wie sie versuchten, einen Esel zu vergewaltigen. Der Esel hat sich gewehrt, verständlicherweise. Dann haben sich die beiden älteren Jungs den kleineren vorgenommen. Und gleichzeitig ist Sexualität in der afghanischen Gesellschaft ein Tabuthema.

Die Afghanen sind untereinander sehr zerstritten. Das Volk der Afghanen gibt es im Grunde nicht. Die verschiedenen Volksgruppen wurden wie ein Flickenteppich »zusammengeschustert«: Grenze drum – und fertig ist Afghanistan. Es ist klar ersichtlich, dass sie sich nicht als ein vereinigtes Volk empfinden, das sich gegenseitig hilft. Historisch betrachtet waren sie immer nur dann richtig einig, wenn sie nach außen hin einen Feind hatten. Früher waren es die Russen, und wenn wir nicht richtig aufpassen, sind wir es irgendwann. Dann nämlich, wenn wir als Besatzer angesehen werden.

Es wurde mal gesagt: »Die Deutschen sollen wieder töten lernen.« Ich meine in der Tat, die Bundeswehr ist eine Armee, und sie ist auch dazu da, im Zweifelsfall zu töten – aber das will in Deutschland keiner wahrhaben. Es ist auch klar, dass einige deutsche Soldaten sterben werden. Aber da wir uns für das NATO-Bündnis entschieden haben, müssen wir auch die Lasten mittragen. Man geht ja freiwillig dorthin, es ist ja keine erzwungene Maßnahme. Man wird gefragt, ob man das machen will, man unterschreibt. Dann muss man auch mit den Konsequenzen umgehen können.

Ich weiß nicht, ob man wirklich männlicher wird, wenn man in einem fremden Land mit einer Waffe umherstolziert. Aber Verantwortung für andere Menschen zu tragen bringt einen auf jeden Fall weiter. Ich sehe jetzt, hier zu Hause, alltägliche Probleme mit ganz anderen Augen. Zum Beispiel die Straßenverhältnisse: Wenn sich hier jemand über die kaputte Dorfstraße beschwert, denke ich: »Geh mal woandershin und sieh dich da um.« Oder wenn sich die Leute aufregen: »O nein, der Strom ist ausgefallen, ich kann heute nicht bei 37 Grad duschen, und der Fernseher geht nicht!« Das sind alles Probleme unserer Luxusgesellschaft. Wir waren schon froh, wenn wir mal Post bekamen, wenn die Beförderung unserer Briefe reibungslos verlief. Und es wurde eigentlich auch alles darangesetzt, dass wenigstens das gewährleistet war, dass die Verbindung zur Heimat vorhanden war. Wenn hier das Internet mal nicht funktioniert, dann ist gleich Weltuntergangsstimmung.

Meine Abteilung bestand aus drei weiteren Mitarbeitern und mir. Darüber hinaus hatte ich noch einen tschechischen Kameraden, der mir nicht unterstellt, aber auch Info-Soldat war. Unser Befehl lautete, immer mit mindestens zwei Fahrzeugen rauszufahren und jedes Fahrzeug mit mindestens zwei Mann zu besetzen, also immer insgesamt vier Soldaten zur gegenseitigen Absicherung. Daher konnte unser tschechischer Kamerad allein nichts machen. Also haben wir ihn jedes

Mal mitgenommen, weil er im Grunde denselben Aufgabenbereich hatte wie wir. Das war viel Verantwortung; wenn einem von meinen Leuten irgendwas passiert wäre, wäre ich nie
wieder froh geworden.

Kurz vor Weihnachten hatten wir ein Klassentreffen. Vier
von den achtzig Leuten sind Zeitsoldaten, Offiziere. Das ist
relativ viel. Letztendlich habe ich diesen Einsatz auch für mich
selbst gemacht. Natürlich habe ich mich verändert. Ich gehe
Probleme jetzt ganz anders an und habe auch eine andere
Sichtweise auf den Alltag. Jemand, der noch nicht in einem
Land wie Afghanistan war, versteht vieles nicht. Er versteht
nicht, wie die Lage dort ist, dass einen allein die Temperaturen
dort schon fertigmachen können. Viele meiner Freunde haben
Zivildienst gemacht, zum Beispiel in Krankenhäusern. Auch
das ist eine riesige Verantwortung, die diesen Menschen übertragen wurde, und auch sie haben einiges geleistet. Aber man
kann es nicht gleichsetzen. Deshalb denke ich, dass ich ihnen
gegenüber ein bisschen was voraushabe. Ich bin durch den
Einsatz sicher als Mensch gereift; ansonsten hoffe ich, dass ich
immer noch der Typ bin, der ich vorher war.

Meine Großmutter ist eine Vertriebene. Sie war voll und
ganz dagegen, dass ich in den Auslandseinsatz gehe. Sie
fragte mich, warum denn die »Wehrmacht« schon wieder im
Ausland unterwegs sei, das bringe doch alles nichts. Ich sagte:
»Das kann ich erst sagen, wenn ich einmal dort war und dann
eventuell noch ein zweites Mal. Erst dann weiß ich, ob es etwas
bringt oder vielleicht auch nicht.« Es ist ein anderes Selbstver-
ständnis, was die Bundeswehr angeht. Weil wir die Geschichte
unseres Landes mittragen, obwohl meine Generation damit
überhaupt nichts zu tun hat. Ich habe versucht, ihr zu erklären, warum ich dorthin gehe, dass wir dort militärische Aufbauhilfe leisten. Das wollte sie aber nicht verstehen. Ich
glaube, sie hat mir immer noch nicht verziehen, dass ich mich
entschlossen habe, noch einmal zu gehen. Aber ihre Einstel-

lung ist geprägt durch die Geschichte. Sie meinte, ich setze mein Leben aufs Spiel für Leute, die das vielleicht gar nicht wollen, die das vielleicht auch gar nicht verdienen. Das waren ihre Argumente.

Aber ich möchte wieder nach Afghanistan, um zu sehen, ob sich etwas verändert hat. Ich bin engagiert, was das anbelangt. Es geht mir nicht um das Geld. Meine Arbeit dort ist mir wichtig. Ich will den Menschen in Afghanistan helfen, damit sie eine Chance haben, irgendwann mal halbwegs zivilisiert zu leben – was dort echt schwierig ist. Ich weiß nicht, ob die Menschen dort glücklicher wären, wenn sie eine Heizung oder eine Waschmaschine hätten. Aber die Verhältnisse, in denen sie leben, sind wirklich ärmlich. In einem Haus, das aus einem Zimmer besteht, leben fünf Generationen. Sie sind es zwar so gewohnt, und ich weiß nicht, ob sie wirklich etwas verändern und sich dem Westen annähern wollen. Aber ich will versuchen, meinen Beitrag zu leisten, damit sich das Land weiterentwickeln kann.

März 2008

WIE UNTER DAUERSTROM

Sebastian Ohme

Man muss sich von vornherein darüber im Klaren sein, dass man in ein Kriegsgebiet geht. So etwas tun keine lebenserfahrenen Menschen, sondern Leute, die unüberlegt sind. Wie ich damals. Oder man ist auf das Geld angewiesen. Wenn mir jemand erzählt, er mache das aus Überzeugung, für Deutschland, dann kann ich das nicht glauben. In den meisten Fällen lockten Geld und Abenteuer. Wer trennt sich schon freiwillig über Monate von seiner Familie? Wer nimmt freiwillig die Gefahr in Kauf, verletzt oder möglicherweise getötet zu werden?

Ich wurde 1983 in Halle geboren. Nach der Realschule habe ich Industriekaufmann gelernt. Über den Wehrdienst habe ich mir nie Gedanken gemacht, bis ich eines Tages Post vom Kreiswehrersatzamt erhielt: die Aufforderung zur Musterung. Das war für mich immer weit weg gewesen. Und dann sitzt man plötzlich in diesem Kreiswehrersatzamt und wird gefragt, welche Richtung man einschlagen will. Ich musste mich entscheiden. Ich hatte ungefähr fünf Minuten Bedenkzeit – und habe »Fallschirmjäger« angekreuzt. Das hörte sich toll an, das reizte mich. Alles andere kannte ich sowieso nicht.

Ein paar Monate später bekam ich wieder Post mit dem Bescheid, ich solle mich in Marienberg beim Jägerbataillon melden. Mein Wehrdienst begann im Oktober 2003. Ich entschied mich für W-23. Das heißt, über die üblichen neun Monate Wehrdienst hinaus verpflichtete ich mich auf knapp zwei Jahre, mit der Option, in den Einsatz zu gehen. Rückblickend muss ich sagen: Das war nicht gut überlegt, überhaupt nicht.

Gleich am ersten Tag wurde mir gesagt:»Sie kommen mit in den Einsatz. Wir gehen nach Afghanistan.« Da stand ich und fragte mich:»Hast du dich richtig entschieden?« Dann ging alles sehr schnell. Man wurde förmlich mitgerissen, alles war neu. Ich lernte schießen, nahm an verschiedenen Übungen teil. Meine Kameraden waren alle etwa im gleichen Alter. Und dann kam auf einmal der Zeitpunkt, an dem die Vorausbildung für die Einsätze begann. Jetzt solltest du deiner Familie vielleicht doch mal etwas erklären, dachte ich. Es folgten schwierige Gespräche. Am schwersten fiel mir, es meiner Mutter beizubringen. Ich habe keine Geschwister. Das einzige Kind loszulassen muss hart für sie gewesen sein. Irgendwie hatte sie es wohl geahnt, aber trotzdem war es ein Schock. Sie war ziemlich fertig. Mein Stiefvater hat meine Entscheidung leichter akzeptiert. Der Rest meiner Familie, besonders meine Großeltern, tat sich mit der Entscheidung sehr schwer.

Als ich in Kunduz ankam, dachte ich: O Gott, jetzt bin ich tatsächlich im Einsatz! Ich fühlte mich wie erschlagen, überwältigt von der Situation. Aber die Abenteuerlust war trotzdem groß.

Das Schlimmste, was dort unten passieren kann, trat zwei Wochen nach meiner Ankunft ein: ein Raketenangriff und der Selbstmord eines Kameraden, dessen Freundin am Telefon mit ihm Schluss gemacht hatte. Mit dem Kameraden hatte ich mich gut verstanden. Er erschoss sich noch während des Telefonats. Ich war gerade mit anderen Kameraden bei einer Feier der Fernmelder gewesen und hatte danach geduscht. Als ich zurückkam, saßen meine Kameraden mit gesenkten Köpfen auf der Veranda vor meinem Container. Ich fragte:»Was ist denn los?« – »Der Soundso hat sich erschossen.« – »Das kann nicht sein! Ich habe doch gerade noch mit ihm gesprochen. Wir wollten uns gleich treffen.« Eine absolut unwirkliche Situation.

So etwas hatte noch keiner von uns erlebt. Das Schicksal übermannte uns. Wir waren alle vollkommen niedergeschlagen. Sich dann wieder zu motivieren, zu sagen: »Es geht weiter«, das war schwer. Das Schlimmste war, die Totenwache zu halten, und das letzte Geleit. Das ist etwas, was man nie vergessen wird. Kurz darauf kam eine Psychologin zu uns, um mit uns zu sprechen, aber die Mehrheit wollte nicht. Man wollte das untereinander klären oder mit sich allein sein. Ich habe fast zwei Jahre gebraucht, um das Erlebnis für mich zu verarbeiten. Um zu kapieren: Er ist wirklich tot.

Auch meine damalige Freundin hat sich während meines Einsatzes von mir getrennt, obwohl sie mir versprochen hatte, dass sie zu mir halten würde. Sie rief mich an und meinte, wir hätten uns auseinandergelebt. Ich war in Afghanistan, 5000 Kilometer weit entfernt! Da kann man nicht so aufeinander eingehen, wie wenn man direkt nebenan wohnt. Das Schlimme daran war, dass es zwei Wochen nach dem Selbstmord meines Kameraden passierte. Ich wurde selbst als suizidgefährdet eingestuft. Bei Telefonaten mit meiner Mutter merkte ich, dass sie sich mir gegenüber irgendwie anders verhielt. Es stellte sich heraus, dass man ihr besondere Vorsicht angeraten hatte, wenn sie mit mir telefonierte. Auch mein direkter Vorgesetzter sollte auf mich aufpassen. Als ich das bemerkte, beruhigte ich meinen Spieß und sagte ihm, dass mir das Leben heilig sei. Und schließlich hätten andere Mütter ja auch noch schöne Töchter.

Natürlich trifft so etwas bestimmte Leute, wie den Spieß oder den Kompaniechef, besonders hart. Schließlich sind sie es, die beim Abschied in Deutschland der Familie versprochen haben: »Wir kommen alle heil wieder zurück.« Es sagt sich

immer so einfach, dass solche Vorfälle vermeidbar sind. Ich
glaube das nicht; meiner Meinung nach sind Suizide Affekt-
handlungen, die geschehen, wenn Menschen nicht über ihre
Probleme reden.

Gleich am nächsten Tag wurde in den Medien von dem trau-
rigen Ereignis berichtet. Ich fand das unglaublich. Wir wurden
geschult, nichts an Informationen weiterzugeben und diesbezüglich vorsichtig zu sein. Aber Medienvertreter sind nicht
unbedingt als solche zu erkennen. Irgendwie haben sie es immer wieder geschafft, ins Lager zu kommen und Soldaten zu
befragen.

Auch als der Raketenanschlag auf unser Lager erfolgte,
wurde darüber sofort berichtet. Da war ich erst zwei Wochen
im Land und hatte noch keine Telefonkarte angemeldet. Mir
war nicht bewusst, dass auch dieser Vorfall sofort in den Medien kursierte. Zwei, drei Tage später rief ich meine Mutter
über das Telefon eines Kameraden an. Am anderen Ende
wurde es ganz still. Dann hörte ich sie weinen.

Das machte mir klar, wie schnell die Medien die Informationen in die Welt tragen. Was nicht immer positiv ist, da die sowieso schon beunruhigte Familie so noch unruhiger wird.
Meine Mutter hat sich damals jeden noch so kurzen Bericht
über Afghanistan im Fernsehen angeschaut, meine Oma tut
das heute noch.

Als der ehemalige Verteidigungsminister Struck im Lager
war, kamen mit ihm auch gleich jede Menge Presseleute, die
Gespräche suchten. Wir hatten die Anweisung, uns verschlos-
sen zu halten, beziehungsweise wir durften nur das erzählen,
was uns vorgegeben wurde. Der Verteidigungsminister wurde
richtiggehend irregeführt. Merkwürdig: Ein Container, in dem
sonst acht Personen untergebracht waren, wurde plötzlich für
vier Personen hergerichtet. Dann wurden vier Mann dorthin
abgestellt, die behaupten mussten, dass sie dort wohnten. Der
Verteidigungsminister wird sich gedacht haben: Denen geht

es doch gut. Dabei lebten wir ein halbes Jahr lang auf engstem Raum, ohne jede Privatsphäre.

Das Material und die Ausrüstung müssten auf jeden Fall verbessert werden. Ich selbst habe damals zusätzlich ungefähr 400 Euro in meine Ausrüstung gesteckt. Privat. Kameraden von mir ebenfalls. Damit man einen vernünftigen Standard hatte, wenn man täglich rausmusste. Wenn man Soldaten in den Einsatz schickt, muss man auch dafür sorgen, dass sie Ausrüstung in Ordnung ist. Man kann die Leute nicht mit einer Grundausrüstung, wie sie in Deutschland verwendet wird, losschicken. Ein Klappspaten nützt mir in Kabul nichts. Es ist gefährlich, an den falschen Stellen zu sparen.

Unser Lager in Kunduz befand sich in einem Tal auf einer ehemaligen Obstplantage. Wir waren das zweite Kontingent. Alles war so weit gut gegangen – bis zu diesem Anschlag. Erst ab diesem Zeitpunkt hat man sich Gedanken über die Sicherheitslage gemacht. Das verstehe ich bis heute nicht. Wieso nicht schon vorher? Inzwischen gibt es Evakuierungspläne. Die existierten damals noch nicht. Es ist erschreckend, dass die Bundeswehr so schlecht vorbereitet in solche Einsätze geht. Viel verbessert hat sich bis heute nicht. Ich habe nach wie vor Kontakt zu Leuten, die noch im Einsatz sind und die mir von Missständen erzählen, die ich bereits damals erlebt habe. Das ist doch kein Zustand.

Es liegt eben auch an diesem Affenzirkus, der veranstaltet wird, wenn Politiker zu Besuch ins Lager kommen. Die Politiker werden bespaßt, aber das ist der falsche Weg. Die Unzulänglichkeiten müssten aufgezeigt werden, gerade dem Verteidigungsminister. Er ist doch derjenige, der etwas verändern könnte. Es ist mir völlig unverständlich, dass sich daran noch nichts geändert hat.

Der Raketenanschlag war nicht ohne. Irgendwann erfuhren wir, dass wir richtig Glück gehabt hatten. Es gab »nur« drei Schwerverletzte durch die Rakete, die in der Mitte des Lagers eingeschlagen war. Aber es hätte definitiv auch anders ausgehen können.

Am Tag des Raketenangriffs saß ich mit einigen Kameraden vor unserem Container; wir schauten uns gerade einen Film an. Plötzlich krachte es – eine Rakete, die über das Lager flog und dahinter einschlug. Kurz danach krachte es ein zweites Mal. Wir holten unsere Sicherheitswesten, Helme und Waffen. Der zweite Einschlag war so stark, dass wir eine Druckwelle spürten, den Einschlag, den Knall, dann die Gegendruckwelle. Unweigerlich musste ich einen Moment lang an meine Großeltern denken, die während des Weltkriegs Luftangriffe und Bombeneinschläge miterlebt haben – täglich. Der Alarm zog sich bis in die frühen Morgenstunden hin. Die ganze Zeit lagen wir im Graben, um uns, so gut es ging, zu schützen. Gegen sechs oder sieben Uhr wurde der Alarm aufgehoben, nach drei, vier Tagen auch die Helmpflicht, und man konnte wieder ganz normal durchs Lager laufen – allerdings mit dem, was geschehen war, im Hinterkopf.

Wenn es Anschläge gab, wurden wir sofort über Funk informiert, und jeder wusste, was er zu tun hatte. Dieser Raketenangriff kam allerdings so schnell und so heftig, dass Kameraden, auf die sonst immer Verlass war, sich völlig anders verhielten, als sie sollten. Manche schmissen ihre Waffe weg, andere reagierten gar nicht oder liefen vor Aufregung in die falsche Richtung. Andere, denen man es nicht zugetraut hätte, verhielten sich absolut cool. Jeder tickte anders. Ich selbst war relativ ruhig – so hätte ich mich vorher nicht eingeschätzt.

Später habe ich mich mit Kameraden unterhalten, die mir sagten, dass dieses Erlebnis auch sie über Jahre verfolgt hat. Manche sagten: »Die drei Raketen, das war nicht so schlimm.« Aber viele, die sonst immer ihre harte Seite nach außen kehrten, waren plötzlich ganz anders. Ruhig, in sich gekehrt und nachdenklicher als vorher. Manche mussten sogar ausfliegen. Wirklich vorbereitet waren wir nicht auf eine solche Situation.

Es gab zwar die Vorausbildung, in der man den *worst case* durchspielte, aber letztendlich kann man sich auf ein solches Ereignis nicht vorbereiten.

Unsere Lagerwachen waren Afghanen. Am Tag des Angriffs haben sie außerhalb des Lagers geschlafen. Das ist etwas, was ich nicht verstehe: Wenn der »kleine« Afghane, der am Tor die Lagerwache stellt, merkt, dass etwas im Busch ist, dann muss es doch der »große« General von uns auch mitbekommen. Irgendwie ist das nicht zu begreifen.

Im Anschluss wurde alles ausgewertet, die Abschussstelle lokalisiert, und man stellte fest, dass Afghanen von einem Eselkarren aus mit einer Autobatterie drei Bomben ins Lager gejagt hatten. Die Afghanen haben mehr als zwanzig Jahre Kriegserfahrung. Wenn die wollen, dann können sie auch.

Auch Alkohol spielt eine Rolle im Einsatz. Ich war Marketender. In dieser Funktion saß ich an der Quelle. Der Genuss von Alkohol war nur innerhalb streng festgelegter Grenzen erlaubt. Es gab die sogenannte Zwei-Dosen-Regelung: Jeder bekam zwei Dosen Bier pro Tag. Aber sie hat nicht funktioniert, weder in Kunduz noch in Kabul, wo ich bei meinem zweiten Einsatz 2006 stationiert war. In Kunduz gab es die *ration card*, also eine Rationenkarte, für die jeder Soldat pro Tag zwei Dosen Bier bekam. Aber die Dosen wurden gebunkert. Als das herauskam, wurden die Dosen nur noch geöffnet übergeben. Interessant war, dass der Oberstleutnant, welcher der Kommandeur war, seinen Adjutanten schickte, um die von ihm bestellten Kisten Wein abholen zu lassen. Getrunken wurde also in allen Dienstgraden, vom Gefreiten bis zur obersten Führung. Aber man ist ja nicht nur Soldat, sondern auch Mensch und möchte irgendwann mal abschalten, gesellig sein. Letztendlich gab es immer Tricks, um an mehr Bier zu kommen.

In Kunduz war ich den Pionieren unterstellt, nicht den Jägern. Ich war also nicht mehr in der kämpfenden Truppe.

Trotzdem konnte ich als Marketender meinen Kameraden schlecht sagen: »Nein, du bekommst nichts mehr.« Die Position bringt ein gewisses Ansehen mit sich. Leute, die einen sonst nicht besonders mochten, wurden auf einmal richtig freundlich, egal welchen Dienstgrad sie innehatten. Man wurde mit Handschlag begrüßt. Das war natürlich alles Fassade, um an den Alkohol zu kommen.

Während meines ersten Einsatzes nahm ich vierzehn Tage Urlaub. Das war ein gravierender Fehler, und beim zweiten Einsatz tat ich das nicht mehr. Mein Spieß sagte mir: »Du kannst dir aussuchen, wann du Urlaub machen willst.« Also nahm ich über Weihnachten und Silvester frei. Ich telefonierte mit meiner Mutter und sagte ihr, dass ich käme, aber noch nicht genau wisse, wann. Morgens um halb sechs stand ich dann bei ihr vor der Tür. Sie hat geweint. Sie konnte es nicht fassen.

Es war befremdlich, wieder zu Hause zu sein. Ich hatte immer noch dieses »Einsatz-Feeling«. Ständig passt man auf, guckt sich um, kommt gar nicht richtig runter. Vier Tage fallen durch den Hin- und Rückflug schon mal weg, für den Aufenthalt in Deutschland bleiben also nur zehn Tage. Abschalten kann man in so kurzer Zeit nicht. Silvester war für mich sehr eigenartig. Das Knallen und die Raketen – damit hatte ich Probleme. Ich trank ein bisschen was, um die Situation für mich einigermaßen in den Griff zu bekommen. Früher war ich einer der Ersten, die Silvesterraketen gezündet haben. Der Raketenangriff auf das Lager hat mich verändert.

Ich weiß noch, wie wir in Köln landeten. Diese Infrastruktur ... ebene Straßen, Beleuchtung, man kann alles kaufen. Das Einkaufen fiel mir zu Anfang schwer, wie überhaupt das Hinausgehen auf die Straße. Ich hatte ständig diesen »Kontrollblick«: nach links, nach rechts, nach hinten. Als ich einmal mit meiner Mutter in einem Discounter war, fiel plötzlich eine Euro-Palette um, die irgendwo angelehnt gestanden hatte. In diesem Moment habe ich meine Mutter gepackt und sie schützend ein Stück nach unten gedrückt. Sie fragte völlig irritiert: »Was machst du denn?« – »Keine Ahnung«, sagte ich, »das war ein Reflex.« Man ist in einer ständigen Anspannung, wie unter Dauerstrom gesetzt. Ich war noch lange Zeit nach den Einsätzen schreckhaft, bin nachts aufgewacht und habe meine Waffe gesucht, weil ich dachte, es gäbe Alarm. In anderen Nächten war ich schweißgebadet. Ich habe mit meiner Mutter und Freunden darüber geredet. Das hat mir geholfen.

Als ich vom zweiten Einsatz nach Hause kam, holte mich meine Familie ab. Wir saßen im Auto, und meine Mutter erzählte mir strahlend, dass sie Gardinen gewaschen und die Pflanzen gegossen hatte. Da dachte ich: »Was ist denn das jetzt für ein Mist, über den wir uns hier unterhalten? Vor ein paar Tagen war ich noch auf Patrouille in Kabul, habe um mein Leben gefürchtet, und jetzt erzählt mir meine Mutter, dass sie Gardinen gewaschen hat?!« Mich auf diese Art von Gespräch einzulassen war schwierig. Aber gerade in solchen Momenten muss man lernen abzuschalten. Man ist nicht mehr im Einsatz, sondern zu Hause.

Der zweite Einsatz in Kabul war für mich insofern wichtig, als ich mal die andere Seite kennenlernte: Jeden Tag raus auf Patrouille, raus aus dem Lager. Ich lernte Land und Leute kennen, sah etwas von der Landschaft. Rückblickend denke ich jedoch, dass beides verdammt wichtig ist: die Arbeit draußen und die im Lager.

Im Einsatz freut man sich über jedes Lebenszeichen aus der Heimat, über Briefe oder Pakete, man riecht daran, nimmt die Gerüche auf. Auch ich habe Briefe nach Hause geschrieben, später E-Mails. Es gab nicht viel Abwechslungsreiches zu berichten. Im ersten Einsatz war ich, wie gesagt, Marketender, habe den Laden betreut, abends hat man zusammengesessen. Im zweiten Einsatz war ich Patrouillensoldat. Was sollte man da erzählen? Aber die Angehörigen zu Hause saugen alles

auf, für sie ist alles ganz wichtig, jeder einzelne Satz, jedes
Lebenszeichen. Das wurde mir erst im Nachhinein klar.

Viele, die mit mir im Einsatz waren, hatten es unheimlich
schwer, später im zivilen Leben wieder zurechtzukommen. In
Kunduz lernte ich einen Oberfeldwebel kennen, mit dem ich
mich richtig gut verstand. Ich war Obergefreiter und ihm unterstellt. Wir kamen vom ersten Tag an prima miteinander aus,
er war eine Frohnatur. Dass er nicht auf zwölf Jahre zum Berufssoldaten verlängern konnte, hat ihm offenbar sehr zu
schaffen gemacht. Er kam damit nicht klar und erhängte sich –
nicht in Kunduz, sondern zu Hause. Ich habe erst viel später
davon erfahren. Es war sehr bitter, wie ein Schlag ins Gesicht.
Wir waren befreundet gewesen. Ich konnte es nicht verstehen;
er war immer so gut drauf gewesen. Aber er war nicht mehr in
der Lage, im zivilen Leben Fuß zu fassen. Das war für ihn eine
fremde Welt geworden. Hier war er nicht mehr der Oberfeldwebel, sondern nur noch Nummer nullachtfünfzehn.

Für mich war es auch nicht leicht. Bei der Bundeswehr be-
kommt man sein festes Gehalt und kann gut davon leben, im
Einsatz zusätzlich noch die Sondervergütung. Finanziell steht
man nicht schlecht da. Für viele ist es dann vielleicht doch ein
Schock, wie wenig man dagegen im zivilen Leben verdient.
Das ist ziemlich ernüchternd.

Als ich nach vier Jahren aus der Bundeswehr entlassen
wurde, hat sich niemand bei mir bedankt. Der Spieß schüttelte
mir zwischen Tür und Angel kurz die Hand – das war alles.
Darüber war ich schon sehr enttäuscht, zumal ich ihn von beiden Einsätzen her kannte. Man hatte viel miteinander durchgemacht, die Raketenangriffe, die Beschüsse … Und dann
steht man plötzlich da, und keinen kümmert es mehr. Ich
denke, das ist es, was für viele so schockierend ist. Sie stehen
vor dem Nichts und kommen damit nicht klar, haben vielleicht
auch nichts anderes gelernt. Nach vier, acht oder zehn Jahren
bei der Bundeswehr sitzen sie beim Arbeitsamt. »Was haben

Sie gelernt?«, werden sie gefragt. »Nichts.« – »Was können Sie?« – »G36 schießen.« – »Na prima, dann werden wir Sie ja hervorragend vermitteln können, vielleicht als Wachschutz.«

Man muss sich rechtzeitig Perspektiven für die Zeit nach der Bundeswehr suchen. Ich habe nach vier Jahren einen Schlussstrich gezogen. Das hat gereicht, gerade nach den Erlebnissen, die ich im Einsatz hatte. Nach noch längerer Dienstzeit wieder ins zivile Leben zurückzufinden ist noch viel schwieriger. Bevor ich zur Bundeswehr ging, hatte ich zwar eine Ausbildung, jedoch keine praktischen Erfahrungen. Ich hatte aber Glück und habe in einer Immobilienfirma einen Job gefunden. Bei anderen lief es nicht so gut.

Der Freundeskreis, den man während der Armeezeit hatte, fällt oftmals völlig weg. Wenn man wieder zu Hause ist, stellt man dann fest, wer ein wahrer Freund ist. Gewisse Leute melden sich einfach nicht mehr. Da macht man sich so seine Gedanken. Die wenigen, die weiterhin von sich hören lassen, das sind echte Freunde, die sind wirklich für einen da.

Ich habe von Anfang an meinen zivilen Freundeskreis gepflegt. Von Montag bis Freitag war ich Soldat, am Wochenende Privatperson. In der ersten Zeit konnte ich allerdings nicht so gut abschalten. Meine Freunde und Familie meinten: »Du redest nur über die Armee.« Da dachte ich mir: »Das kann es auch nicht sein.« Meine Eltern und Freunde haben mich aufgefangen. Das war sehr wichtig.

Meine Freunde und auch meine Mutter haben mir gesagt, dass mich die Einsätze reifer gemacht haben. Ich selbst habe festgestellt, dass ich ruhiger geworden bin, mich nicht mehr über jede Kleinigkeit aufrege. Ich sehe vieles inzwischen mit anderen Augen und weiß das, was ich habe, zu schätzen. Heute bin ich mir im Klaren darüber, was wirklich wichtig ist im Leben und dass es uns in Deutschland nicht schlecht geht.

Bei meinem ersten Einsatz war ich im zweiten Kontingent; man merkte deutlich, dass da noch vieles drunter und drüber ging. Beim zweiten Einsatz in Kabul war ich im elften Kontingent. Da war dann richtig Kasernendienst angesagt. Kopfbedeckungen wurden wichtig, und die Materialbeschaffung wurde durch die Bürokratie umständlich. Anträge mussten ausgefüllt und gegengezeichnet werden.

Es gibt eine Karikatur, da sieht man einen frisch rasierten Soldaten mit ordentlich gepacktem Rucksack, der zum Einsatz aufbricht, und einen, der gerade vom Einsatz nach Hause zurückkehren will. Letzterer hat einen Dreitagebart, und Kleidung und Ausrüstung hängen an ihm runter. Da ist schon was dran. Man stumpft ab, und das Militärische bleibt auf der Strecke. Man hat nach so langer Zeit die Nase voll und möchte nach Hause. Das Kuriose aber ist: Wenn man ein, zwei Wochen zu Hause ist, will man wieder runter. Das geht vielen Kameraden so. Ich habe mich mit einigen unterhalten, die mir sagten, dass es sie zurückzieht in das Einsatzland, weil sie es ins Herz geschlossen haben, trotz allem.

Für mich war es schwer, wieder Abstand vom Einsatz zu gewinnen. Im Einsatz gab es die Kameraden, mit denen man viel erlebt und durchgemacht hat. Im zivilen Leben ist man Einzelkämpfer. Das Reintegrationsseminar nach dem Einsatz dauert drei, vier Tage. Man sieht die Kameraden nach ungefähr drei Monaten wieder, freut sich und redet über alte Zeiten. Man soll sich mit erfahrenen Einsatzsoldaten über die eigenen Erlebnisse unterhalten. Aber viele nehmen das nicht ernst. Es fällt ihnen schwer, darüber zu sprechen, sich damit auseinanderzusetzen, schließlich ist man Soldat und kein Weichei. Dass man Probleme und auch Ängste hatte, wird nicht unbedingt thematisiert. Dabei ist diese Auseinandersetzung wichtig, das habe ich an mir selbst gemerkt. Wenn man sich nicht darauf einlässt, kann es einen kaputtmachen.

Ich denke, die Bundeswehr sollte mehr an der Betreuung der Soldaten nach den Einsätzen arbeiten. Sie muss sich mehr um die Leute kümmern. Die für uns zuständige Familienbetreuungsstelle hat allerdings sehr gute Arbeit geleistet. Sie haben die Angehörigen zu Veranstaltungen eingeladen und sich allerhand einfallen lassen. Für den Notfall gab es eine 24-Stunden-Hotline. Das war gut und wichtig.

In Kabul waren Armeen aus den verschiedensten Ländern vertreten: Ägypter, Engländer, Franzosen, Ungarn, Finnen, Mongolen, Türken und so weiter. Ich fand die Gespräche mit Soldaten anderer Nationen immer sehr informativ und eindrucksvoll. Wie läuft es bei ihnen? Wie denken und arbeiten sie? Dieser Mix aus unterschiedlichen Kulturen war faszinierend. Die Franzosen waren sehr distanziert. Möglicherweise liegt das daran, dass sie schlecht Englisch sprechen. Mit Amerikanern hatten wir auch zu tun; der Amerikaner an sich ist sehr von sich überzeugt. Über die Frage nach dem Sinn der Einsätze habe ich mich mit Soldaten anderer Nationen nicht austauschen können. Teilweise, weil sie Befehl hatten, nicht darüber zu sprechen, aber auch, weil sie sich nicht in die Nesseln setzen wollten.

Über einen Sprachmittler hatte ich auch einmal ein Gespräch mit einem Afghanen. Er erklärte mir die Strukturen seines Landes und welche Rolle Karsai und die Warlords spielen. Für jede Region gibt es einen Warlord, und jeder von ihnen nimmt sich ausgesprochen wichtig. Aber das funktioniert nicht, es macht viel kaputt. Zu viele Parteien, die etwas zu sagen haben – so der Afghane, mit dem ich mich unterhielt.

Die radikalen Taliban, so denke ich, legen den Koran so aus, wie sie ihn brauchen. Ich habe mir den Koran auf Deutsch besorgt und mir die Mühe gemacht, ihn zu lesen. Was darin steht, ist nicht grundsätzlich schlecht, es wird von einigen Leuten nur falsch interpretiert.

Afghanistan hat mich fasziniert, sowohl die Landschaft als auch seine Menschen. Dieses Volk hat schon so viel durchgemacht, und trotzdem findet es immer wieder einen Weg, weiterzumachen, zu überleben. Ich habe gesehen, wie sie Panzerketten zu Blumentöpfen umfunktionierten. Der Müll wird recycelt. Die Afghanen sind sehr kreativ und einfallsreich – was sich in manchen Situationen auch nachteilig für uns auswirkt.

Ich hatte die Möglichkeit, mich mit Vertretern von verschiedenen Hilfsorganisationen zu unterhalten. Wenn Unterstützungskräfte wie ISAF jetzt einfach abrücken würden, wären diese Helfer wieder allein, wie am Anfang. Die Hilfe, die sie bisher noch leisten, wäre nicht mehr garantiert. Aber dieses Land muss weiter unterstützt werden. Wie und in welcher Form, darüber müssen sich andere den Kopf zerbrechen.

Ich denke, es ist unerlässlich, mehr Bildung in dieses Land zu bringen. Mit der Bildung verschwindet die Dummheit aus den Köpfen. Die Leute müssen in der Lage sein, sich zu informieren. Sie müssen lesen lernen, damit sie sich eine eigene Meinung bilden können. Erst dann sind sie auch in der Lage, sich von der Meinung zweifelhafter Autoritäten zu emanzipieren. Dummheit ist gefährlich.

November 2009

DANN DIESER CUT, WENN MAN WIEDER ZU HAUSE IST UND GANZ NORMAL WEITERLEBT

Claudia May* und Partner

Er: Ich muss sagen, ein Stück weit hatte ich ein Problem, was dieses Gespräch angeht. Eigentlich gibt es offizielle Stellen, die über diese Themen Auskunft geben. Ob das nun ergiebig ist oder nicht, sei dahingestellt. Und sich auf Inserate hin zu melden wirkt immer ein bisschen subversiv. In den Medien wird einem doch gern das Wort im Mund umgedreht. Für mich als Uniformträger ist das eine heikle Sache. Das Gesagte wird publik, und wenn dann noch ein Name dabeisteht und man eventuell im Sicherheitsbereich tätig ist, heißt es unter Umständen: »Das hättest du so nicht sagen dürfen. Und warum hast du es überhaupt gemacht, ohne dir vorher eine Erlaubnis zu holen?«

Sie: Ich bin durch meinen Freund zur Bundeswehr gekommen. Wir sind seit 2003 zusammen. Er ist Berufssoldat und war in Ellwangen stationiert, ich lebte damals in München. Jedes Wochenende diese lange Fahrt – ich beschloss, mich bei der Bundeswehr als zivile Angestellte zu bewerben. Mit Erfolg; im Juni 2004 fing ich dort an, in der gleichen Dienststelle wie mein Freund.

---

* Name geändert

Kurz darauf hieß es für ihn, er müsse in einen Auslandseinsatz. Meine erste Reaktion: Den lässt du nicht allein! Ich holte Informationen ein, ob ich vielleicht eine Chance hätte, mitzugehen. Ich war ein bisschen überrascht von meiner eigenen Courage. Tatsächlich bekam ich dann die Chance, musste dafür aber die Grundausbildung nachholen. Ich war zwar schon achtunddreißig, aber warum eigentlich nicht?

Er: Ich bin seit neunzehn Jahren bei der Bundeswehr. Man muss mich zu einem Einsatz nicht unbedingt zwingen. Ich bin aber auch nicht der, der mit fliegenden Fahnen voranprescht und Jawohl schreit. Grundsätzlich habe ich mit solchen Einsätzen jedoch kein Problem. Man sollte sich aber auf jeden Fall Gedanken darüber machen, was man dort unten eigentlich macht.

Warum setzt man sich bewusst einer Bedrohung aus? Die Frage ist berechtigt. Ich vertrete den Standpunkt, dass ich einen Beruf gelernt habe und ihn eben auch ausübe. Sollte mir dabei etwas passieren, habe ich entweder etwas verkehrt gemacht, oder es war Schicksal.

Unser Beruf birgt nun mal die Gefahr, im extremsten Fall mit dem Leben bezahlen zu müssen. Aber grundsätzlich stehe ich zu 100 Prozent hinter der Bundeswehr. Die Friedenseinsätze finde ich wichtig und richtig. Ein Kampfeinsatz ist etwas anderes.

Sie: Mein Freund war über meine Entscheidung, ebenfalls in den Auslandseinsatz zu gehen, nicht gerade glücklich. Monatelang vierundzwanzig Stunden am Tag zusammen sein, ob das gut geht? Mein Freund flog dann aber schon vier Monate vor mir nach Sarajevo. Er hat sich darum gekümmert, dass wir zusammen eine Stube bekommen. Zwei Monate haben wir dort gemeinsam verbracht, dann flog er zurück nach Deutschland, und ich war weitere zwei Monate ohne ihn dort.

Ich habe also zunächst die Grundausbildung gemacht, die für Zivilpersonen etwas verkürzt abläuft. Wir wurden in vier

Gruppen aufgeteilt, dem Alter nach. In meiner Gruppe waren alle zwischen dreißig und vierzig Jahre alt. Es war ziemlich anstrengend, obwohl sie uns sicher geschont haben. Der längste Marsch war sechs Kilometer lang, mitten in der Nacht. Da habe ich mein Alter schon gemerkt. Innerhalb der Gruppe haben wir uns aber immer unterstützt. So einen Zusammenhalt habe ich vorher noch nie in meinem Leben erfahren. Mit einigen der Mädels habe ich heute noch Kontakt. Nach der Grundausbildung folgte die Vorausbildung für den Einsatz, zwei Wochen lang, zusammen mit den Männern. Diese zwei Wochen waren wirklich heftig, körperlich und auch, weil mir die militärischen Grundkenntnisse fehlten, die ein Soldat schon während seines Wehrdienstes verinnerlicht.

Ich war sehr aufgeregt, weil ich nicht genau wusste, was auf mich zukommt, was in den vier Monaten passieren und wie ich mich verändern würde. Was würde ich dort lernen? Ich will immer irgendwas mitnehmen, etwas lernen, egal in welchem Bereich.

Besonders schön war, dass mein Freund bereits auf mich wartete, als ich ankam. Wir landeten in Tuzla. Die Klappe der Transall ging auf, und er stand vor mir! Ich weiß nicht, was er dafür getan hat, damit er die Rollbahn betreten durfte. In Tuzla waren die Amerikaner stationiert, normalerweise darf man nicht einfach so auf das Flughafengelände. Ich fiel ihm in die Arme, und er hat mich über das ganze Flugfeld getragen. Die Kameraden guckten natürlich blöd, sie wussten ja nicht, dass wir zusammen waren. Auch ich kannte niemanden von den Leuten im Flugzeug. Und dann ging er los, der Einsatz.

Er: Ich war zu diesem Zeitpunkt schon vier Monate dort. Es gab einen Kontingentwechsel, und viele alte Kameraden waren nicht mehr vor Ort. Nach einer gewissen Zeit hat man schon gemerkt, dass sich da ein bisschen Neid bei den anderen Soldaten einstellte, klar. Obwohl wir uns beide echt zurückgehalten haben. Händchen halten ging eh nicht, das macht man einfach nicht. Wir standen auch nicht die ganze Zeit in einer Ecke und haben geknutscht. Sie hat ihren Job gemacht, ich meine.

Sie: Solange mir das Land fremd war, war ich ängstlich. Ich wusste nicht, wie ich den Menschen begegnen sollte. Zu den Zivilisten aus Sarajevo, die wir im Lager hatten, ging ich eher auf Distanz. Was denken die von mir? Was wollen die von mir? Oder was erwarte ich von ihnen? Auch außerhalb des Lagers bin ich immer erst mal auf Abstand gegangen. Ich hatte einfach Angst. Wovor, kann ich gar nicht so genau sagen.

Er: Ob und wie man das Lager verlassen kann, hängt von der jeweiligen Situation im Land ab. Bei uns war die Bedrohungsstufe nicht so hoch, dass man sich nur mit Vollschutz hätte herausbewegen dürfen. Es gab Shuttle-Busse, mit denen man nach Sarajevo fahren konnte. Nicht nur zum Freizeitvergnügen, sondern auch, um sich weiterzubilden. Man soll sich mit dem Land, in dem man sich aufhält, ja auch auseinandersetzen, etwas für sich persönlich mitnehmen. Wir sind öfter zum Bummeln in die Stadt gefahren. Die Zeit dafür war zwar begrenzt, aber ab und zu haben wir es gemacht. Das war eine willkommene Abwechslung.

Sie: Sarajevo hat eine ganz tolle Altstadt. Allerdings musste man immer Uniform tragen. Das hat mir ziemlich viel ausgemacht. In Uniform fühlte ich mich nie richtig als Frau. Und wenn man dann vor den Boutiquen steht und schöne Kleider sieht … Einmal ging ich in einen Laden und tauschte in der Umkleidekabine die Uniform gegen ein schönes Kleid. Ich schaute in den Spiegel: Ja, du bist doch noch eine Frau. Ein Erlebnis ist mir besonders in Erinnerung geblieben. Ich liebe Schuhe. Ich ging in ein Schuhgeschäft, zog meine Kampfstiefel aus und lief in Uniform und High Heels durch den Laden. Herrlich! Die Leute starrten mich an, aber ich war glücklich.

Die Sicherheitslage ist natürlich nach wie vor katastrophal. Überall Minen. Das verinnerlicht man. Man kann nicht einfach so über die grüne Wiese laufen. Wieder in Deutschland,

konnte ich diese Vorsicht gar nicht mehr ablegen, obwohl ich
mir ständig sagte: »Du bist zu Hause, in Deutschland, geh einfach über den Rasen. Jetzt geh schon, es passiert nichts!« Wie
viele Minen dort unten noch liegen, weiß niemand.

Er: Das Land ist meines Wissens erst zu 25 Prozent von Minen
frei geräumt. Da liegen wohl noch um die 600 000. So genau
weiß das niemand, denn die Dokumentationen aus dem Bürgerkrieg sind nicht mehr da oder nur noch in Bruchstücken vorhanden. Das macht die Räumung extrem schwierig.

Sie: Man muss bestimmte Kurse besuchen, in denen man auf
Gefahren hingewiesen wird. Unter anderem lernt man dort
auch, wie Minen gekennzeichnet werden. Man stellt sich auf
die Situation ein. Und dann dieser Cut, wenn man wieder zu
Hause ist und ganz normal weiterlebt. Wer im Einsatz war, egal
wo, und nach Hause zurückkommt und sagt: Alles ist wie vorher, es hat sich nichts verändert – der lügt. Das gibt es nicht.

Vor einiger Zeit war ich in München bei einer Freundin, die
mich schon lange kennt. Auch schon aus der Zeit vor dem Einsatz. Wir waren gemeinsam auf einer Party, und da sagte sie
zu einer anderen Freundin: »Das ist Claudia, die ist verrückt,
die macht bei der Bundeswehr mit und geht auch in Einsätze.
Vor dem Einsatz hatte sie so eine Naivität an sich, die hat sie
komplett verloren.« Ich habe mich gefragt, was sie damit
meint. Mit Sicherheit habe ich mich verändert. Inzwischen
denke ich, es ist nicht unbedingt von Nachteil, an Naivität zu
verlieren. Ich habe nicht mehr diese Unbeschwertheit, obwohl
das alles schon drei Jahre her ist. Es beschäftigt mich immer
noch sehr. Aber nur noch, wenn ich wirklich will. Ich bin kritischer geworden, sage jetzt öfter, was mir nicht passt. Ich habe
mich von Menschen in meinem Leben getrennt, mit denen ich
nichts mehr zu tun haben wollte. In mir ist eine Willensstärke
entstanden, die ich früher nicht hatte. Ich bin gelassener geworden. Andererseits gibt es Dinge, da ticke ich sofort aus. Ich
lasse mir einfach nicht mehr alles bieten.

Das Telefonieren war dort unten sehr teuer. Wir hatten eine
besondere Handykarte. Zu Hause telefoniert man mal eine
halbe Stunde mit der Mama oder der besten Freundin. Da
unten ging das eben nicht. Ich fing dann an, Briefe zu schreiben. In so einen Brief sind viele Gedanken und Gefühle
eingeflossen. Umgekehrt auch in die Briefe von Freundinnen.
Eine Freundin schrieb: »Ich habe Angst, Du kommst nicht
wieder.«

Ich habe mich in Sarajevo auch persönlich engagiert. Es gibt
dort den Verein »Lachen helfen«. Ein Verein, der von Soldaten
gegründet wurde, um der Zivilbevölkerung im Einsatzgebiet
unter die Arme zu greifen. Ich fragte, ob ich den Verein in meiner Freizeit unterstützen könne. Das habe ich dann auch gemacht. Ich bin mit der Sammelbüchse im Lager herumgelau-
fen und habe Spenden gesammelt. Das Geld bekam der
Verein, der damit beispielsweise Bücher, Tische und Tafeln für
Schulen organisierte. Wir veranstalteten auch einen »Tag der
offenen Tür«, an dem die Leute aus Sarajevo ins Lager kommen und sich umschauen konnten. Ich betreute an diesem Tag
einen Stand von unserem Verein, zu dem auch jede Menge
Kinder kamen. Wie die sich gefreut haben! Über Dinge, die
ein Kind in Deutschland wahrscheinlich nicht mal anschauen
würde, irgend so ein Plastikspielzeug.

Mit anderen Frauen hatte ich so gut wie keinen Kontakt. Ich
habe mich mehr auf meinen Freund konzentriert, ihm »an der
Backe geklebt«. Ich weiß nicht, ob es ihm recht war. Aber wir
hatten ja nur zwei Monate zusammen dort unten. Wir wussten
nicht, ob sein Einsatz verlängert werden würde. Ich wusste
nur, er würde irgendwann vor mir wieder nach Hause fahren.
Wir haben viel gestritten.

Er: Ich war schon drei Mal da unten. Nach vier Monaten
entsteht so ein Gefühl von Abgekämpftsein. Man wird dünn-
häutiger. Ich bin zu 100 Prozent Soldat und kann mit gewissen
Aussagen oder Handlungsweisen von Kameraden, die viel-

leicht nicht so hundertprozentig hinter ihrem Job stehen, manchmal nicht umgehen. Wenn man schon über eine längere Zeit der Belastung eines Auslandseinsatzes ausgesetzt ist, wird man da relativ schnell ungerecht. Man hält sich nicht so zurück, wie man vielleicht sollte, sagt schon mal geradeheraus, was man denkt, und das vehement. Von daher war es auch ganz gut, dass ich nach zwei Monaten gegangen bin.

Wenn man schon gereizt ist, bringt manchmal ein Tropfen das Fass zum Überlaufen. Entweder man redet sich um Kopf und Kragen, oder man entzieht sich komplett der Situation. Ich konnte mich entziehen dadurch, dass mein Einsatz beendet war. Es ist eine echte Belastungsprobe für eine Beziehung. Ich wusste ja nicht, wie sie das alles verkraftet. Ich kannte das schon und wusste, was auf mich zukommt. Und ich wusste, wie ich wieder zurückkomme. Aber bei ihr wusste ich das nicht. Wie würde sie beispielsweise mit einer richtigen Stresssituation umgehen? Ich habe das über die Jahre gelernt, sie nicht.

Aber zum Glück ist so eine Situation nicht eingetreten. Es war auch eine schöne Zeit, weil es ein ganz neues Gefühl war. Ich war zuvor zweimal am selben Ort im Einsatz gewesen, aber noch nie gemeinsam mit meiner Lebensgefährtin. Ist ja auch eher ungewöhnlich.

Als ich wieder zu Hause war, alleine, musste ich mich erst mal wieder resozialisieren. Ich verstand, wie sie, die ja noch dort war, sich gerade fühlen musste. Und gleichzeitig erfuhr ich jetzt an mir selbst, wie sich die Partnerin fühlt, wenn sie allein zu Hause sitzt, wartet und nicht weiß, was dort unten gerade los ist. Im Grunde eine ganz wertvolle Erfahrung. Wir hatten beide Konstellationen: Sie war zu Hause, ich im Einsatz – und umgekehrt. Und dann noch die Phase, in der wir gemeinsam im Einsatz waren. Wir haben gefühlsmäßig eigentlich alles durchlebt, was man durchleben kann.

Sie: Ich arbeitete in der Technischen Einsatzführung bei der Instandsetzung, und zwar in einem Team mit einem Haupt-

mann und einem Stabsfeldwebel. Ich war dort sozusagen
Schreiber, wurde aber von Anfang an nicht so richtig akzeptiert. Die dachten wohl: Na ja, eine Frau. Noch dazu eine
Reservistin. Und schon so alt. »Wie sollen wir denn mit Ihnen
reden?«, haben sie mich gefragt. »Deutsch«, habe ich geant-
wortet. Sie haben mir nichts zugetraut, hatten auch Hemmun-
gen mir gegenüber. Normalerweise ist man mit achtunddreißig nicht mehr Stabsunteroffizier. Ich denke, wenn ich Offizier
gewesen wäre, hätten sie anders mit mir gesprochen. Der Rang
spielt schon eine Rolle. Das war bis zum Schluss so; es war
eine komische Atmosphäre. Allerdings haben sie mir auch
nichts beigebracht. Irgendwann habe ich nach alternativen
Beschäftigungen gesucht, eben beim Verein »Lachen helfen«.
Das hat mir mehr gebracht.

Er: Ich habe insgesamt 445 Tage Einsatzerfahrung und weiß,
wie Frauen wahrgenommen werden – und auch, wie sie behandelt werden. Anfangs hatte ich damit Probleme. Je länger
manche Männer im Einsatz sind, desto mehr verändert sich ihr
Verhalten gegenüber Frauen. Sie denken: »Frau = Freiwild«,
so ungefähr. Oder: »Dienstgrad StUffz. Okay, ich bin Oberfeldwebel, gucken wir mal, was da geht.« Das kann zwischen-
menschlich schon zu unangenehmen Situationen führen. Und
dann irgendwann wird nur noch von Frauen geredet. Dafür
habe ich kein Verständnis. Wenn dann auch noch eine Frau
am Horizont auftaucht, kriegen alle gleich leuchtende Augen.
Andererseits gehören Frauen inzwischen nun mal zur Bundeswehr dazu.

Als sie dort ankam, hatte sie noch ihre Naivität, von der vor-
hin die Rede war. Sie ist blond, gut aussehend, besonders in
Uniform. Da fragt schon mal der ein oder andere nach ihrer
Handynummer. So etwas würde ich nicht tun, und ich kann
auch nicht nachvollziehen, warum andere so etwas machen.

Sie: Der allerschlimmste Moment im Einsatz, das schlimmste
Bild, das ich nie vergessen werde, ist dieses Siegerpodest an

der Sprungschanze von Sarajevo. Dort, wo 1984 die Olympischen Spiele stattfanden. Als ich vor diesem Siegerpodest stand, die Stufen sah, eins, zwei, drei. Dahinter befindet sich eine Art Betonsegel. Darauf die ganzen Einschusslöcher. Man erzählte mir, dass während des Kriegs Menschen auf das Podest gestellt und dann erschossen wurden. Ich bin an ein Einschussloch näher herangetreten und habe mich gefragt:»Wer war dieser Mensch, der hier stand? Wer war der Mensch, der geschossen hat?«

Er: Der Kosovo ist noch lange nicht befriedet. Und er liegt keine 10 000 Kilometer von Deutschland entfernt. Das muss man sich mal vor Augen halten. Wenn dort die Menschenrechte mit Füßen getreten werden und ein Völkermord stattfindet, dann kann man da nicht einfach zuschauen. Wenn man als starke Gemeinschaft auftreten will, sei es in der NATO oder in der UNO, dann muss man einschreiten. Das ist meine Meinung.

Das Ziel ist nicht, die Menschen zu bevormunden, sondern ihnen wieder auf die Beine zu helfen. In der Regel wird mit dem jeweiligen Bürgermeister vor Ort Kontakt aufgenommen. Die Menschen sind froh darüber, dass ihnen geholfen wird. Es gilt, die Kultur wiederaufzubauen, das soziale Gefüge wiederherzustellen und auch für Aus- und Weiterbildung zu sorgen. Also das Vorhandene nutzen, ein bisschen Eigeninitiative fordern und fördern. Das funktioniert auch. Von ehemals 1800 deutschen Soldaten in Bosnien gibt es dort inzwischen nur noch 130. Die SFOR-Friedenstruppe war mal 30 000 Mann stark, jetzt sind es nur noch 2000. Wenn man sich an die Bilder von damals im Fernsehen erinnert, Sarajevo, eine brennende Stadt, das ganze Elend, die Not, die Schlächtereien, dann ist das ein großer Fortschritt.

Sie: Ich würde wieder in einen Einsatz gehen, allerdings ohne ihn. Insgesamt war es eine wichtige Erfahrung. Jeder, der in einen Einsatz geht, hat seinen Grund dafür. Der finanzielle, klar, das streite ich auch nicht ab. Aber bei mir stand das nicht in Vordergrund. Das Bundeswehrleben als Reservistin ist mein zweites Leben, das zivile mein richtiges. Wenn ich die Uniform anziehe, macht es klick. Es kommt mir dann so vor, als wäre ich jemand anders.

Er: Ich trage jeden Tag Uniform. Man bewegt sich anders darin, das Auftreten ist geradliniger. Man stellt was dar. Ich habe jetzt neunzehn Dienstjahre auf dem Buckel, und für mich ist die Uniform zu so einer Art Schild geworden. Kein Schild, hinter dem man sich versteckt; aber einer, der mir Sicherheit gibt. Und genau dasselbe sehe ich an ihr, sie tritt genauso auf, wenn sie die Uniform anhat: selbstbewusst, geradeaus, ehrlich.

Sie: Als ich meinen Eltern gesagt habe, dass ich noch mal gehen würde, hat Mama sofort wieder geweint. Eine Freundin von mir auch. Mein Vater war nicht bei der Armee. Er hatte damals etwas am Herzen. Er wurde ausgemustert, was ihm auch ganz recht war. Er mag die Bundeswehr nicht. Ich glaube, er assoziiert damit Krieg und Tod. Obwohl offiziell ja von Friedenstruppen die Rede ist. Das hat mich genervt. Es ist meine Entscheidung, mein Leben. Meine Familie und meine Freunde haben keine Ahnung davon. Sie wissen ja gar nicht, wie es in solch einem Einsatz ist. Mein Freund und ich haben natürlich vorher darüber gesprochen. Ich habe ihn gefragt, ob er etwas dagegen hat. Es ist ihm nicht recht. Wobei ich glaube, dass es ihm nicht um die anderen Männer dort geht, sondern wirklich um die Bedrohung, die da herrscht. Ich denke, mittlerweile weiß er, dass ich treu bin.

Ich habe mich inzwischen wieder für einen Auslandseinsatz gemeldet, für den Kosovo oder Afghanistan. Allerdings habe ich eine Absage bekommen, weil keine Stelle mehr frei war. Nächstes Jahr probiere ich es noch mal.

Juni 2008

UNSERE SCHWACHSTELLE IST UNSER ALLZU HUMANES DENKEN

Christian Kern*

Schon früh, mit zwölf, dreizehn Jahren, wusste ich, dass ich einmal Berufssoldat werden wollte. Ende der Siebzigerjahre bin ich in die Bundeswehr eingetreten. Zuerst war ich bei den Panzergrenadieren, später bei den Fallschirmjägern.

Insgesamt war ich in drei Einsätzen. Ursprünglich sollte ich bei einer Kompanie Spieß werden. Das war lange vor meinem ersten Einsatz. Aber dann rief mich der Kommandeur zu sich und fragte, ob mir klar sei, dass ich in einer bestimmten Stadt, die er nannte, Spieß werden solle. Ich bejahte. Daraufhin sagte er: »Die Kompanie geht in den Einsatz nach Kuwait, und Sie gehen mit.« Ich zog also zunächst in diese Stadt, wo die Kompanie für Kuwait zusammengestellt und ausgebildet wurde. Im letzten Augenblick wurde der Einsatz dann abgesagt, und aus dem »Auftrag Kuwait« wurde der »Auftrag Kabul« – fängt zumindest beides mit K an.

Die Kompanie wurde peu à peu nach Kabul geschickt. Irgendwann musste ich also auch nach Afghanistan aufbrechen. Damals war alles kaputt in diesem Land. Aber die größten

---

* Name geändert

Zerstörungen haben nicht die Russen verursacht. Das waren die Afghanen im Bürgerkrieg selbst.

Ich habe unter anderem eine Ausbildung zum Peer. Als Peer leiste ich quasi Erste Hilfe für traumatisierte Soldaten. In der Weiterbildung lernt man, wie man beruhigend auf andere Menschen einwirkt, ihnen hilft, sich von negativen Gedanken zu lösen, und wie man ihnen ihren weiteren Weg erleichtern kann.

Wird ein Soldat verletzt, sei es durch einen Anschlag oder durch einen Unfall, wird er natürlich medizinisch versorgt. Ist dieser Vorgang beendet, kümmert sich allerdings niemand mehr um diejenigen, die geholfen haben, Schlimmes gesehen oder erlebt haben. Hier kommen die Peers zum Einsatz, an sie können sich die Soldaten wenden. Sie stehen den Betroffenen als erster Gesprächspartner und Ratgeber zur Seite.

Ich war Spieß, also »Mutter der Kompanie«. Während meiner Zeit im Einsatz starb der Vater eines Kameraden, von einem anderen hatte sich die Freundin getrennt. Und es gab einen Kameraden, dessen Kind schwer erkrankte, weshalb er dringend nach Hause wollte. Ihnen wollte und konnte ich zur Seite stehen.

Natürlich haben Soldaten auch Sorgen und Ängste. Hier ist der Truppenpsychologe oder der Militärseelsorger gefragt. In meiner Funktion als Peer habe ich die Zusammenarbeit mit der Truppenpsychologie sehr zu schätzen gelernt, aber auch einen guten Draht zu den Pfarrern vor Ort entwickelt.

Die Tätigkeit des Truppenpsychologen ist schwierig, aber wichtig. Sie haben leider keine gute Reputation bei den Soldaten. Jeder Soldat hat seinen Stolz – er geht ungern zum Psychologen. Nicht zuletzt deshalb, weil er meint, dass dadurch die Karriere in Gefahr geraten könnte. Der Gang zum Pfarrer ist dagegen etwas leichter, wird auch leicht gemacht. Der evangelische und der katholische Pfarrer, mit denen ich während meiner Einsätze zu tun hatte, verfolgten die »Politik der offenen Tür«. Jeder, vom Lanzer bis zum General, konnte zu ihnen kommen. Ich als Spieß habe meine Soldaten, wenn sie Probleme hatten, häufig zu den Pfarrern geschickt. In den meisten Fällen handelte es sich um Liebeskummer oder Heimweh. Es war wichtig, dass sie außer anderen Soldaten noch jemanden zum Reden hatten.

Meinen zweiten und dritten Einsatz absolvierte ich in Mazar-i-Sharif. Vor dem zweiten rief der Pfarrer mich an und fragte mich, ob ich nicht Interesse hätte, als sein Fahrer und Begleiter mit ihm in den Auslandseinsatz zu gehen. Der Pfarrer trägt keine Waffe; die Uniform zieht er zum eigenen Schutz an und nicht, weil er Soldat ist. Daher wird ihm ein militärischer Begleiter an die Seite gestellt – aus Sicherheitsgründen und zu seiner Unterstützung. Letztendlich wurde ich quasi als Pfarrhelfer eingesetzt. Das Aufgabenspektrum war ähnlich wie in Deutschland, also Gottesdienste vorbereiten, den Kirchenraum dafür herrichten, administrative Aufgaben, Verbindung zum Heimatland und zu den Kompanien halten, vorläufige Betreuung der Soldaten, wenn der Pfarrer gerade nicht zugegen war. Man ist aber auch Ansprechpartner für diejenigen, die den direkten Weg zum Pfarrer noch nicht gefunden haben oder es nicht wollen. Ich hatte also eine Art Brückenfunktion. Dabei hat sich meine Ausbildung zum Peer bewährt. Wir haben auch Unterstützung bei den Alliierten geleistet. Beispielsweise ist unser Pfarrer unter anderem bei den Amerikanern eingesprungen, weil sie keinen katholischen Priester hatten. Sie hatten zwar ihren eigenen Geistlichen, aber keinen katholischen, also hat unser Pfarrer, der ja katholisch war, ausgeholfen. Kontakte zu muslimischen Geistlichen hatten wir während dieses Einsatzes nicht.

Ich denke immer wieder an Kabul zurück. Aber nicht mit Trauer. Bestimmte Bilder haben sich in meinem Kopf einfach eingebrannt. Dieses zerstörte Viertel in Kabul, wo im Grunde alles kaputt war. Der Fluss – eine einzige Jauche –, in dem

Autos gewaschen wurden, aber auch Wäsche; in den Abwasser hineinlief und aus dem Wasser zum alltäglichen Verbrauch herausgeholt wurde. Ein weiteres Bild ist mir vom Anreisetag in Erinnerung geblieben. Wir wurden von Afghanen mit einem Bus abgeholt. Durch das Fenster sah ich ein kleines afghanisches Mädchen im gleichen Alter wie meine Tochter, das barfuß durch den Schneematsch lief – bei eisigen Temperaturen.

Es gibt den sogenannten *base day*, das heißt, die Soldaten haben einen halben Tag für sich zur freien Verfügung, um mal auszuspannen vom täglichen Dienst. Solche Tage wurden von einigen genutzt, um uns als freiwillige Helfer bei der Arbeit mit Kindern zu unterstützen. Wir waren dagegen, dass unsere Aktionen in der Presse erscheinen, weil wir uns damit nicht profilieren wollten. Sicherheitsgründe in Bezug auf die Taliban spielten dabei keine Rolle. Das war damals noch kein Thema. Es gab zwar die eine oder andere kritische Situation, aber meines Erachtens waren die Taliban damals kriegsmüde. Außerdem sagte mir ein Afghane: »Die Kuh, die wir melken, schlachten wir doch nicht.« Es floss Geld ins Land, wieso sollten sie uns bekämpfen?

Einige Angehörige der Soldaten schickten Sachspenden an unsere Kompanie, private Päckchen. Wir haben sie gesammelt, und wenn genug beisammen war, fuhren wir in die Stadt und verschenkten die Sachen an Schulen, Kindergärten und Waisenhäuser. Uns war allerdings klar, dass acht von zehn Kindern beklaut werden würden. Daraufhin bestanden wir darauf, dass die Kinder die geschenkten Kleider immer sofort anzogen. Es hatte keinen Sinn, die Kleidung irgendeinem Heimleiter oder Lehrer zu übergeben.

Wir haben gesehen, wie ein sogenannter Erzieher im Kinderheim mit einem abgeschnittenen Gartenschlauch auf die Kinder eingeschlagen hat. Das war schockierend. Warum macht man so etwas? Aber es ist ein Fehler, ihre Kultur mit der unseren zu vergleichen.

In einem Kinderheim habe ich auch gesehen, dass auf einer Fläche von ungefähr 20 Quadratmetern 15 Kinder untergebracht waren. Es gab keine Matratzen und kein Spielzeug. Auch keine Spinde – die Kinder hatten sowieso nur das zum Anziehen, was sie am Leib trugen. Die Toiletten hatte man zugenagelt, sie waren total verdreckt, voller Fäkalien.

Irgendwann hat ein »Wettkampf der Hilfsorganisationen« eingesetzt. Alle haben versucht, sich einzubringen. Die Armeen ebenfalls. Für das Kinderheim, das ich eben erwähnte, haben die Italiener einen Spielplatz gebaut, die Briten haben für Strom und somit für Licht gesorgt, und wir haben die Versorgung der Kinder übernommen. Das war nicht abgesprochen, ging aber trotzdem Hand in Hand.

Letztendlich hatte die Verteilung von Hilfsgütern auch einen praktischen Sinn. Dort, wo wir sie ausgegeben haben, bekamen wir Informationen. Daher hat uns ein Infanterie-Zugführer einmal gebeten, Hilfsgüter in ein bestimmtes Dorf zu bringen, weil man nicht genau wusste, was dort gerade passierte. Das haben wir dann getan. Der Dorfbürgermeister hatte einen guten Eindruck von uns und hoffte wohl, dass wir irgendwann wiederkommen und noch mal was vorbeibringen würden. So jemand ist schon eher bereit, zu kooperieren und mit Informationen rauszurücken, beispielsweise, ob sich in dem Dorf irgendwelche Fremden aufhalten.

Wer behauptet, dass der Einsatz in diesem Land nichts bringt, verkennt die Realität. Er bringt sehr viel. Wir sehen ja, dass sich etwas tut, dass sich das Land weiterentwickelt. Das bestätigen mir auch heute noch Kameraden aus Kabul, mit denen ich nach wie vor Kontakt habe. Die Märkte sind voll, der Handel blüht. Allerdings leider auch der mit Opium.

Während meines ersten Einsatzes habe ich bitterste Armut und ausdruckslose Gesichter gesehen, aber nach sechs Monaten kam wieder Leben ins Land. Bei meinem zweiten Einsatz war aus Mazar-i-Sharif bereits eine blühende Stadt geworden.

Inzwischen ist man allerdings so sehr auf die eigene Sicherheit bedacht, dass wir kaum noch aus dem Lager kommen. Und weil wir uns kaum rauswagen, trauen die Afghanen wiederum uns nicht – ein Dilemma.

Es gab Situationen, da hätte man gern etwas getan, konnte aber nicht. Wenn man zum Beispiel einem Kind Süßes gibt, stehen am nächsten Tag fünf Kinder da und am übernächsten zwanzig. Sobald ein Bundeswehrfahrzeug in Sichtweite ist, wird es belagert. Deswegen haben wir die Kinder weggeschickt. Wir haben lieber Hilfe an Schulen und in Kindergärten geleistet. Ein Kamerad erzählte mir, dass Fußbälle an Kinder verteilt wurden. Dabei beobachtete er, wie ein Kind dem anderen einen Stein an den Kopf gehauen hat, um an einen Fußball zu kommen. Im Endeffekt sind dann die afghanischen Polizisten mit den Bällen durch die Gegend gelaufen. Die Menschen in dem Land sind größtenteils korrupt, das ist leider so.

Aber wie wollen wir Afghanistan befrieden? Das ist ein schwieriges Thema. Es gibt in Afghanistan keinen funktionierenden Polizeiapparat. Man muss sich das so vorstellen: Einmal im Jahr kommt in einem Ort eine Polizeistreife vorbei und sagt:»Wir helfen euch.« Sie fahren weg, und die Einheimischen wissen schon: Die sehen sie nie wieder. Dann können sie sich natürlich auch gleich selbst bewaffnen. Kaum ist die Polizei weg, kommen graue Gestalten, die fragen:»Was habt ihr denen gesagt?« Und diese Gestalten kommen immer wieder. So läuft es in Afghanistan. Solange wir die afghanischen Streit- und Sicherheitskräfte nicht aufgebaut haben, wird es dort keinen Frieden geben.

Es reicht nicht, in diesem Land Hilfsgüter zu verteilen; man muss an die Ursachen gehen. Darin sehe ich den Auftrag der Bundeswehr. Die Bundeswehr ist kein THW und auch keine Feuerwehr. Sie ist auch nicht der Arbeiter-Samariter-Bund. Wir haben andere Aufgaben. Ich denke, wir sollten mehr Soldaten nach Afghanistan schicken, aber in Ausbilderfunktion, um die afghanischen Streitkräfte aufzubauen. Außerdem müssen die afghanischen Soldaten besser bezahlt werden, damit sie keinen Anreiz mehr haben, überzulaufen oder ihre Waffen zu verkaufen.

Wir haben gut ausgebildete Soldaten, aber sie dürfen nicht das tun, was sie wirklich können. Meiner Meinung nach sind Soldaten Kämpfer und keine Polizisten. Zum Beispiel Oberst Klein, der den Luftangriff auf die Tankwagen befohlen hat. Ich denke, es war richtig, was er verlangt hat. Was wäre passiert, wenn die beiden Tankwagen nicht angegriffen worden wären? Wenn sie das deutsche Lager in Kunduz erreicht und alles in die Luft gejagt hätten? Wenn 50 deutsche Soldaten ums Leben gekommen wären? Was wäre dann gewesen?

Im Grunde genommen muss ganz offen und ehrlich gesagt werden, wie die Taliban arbeiten. Das sagt einem in Deutschland ja niemand. Die Taliban sind nicht dumm, sie wissen genau, was sie tun. Mittlerweile haben sie hervorragend funktionierende Strukturen. Sie spähen aus und schlagen punktgenau dann zu, wenn sie meinen, die Schwachstelle entdeckt zu haben. Unsere Schwachstelle ist unser allzu humanes Denken. Den Taliban ist humanes Denken egal, die jagen ihre eigenen Leute mit in die Luft, wenn es sein muss. Das ist das Schlimme. Die eigenen Leute sind ihnen völlig egal.

Die eigentliche Macht in diesem Land haben die Warlords. Ihnen geht es um Geld, Macht und Einfluss. Von den Afghanen als einer Nation zu sprechen wäre verkehrt, denn das Land ist politisch vollkommen zerklüftet. Die Warlords genießen überall das größte Ansehen. Man versucht, einige von ihnen ruhig zu stellen, indem man ihnen einen Posten in der Regierung gibt.

Meine Frau und meine Kinder sind sehr eigenständig. Während ich im Einsatz bin, vermissen sie mich natürlich und sind mitunter traurig. Allerdings ist meine Frau auch schon von früher her daran gewöhnt, dass ich häufig nicht zu Hause bin. Sie steht mit beiden Beinen fest im Leben, trifft wichtige Entscheidungen allein. Meine Familie hat gelernt, über längere Zeiträume auch ohne mich klarzukommen. Sie wissen, dass ich einen Auftrag, der mich ins Ausland führt, nicht ablehnen würde. Das akzeptieren sie. Aber ich bin deswegen kein Fremdkörper, wenn ich zu Hause bin. Ich muss mich nur jedes Mal wieder neu in das Familienleben einfinden, wenn ich zurückkomme. Bisher hat das immer gut funktioniert.

Mein Sohn sagt allerdings, dass ich ihm sehr fehle, wenn ich nicht da bin. Insbesondere als er mitten in der Pubertät war, hat er mich schon sehr vermisst. Auch meine Tochter hat immer Angst, dass ich nicht heil und gesund zurückkomme – oder eines Tages gar nicht mehr heimkomme. Diese Sorge kann man nie ganz abstellen.

November 2009

WENN ICH DARÜBER SPRECHE, BRINGT ES MICH ZUM WEINEN

Andrea Wagner

Die Angst einer Mutter um ihr Kind ist eine andere als die Angst einer Partnerin oder Ehefrau, deren Mann im Einsatz ist. Ich leide ganz extrem in der Zeit, wenn er weg ist. Mein Sohn war 1998 in Bosnien im Feldlazarett, für fünf Monate. Er ist Rettungssanitäter, inzwischen Rettungsassistent. 2002 war er für sieben Monate in Mazedonien, das war ein KFOR-Einsatz. Dann war er wieder im Kosovo, dreimal in Afghanistan und im Kongo.

Für mich ist es besser, alles zu wissen. »Alles« ist natürlich sehr relativ, da ja gewisse Dinge den Angehörigen nicht erzählt werden sollen, und schon gar nicht am Telefon. Ich erfahre manches erst im Nachhinein, wenn er mir davon berichtet. Das kommt dann so bröckchenweise. In dem Moment, wenn ich davon höre, geht es mir nicht gut; trotzdem, so paradox es klingt, ich muss es wissen. Ich komme dann besser mit der Situation klar, kann besser damit umgehen, je mehr ich über seine Arbeit weiß. Ich weiß von anderen Frauen, die sagen, dass sie nichts wissen möchten, es täte ihnen nicht gut. Aber dazu gehöre ich nicht.

Ich habe eine gute Beziehung zu meinem Sohn. Eine freundschaftliche. Und er versteht mich und meine Ängste. Als Ein-

ziger versteht er es auch, mich zu beruhigen – mit seiner Art
zu erzählen, zu sagen: »Es war eine Gefahrensituation, aber
Mama, du weißt doch, wir sind dafür ausgebildet.« Ich glaube,
er kann mich so gut einschätzen, dass er weiß, was er mir erzählen kann und was besser nicht. In gewisser Weise will er
mich auch schonen.

Ich stehe hinter seiner Entscheidung, in Auslandseinsätze
zu gehen, weil es sein Beruf ist. Es steht mir ja nicht zu, etwas
zu kritisieren, was seine Pflicht ist. In dieser Zeit, wenn die
Soldaten weg sind, haben sie alle Unterstützung der Angehörigen verdient. Da bringt Kritik gar nichts, das macht es nur
schlimmer. Sie müssen ihren Dienst tun, Befehle ausführen;
ob sie gut sind oder nicht, das ist nicht entscheidend. Wichtig
ist die Unterstützung von zu Hause. Und ich würde mir viel
mehr Unterstützung auch von der Bevölkerung wünschen.
Nicht diese Polemik »Das ist nicht unser Krieg« und so weiter.
Ich brauche in einer Gesprächsrunde nur zu erwähnen, dass
mein Sohn im Einsatz ist, und schon geht es los. Jeder hat irgendwas Wichtiges dazu zu sagen, aber keiner hat richtig
Ahnung. Nur die, die auch betroffen sind, wissen, wovon man
redet.

Meine Schwiegertochter ist Reservistin. Sie und mein Sohn
haben sich im Auslandseinsatz kennengelernt, im Kosovo.
Aber jetzt geht sie nicht mehr in Auslandseinsätze, vor allem
wegen ihres gemeinsamen Kindes.

Mein Sohn hat in den Einsätzen einige unschöne Dinge erlebt und gesehen, sodass es ihm letztes Jahr nicht gut ging, als
er zurückkam. Er war dreimal hintereinander in Afghanistan,
und daran hatte er sehr zu knabbern. Und ich mit ihm. Ich
leide immer mit. Wir haben ein hartes Jahr hinter uns, und er
wird in der nächsten Zeit nicht mehr in Einsätze gehen.

Er hatte die Einsätze »gesplittet« und war jeweils für zwei
oder anderthalb Monate dort. Früher hieß es immer, dass man
nur alle zwei Jahre gehen darf, aber man braucht halt die

Leute, und Sanitäter sind flexibel einsetzbar. Er hat viele Ausbildungen gemacht. Luftrettung zum Beispiel. In Mazedonien
war er immer im Hubschrauber unterwegs. Er managt die
Apotheke und die Logistik.

Als er das erste Mal in Afghanistan war, war er in Kabul, im
NATO-Hauptquartier. Danach hat er viel erzählt von Besuchen in Flüchtlingslagern und Waisenhäusern. Das war 2005.
Die Bundeswehr bestimmt unser Leben, besonders die Einsätze. In diesen Momenten rückt die Familie dann auch enger
zusammen.

Mein Sohn und meine Schwiegertochter sind vor anderthalb
Jahren nach Wilhelmshaven gezogen. Als mein Enkel fünf
Jahre alt war und mein Sohn im Einsatz, hat sich meine
Schwiegertochter für mehrere Wochen bei uns einquartiert.
Das war schön. Die Familie hält zusammen, wenn der famili-
äre Background stimmt. Und bei uns stimmt er. Das hält mei-
nem Sohn den Kopf frei, und das ist gut für ihn.

Ich bin anders in der Zeit, wenn er nicht da ist. Das merke
ich. Ich schlafe anders, ich reagiere anders, ich habe Schwierigkeiten, über den Tellerrand hinauszuschauen. Man ist zu
gefangen in diesen Themen, tagtäglich. Ich bin sehr hellhörig,
und wenn ich etwas darüber lese oder höre, nehme ich die
Informationen auf und verarbeite sie.

Durch das Internetforum frauzufrau-online.de habe ich
Freundinnen kennengelernt. Die Freundschaften halten jetzt
schon einige Jahre. Wir sind in ganz Deutschland verstreut,
tauschen uns aber regelmäßig aus. Eine dieser Freundinnen
wohnt in der Nähe von Frankfurt. Sie ist inzwischen das
zweite Mal schwanger, und ihr Mann ist in Kunduz bei der
QRF, der Truppe, die am meisten gefährdet ist. Die Angst ist
da, jeden Tag.

Es gibt die Familienbetreuungszentren mit ihren monat-
lichen Veranstaltungen. Da bekommt man richtig gute Informationen. Für die Frauen ist es toll. Da wird eine Liveschal-

tung gelegt, und sie können mit ihren Männern sprechen. Man kann auch bei Problemen dort anrufen. Das nächste Familienbetreuungszentrum für mich ist ungefähr 70 Kilometer weit weg. Da bin ich hier im Süden ziemlich alleine, hier in der Nähe kenne ich keine anderen Betroffenen. Aber ich finde die ständige Betreuung wichtig. Und das Forum, in dem man sich immer wieder begegnet und irgendwann die Anonymität aufgibt, Nummern austauscht, telefoniert und vielleicht feststellt, dass die Männer im gleichen Lager sind, sich vielleicht sogar kennen. Das ist wie eine große Selbsthilfegruppe. In diesem Kreis fühle ich mich gut aufgehoben und verstanden.

Es ist Sache der Politik, der Regierung, dieses Thema der Bevölkerung nahezubringen. Hin und wieder kommt etwas im Fernsehen, und das Thema PTBS wird aufgegriffen, sodass die Leute erfahren: Das gibt es auch hier, nicht nur in Amerika.

Die Amerikaner haben uns darin etwas voraus – dieses selbstverständliche Zugehörigkeitsgefühl, dieses »Hinter-den-Soldaten-Stehen«. Ob das jetzt sinnvoll ist oder nicht, mag dahingestellt sein, es geht einfach darum, dass die Jungs rausmüssen, ihren Dienst leisten müssen, und das kann ich nicht hinterfragen, sondern muss zunächst einmal in erster Linie dahinterstehen.

Wenn er in den Einsatz muss, ist eines immer ganz wichtig für mich. Jedes Mal wünsche ich es mir, und jedes Mal erfüllt er mir diesen Wunsch: eine SMS, bevor er abfliegt. Immer mit dem gleichen Wortlaut: »Melde mich aus Deutschland ab.« Die bekomme ich immer, fünf Minuten bevor er das Flugzeug besteigt. Wenn ich diese SMS einmal nicht erhalten würde, hätte ich kein gutes Gefühl. Ich hätte Angst, dass ihm etwas passiert im Einsatz. Ich habe sie alle abgespeichert, niemals lösche ich eine davon. Das ist so eine Art magisches Denken. Dieses Ritual ist für mich von großer Bedeutung. Ich bin kein Kirchgänger, aber in der Zeit, wenn er weg ist, kann ich an keiner Kirche vorbei, ohne eine Kerze für ihn anzuzünden. Es bringt mich schon wieder zum Weinen, jetzt, wo ich darüber spreche.

Ich habe meinen Sohn sehr jung bekommen, wir sind gerade mal sechzehn Jahre auseinander. Und irgendwie sind wir auch richtig gute Freunde. Er ist mein einziges Kind.

Juli 2009

DIE FAMILIE WOLLTE ICH DAFÜR NICHT AUFS SPIEL SETZEN

Uwe Lampe

Wenn man offen über die Auslandseinsätze der Bundeswehr reden will, muss man auch die ganze Wahrheit benennen. Was ich sage, wird in der Regel nicht öffentlich diskutiert, weil es ein Nachdenken über die Begründbarkeit der Auslandseinsätze nach sich ziehen würde. Was bedeutet es, eine Armee in ein politisches Krisengebiet zu schicken, und sei es zu humanitären Zwecken? Wie weit wollen wir gehen? Wir müssen unsere Ziele umfassender definieren, um auch ein Abzugsszenario entwickeln zu können. Zu dieser Auseinandersetzung ist die Politik nicht in der Lage, und dem Militär wird meist ein Maulkorb verpasst. Ein aktiver Soldat wird sich eher auf die Zunge beißen, als öffentlich Kritik zu äußern.

Bis heute tun wir uns schwer, die richtige Wortwahl für unsere Auslandseinsätze zu treffen. Was das angeht, leisten wir uns einen Eiertanz auf höchstem Niveau. Begriffe wie »Krieg«, »Krieg führen« oder auch »Gefallene« werden von unserer politischen Führung vermieden. Aber wenn unsere Politik schon um die richtigen Begrifflichkeiten verlegen ist, um wie viel mehr dann noch um klare und deutliche Positionierungen in Bezug auf das Für und Wider? Seit Anbeginn unseres Engagements in Afghanistan wird mit Totschlagargumenten hantiert, wie beispielsweise:»Deutschland wird auch am Hindukusch verteidigt.« Oder:»Wer den Terroristen die Ausbildung vor Ort ermöglicht, fördert den Terror auch bei uns.« Bewiesen sind solche platten Aussagen keineswegs. Vielmehr müssen wir heute ernsthaft fragen, ob nicht gerade unser dortiges Eingreifen den weltweiten Terror eher schürt, statt ihn einzudämmen.

Dieses Herumlavieren in Bezug auf die Begrifflichkeiten verwirrt die Bürger ebenso wie die Soldaten. Die Sprache des Krieges ist klar und unmissverständlich, Krieg als solches schmutzig und überwiegend grausam. Ob wir uns wirklich nachdrücklich daran beteiligen wollen, sollten wir in einer intensiven Auseinandersetzung klären.

Ich war nicht immer beim Militär; wenn ich mein Erwerbsleben betrachte, dann war das sogar der kleinere Teil davon. Früher ging es bei der Bundeswehr darum, Deutschland im sogenannten Kalten Krieg vor Übergriffen zu schützen. Dem nachzukommen ist mir nicht schwergefallen. Ursprünglich habe ich eine Banklehre gemacht und ging dann für zwei Jahre zur Bundeswehr. Ich schlug die Laufbahn zum Reserveoffizier ein. Nach 21 Monaten war ich Leutnant. Ich blieb als Reservist bei der Bundeswehr, nahm an Übungen des Panzergrenadierbataillons teil und stieg sogar bis zum Kommandeur auf. Im zivilen Leben war ich jahrzehntelang Geschäftsstellenleiter mit Prokura bei einer Treuhandgesellschaft, später freiberuflicher Vorstandsberater von Sportvereinen. Die ganze Zeit hatte ich neben meiner zivilen beruflichen Laufbahn Kontakt zur Bundeswehr. Von 1997 bis 2001 war ich Kommandeur eines nicht aktiven Panzergrenadierbataillons. Danach war ich weiterhin einbezogen in Übungen der Brigade und der Division. So kam es, dass man mich fragte, ob ich mit in den Auslandseinsatz gehen würde. Die Kontingente benötigen in der Regel über 10 Prozent Reservistenanteil, um ihren Auftrag überhaupt erfüllen zu können.

Ich habe mich damals mit meinen Kameraden sehr intensiv über die Dimension der Bundeswehreinsätze ausgetauscht und sie gefragt, was sie denn empfinden, wenn sie demnächst im Ausland eingesetzt werden. Es hat mich zu diesem Zeitpunkt schon erstaunt, wie wenig sie sich damit auseinandersetzen, was da eigentlich auf sie zukommt – mit welchen Verhältnissen sie es da zu tun haben, mit welchem Land, mit welcher Ideologie. Viele Armeeangehörige stellen sich diese Fragen nicht und werden auch nicht adäquat vorbereitet.

Wenn die Fragen dann im Nachhinein kommen, ist es im Grunde zu spät. In der Vorausbildung wird zu wenig darauf eingegangen. Zwei bis drei Stunden Frontalunterricht in Landeskunde für die Kontingentsoldaten sind zu wenig. Schwerpunkt der mehrwöchigen Ausbildung sind alle Tätigkeiten, die mit einer Waffe durchzuführen sind, aber wie wahrscheinlich sind bewaffnete Konfliktsituationen für Soldaten, die keinen Schutzauftrag haben? Stattdessen sollte man eher die Mentalität des Gastlandes und die Grundbegriffe der dortigen Sprache vermitteln.

Natürlich haben die Soldaten die Möglichkeit, sich selbst zu informieren, und die Bundeswehr stellt dann auch entsprechendes Material zur Verfügung. So ist zum Beispiel der »Leitfaden für die Bundeswehrkontingente« eine gute Informationsquelle für das jeweilige Einsatzland, allerdings wird es nicht an jeden Soldaten ausgeteilt. Das durfte ich bei der Teilnahme an drei verschiedenen Vorbereitungsausbildungen – für den Kosovo, für Bosnien und Afghanistan – erfahren. Dass immer wieder versucht wird, unsere Maßstäbe und Werte auf das Einsatzland zu übertragen, ist sicher ein Resultat davon.

Ich möchte ein Beispiel nennen. Im Kosovo hatten wir die sogenannten CIMIC-Kräfte im Einsatz. Ein Oberstleutnantkamerad, von Haus aus Unternehmensberater, konzentrierte sich auf die administrative Ausbildung von Berufsschullehrern, um diese für den Verwaltungsablauf im Schulbetrieb fit zu machen. Er besuchte mehrere Schulen, stieß dort aber nicht auf besonderes Interesse, weil wir, wie so oft, von den Gegebenheiten in Deutschland ausgegangen waren, nämlich von einem dualen Bildungssystem. Das kennt man auf dem Balkan in dieser Form gar nicht. Deshalb ist der Anteil an sogenannten Ausbildungsberufen dort relativ gering. Wir müssen uns also im Vorfeld noch intensiver mit den Gegebenheiten des Gastlandes auseinandersetzen. Unsere Ansprüche sollten wir zwar im Hinterkopf behalten, diese aber nicht immer als die allein Heil bringende Methode aufoktroyieren. Das Projekt wurde dann wie die sprichwörtliche heiße Kartoffel fallen gelassen.

Wir, und das deckt sich mit meinen Erfahrungen in Afghanistan, gehen meistens von unseren Verhältnissen aus, meinen also, wenn Kindergärten und Spielplätze in unseren Heimatländern gut sind, dann sollte dies im Gastland auch so sein. Ich habe den Kindern in Afghanistan zugesehen – sie spielten unbeschwert und kindgerecht. Den von den Deutschen neu erbauten Spielplatz mit tollen Spielgeräten ließen sie links liegen. Auch sah ich am Dorfrand stattliche öffentliche Bedürfnisanstalten, die wirkten wie Monumentalbauten inmitten der flachen Wohnhäuser ringsum. Allerdings waren sie seit ihrer Entstehung kein einziges Mal benutzt worden.

Mein erster Auslandseinsatz hat mich also in den Kosovo geführt. Wenn man als Reservist später zu einem Kontingent stößt, ist es normal, keinen zu kennen. Wo Verbände geschlossen hingeschickt werden, ist es einfacher. Für diejenigen, die als Neue, als Einzelpersonen dazukommen, ist es ganz wichtig, mindestens eine Vertrauensperson für sich zu finden. Die gewohnte Umgebung, Freunde und insbesondere die Familie, fehlt. Dieses Gefühl von Fremdheit sollte man nicht mit sich herumschleppen. Ich war immer wieder froh, gute Kameraden zu haben.

Ich habe den Auslandseinsatz vorher intensiv mit meiner Familie besprochen. Mir war das sehr wichtig, weil ich selbst noch nicht so genau wusste, was da auf mich zukommt. Ich finde, der Partner sollte wissen, wie es dem anderen damit geht. Vor meinem ersten Einsatz im Kosovo haben wir außerdem eine große Party gegeben, haben Freunde und Nachbarn eingeladen. Ich sagte damals zu den Gästen: »Ich geh jetzt weg. Es wäre schön, wenn ihr euch in der Zeit ein wenig um meine Frau und Tochter kümmern würdet.« Wer in den Auslandseinsatz geht und zu Hause Probleme hat, muss wissen, dass sie sich eher potenzieren, als dass sie besser werden. Das ist die Regel. Dafür liegen einschlägige Studien vor.

Im Kosovo war ich als Abteilungsleiter für Personal im von Deutschen geführten Feldlager in Prizren tätig. Ich wusste, dass das ganz überwiegend ein Schreibtischjob ist. Die Wahrscheinlichkeit, einer höheren Gefährdung ausgesetzt zu sein, war hier nicht sehr hoch. Mein Job bestand überwiegend darin, die Disziplinar-Angelegenheiten zu bearbeiten. Insofern wusste ich: So gefährlich ist das nicht. Ich bin auch außerhalb des schützenden Lagers gewesen, aber in überschaubarem Ausmaß. Meist habe ich dabei andere militärische Liegenschaften besucht, um die Verhältnisse vor Ort besser kennenzulernen.

Überall im Land sah man begonnene Bautätigkeit. War erst einmal ein Dach aufgezogen und waren ein oder zwei Zimmer bezogen, ließ man sich ganz viel Zeit mit der Vollendung des Hauses. Treffender gesagt, die Einfamilienhäuser waren 2003 mehrheitlich unvollendet. Das liegt daran, dass hier nicht eine Bank die Finanzierung übernimmt, sondern je nach Verfügbarkeit des Geldes mit sehr viel persönlichem Eigenengagement gebaut wird. Auch ist bemerkenswert, dass die Kosovaren ganz massiv von Familienangehörigen aus dem europäischen Ausland finanziell unterstützt werden. Ein Zeichen für gut funktionierende Familienbande.

Leider sieht man überall im Land Unrat herumliegen. Ein sichtbarer Ausdruck dafür, dass allzu schnell westliches Konsumverhalten Einzug gehalten hat. An eine funktionierende Müllentsorgung hat in dieser Phase des Aufbaus keiner gedacht. Die Kritik, die deshalb der Bevölkerung entgegengebracht wird, müsste eigentlich auf den unvollkommenen Hilfseinsatz umgemünzt werden. Auch darf man den Kosovaren keinen mangelnden Einsatzwillen unterstellen, denn die meisten Grundeigentumsverhältnisse sind immer noch nicht geklärt, seit die alten Eigentümer aus Serbien nicht mehr im Kosovo sind.

Die Einsätze haben bei mir durchaus Veränderungen bewirkt, zum Beispiel die Sparsamkeit beim Wasserverbrauch. Ich habe heute ein schärferes Bewusstsein dafür, was es bedeutet, Trinkwasser zur Verfügung zu haben. Ich habe mich auch früher schon immer darüber aufgeregt, wenn Menschen sich zu viel Essen auf den Teller getan haben und die Hälfte liegen blieb. Das ärgert mich heute umso mehr, weil ich gesehen habe und weiß, was es bedeutet, wenn Menschen hungern müssen. Auch aus diesem Grund habe ich damit begonnen, in meiner Heimatstadt eine »Tafel« zu führen. Aber nun wieder zurück zu den Einsatzerfahrungen.

Die Soldaten sind im Auslandseinsatz immer ganz unterschiedlich eingebunden. Die einen stehen den ganzen Tag unter Stress, die anderen sind überhaupt nur eine Stunde am Tag beschäftigt und wissen nicht, wie sie ihre Freizeit gestalten sollen. Als Vorgesetzter ist man da in einer unangenehmen Situation, weil man die Kameraden gar nicht so viel beschäftigen kann, wie sie es bräuchten. Wenn sie sich nicht mit Sport oder Lesen und ähnlichen Dingen ablenken, kann der Leerlauf sie fertigmachen.

Ich habe daher bei meinem zweiten Einsatz in Bosnien einmal einen Marsch organisiert. Der stieß allerdings nicht nur auf Desinteresse, sondern wurde schlichtweg abgelehnt, mit der Begründung, das sei viel zu gefährlich. Es war für mich unheimlich schwer, den Kameraden in Einzel- und Gruppengesprächen zu verdeutlichen, dass so etwas mit zu ihrem Auftrag gehört und dass wir letztendlich auch, von Bosnien aus, bei eventuell neuerlich auftretenden Unruhen im Kosovo die dortigen Kräfte verstärken müssten.

Den Marsch konnten wir dann erfolgreich durchführen; zur Motivation bin ich selbst in der Spitzengruppe mitmarschiert, und viele waren sogar davon angetan, sich einmal außerhalb des Camps bewegen zu können. Mir kam zugute, dass die Vorbereitungen und die Durchführung keine Fehler aufwiesen; denn in der Folge dieser Aktion musste ich mich Wochen später mit einer Wehrbeauftragtenbeschwerde befassen, die mit der Anklage verbunden war, ich würde Soldaten leichtfertig Gefahren aussetzen.

Die Bundeswehr rühmt sich, viel zu tun hinsichtlich der Inneren Führung, soll heißen, dass durch positive Motivation der Soldaten ein angenehmes Arbeitsklima geschaffen werden soll. So ist der Ansatz, so sind die Vorschriften, und so ist es auch immer gelehrt worden. Aber das verträgt sich heute nicht mehr mit der Realität. In großen Teilen der Wirtschaft ist das Arbeitsklima rauer geworden. Und dann wird nicht mehr durch positives Motivieren geführt, sondern eher in dem Bewusstsein: Ich biete dir einen Arbeitsplatz, und nun sieh mal zu, wie du damit fertig wirst. Ob du das gern machst oder nicht, ist mir egal, Hauptsache, du erledigst deine Arbeit. In der Armee ist der Veränderungsprozess so ziemlich deckungsgleich mit dem in der übrigen Arbeitswelt. Der Umgangston ist rauer geworden.

Aber ab und zu erlebt man es noch, das Wir-Gefühl, gerade wenn die Arbeit eine besondere Herausforderung darstellt, verbunden mit einer physischen oder psychischen Anspannung in einer Ausnahmesituation. Bei den einfachen Arbeitsaufträgen, wie zum Beispiel auf meinen täglichen Fahrten zur deutschen Botschaft in Afghanistan zusammen mit meinem Fahrer und der Begleitmannschaft, habe ich das erlebt. Da war die Anspannung riesengroß.

Auch wenn uns drei unterschiedliche Strecken zur Auswahl standen, um die Routine immer wieder etwas aufzubrechen, konnten wir nicht verhindern, dass wir uns jedes Mal wie auf dem Präsentierteller darboten. Wir fuhren zwar in teilgepanzerten »Wölfen«, also mit einem Mercedes-Geländewagen, aber jeder von uns wusste, dass der Schutz nicht perfekt und allumfassend ist.

Selbstmordattentaten wären wir ziemlich schutzlos ausgeliefert gewesen. Gleichzeitig waren wir auf uns allein gestellt, denn die Multinationale Brigade kann in einem Stadtgebiet, auf dem geschätzte vier Millionen Einwohner leben, nicht ständig präsent sein. Unser Ziel befand sich in der Stadtmitte, in der Nähe der Amerikanischen Botschaft und auch des ISAF-Hauptquartiers, beides gut gesicherte Einrichtungen.

An den Eingängen zu diesem Territorium gewinnt man den Eindruck einer belagerten Stadt. Überall sind bewaffnete Kräfte auf den Straßen zu sehen, und es ist schwer, Freund und Feind zu unterscheiden, denn viele Bewaffnete tragen nicht einmal Uniform. In dieser Gemengelage immer richtig zu reagieren ist ungemein schwierig. Insbesondere dann, wenn man dann noch irgendwo im Stadtinneren im Stau stecken bleibt. Die meisten militärischen Fahrgemeinschaften sagen sich dann: »Augen zu und durch.« Wenn man aber über Monate fast täglich unterwegs ist, verbietet sich diese Vorgehensweise, weil man danach ein menschliches Wrack ist. Meinem Vorschlag, in zivilen Fahrzeugen, quasi »getarnt«, zu fahren, wurde nicht stattgegeben – zu gefährlich.

Es war auch nicht immer einfach, die Begleitmannschaft zusammenzubekommen. Ich musste täglich regelrecht betteln, um meine Auftragserfüllung gewährleisten zu können. Als besonders peinlich empfand ich dann die Begründung von Stabsabteilungsleitern, die mir rundweg mitteilten, dass sie ihre Soldaten für diesen gefährlichen Einsatz nicht zur Verfügung stellen würden.

Normalerweise nehmen wir die Bevölkerung nur aus dem geschlossenen Fahrzeug wahr. Wer dann einmal die Möglichkeit zu direktem Kontakt hat, spürt ganz schnell, wie aufgeschlossen die einheimische Bevölkerung sich Fremden gegenüber zeigt. Ein ganz einzigartiges Erlebnis ist es, einmal das afghanische Gastrecht genossen zu haben. Hier nimmt man körperlich wahr, wie stark und wichtig der Zusammenhalt der Familienbande und die Hochachtung für den Gast in diesem zerschundenen Land sind. Das ist vielleicht auch der Grund, warum viele Afghanen einen durchaus gefestigten Eindruck machen – weil ihnen zumindest die Familie einen ungemein starken Rückhalt bietet.

Wir verkaufen uns auf dem Balkan oder in Afghanistan bisher deshalb so gut, weil wir uns nicht am »schmutzigen Geschäft« beteiligen. Solange man nicht dabei ist, wenn Dörfer auf terroristische Anzeichen durchsucht werden, ist man der Gutmensch. Da wir uns bislang tunlichst aus solchen Aktionen herausgehalten haben, stehen wir bei der Bevölkerung des jeweiligen Gastlandes in einem guten Licht da. Wenn wir als die angesehen werden, die Gutes vollbringen, Decken zur Verfügung stellen, wenn es kalt ist, Holz liefern, wenn Bedarf besteht – die gesamte Palette –, dann werden wir natürlich positiv wahrgenommen.

Bei unangenehmen Maßnahmen halten wir uns dagegen zurück, so zum Beispiel bei der Verhinderung des Mohnanbaus beziehungsweise von dessen Veredelung zu Rauschgiften. Über 80 Prozent der Wirtschaftsleistung dieses Landes resultieren aus diesem Gewerbe; das Thema einfach zu ignorieren grenzt daher an Fahrlässigkeit und befördert auch die Skepsis gegenüber unserer Politik. Denn wenn einerseits von

deutschen Steuerzahlern Milliardensummen für Militär- und
Humaneinsatz beigesteuert werden, dann verstehe ich nicht,
wie andererseits eine kleine Schar von skrupellosen Kriegs-
herren und Drogenbaronen ihre milliardenschweren Gewinne
für ihre persönliche Bereicherung einstreicht. Nur wer nicht
über den Tellerrand hinausschaut, wird glauben, dass die Bevölkerung angemessen und zum Wohle aller daran beteiligt
wird. Wir aber – und hier meine ich explizit die Bundesrepublik Deutschland – haben diese Machenschaften stillschwei-
gend geduldet und sind folglich mitverantwortlich für das Erstarken der korrupten Kräfte in Afghanistan.

Ein paar Zusammenhänge, die mir in meiner Zeit als Verbin-
dungsoffizier zur Deutschen Botschaft deutlich wurden, möchte
ich des besseren Verständnisses halber noch hinzufügen. Ich
musste jede Woche mindestens fünf Mal von Camp Warehouse
zur Deutschen Botschaft nach Kabul gefahren werden, um an
den Lagebesprechungen teilzunehmen und Bericht zu erstat-
ten. Mein Auftrag bestand im Prinzip darin, der Botschaft die
gewonnenen Erkenntnisse über die militärische Gesamtsituation darzulegen. Ich habe da viele Erkenntnisse sammeln können, denn beim Botschafter werden ja nicht nur die Belange
ausgebreitet, die das militärische und humanitäre Anliegen
betreffen, sondern auch all das, was aus deutscher Sicht darüber hinaus von Interesse ist.

Dabei geht es immer wieder um die Frage der Sicherheit
deutscher Staatsbürger in Afghanistan. Welche Empfehlun-
gen muss die Botschaft aussprechen? Damals hielten sich circa
600 deutsche Zivilisten im ganzen Land verteilt auf, somit
musste für alle Regionen und Distrikte eine individuelle Ge-
fährdungsanalyse erstellt werden.

Die Situation hat sich verschlechtert. Inzwischen haben wir
zivile Opfer zu beklagen. Dass Ingenieure gefangen gesetzt
und getötet wurden, hat dazu geführt, dass sich unsere NGOs
zurückziehen beziehungsweise bereits zurückgezogen haben.

Das wird bei uns zu Hause nicht so thematisiert, da es wohl nicht sonderlich gut ins Gesamtbild passt. Als Minister a. D. Struck in Hannover im Rahmen einer Kirchenveranstaltung vollmundig davon sprach, wie gut die Maßnahmen angekommen seien, dass wir Schulen gebaut haben und die Kinder, auch Mädchen, wieder in den Unterricht gehen können, konnte man den Eindruck einer zufriedenstellenden Entwicklung in Afghanistan gewinnen. Bei dieser Gelegenheit hat er aber nicht gesagt, dass in dem gleichen Zeitfenster immerhin hundert Lehrkräfte enthauptet und über hundert Schulen schon wieder abgefackelt worden sind.

Die Konturen des Kriegs verwischen, aber er wird keineswegs humaner. Das Unwort »Kollateralschaden« verdeutlicht den Zynismus unserer heutigen Form des Kriegs. Es suggeriert, dass der Tod unschuldiger Menschen im Zuge von Luftbombardements hingenommen werden muss. Ich glaube, dass die militärische Übermacht der internationalen Truppen ein Ungleichgewicht mit sich bringt, die den Terrorismus letztendlich befördert. Die Afghanen haben sehr wohl registriert, dass auch Deutschland sich jetzt zumindest indirekt an den mehr oder weniger zielgerichteten Bombenabwürfen der USA beteiligt. Analysten sprechen davon, dass nach unserem Tornadobeschluss die Häufigkeit der Anschläge auf deutsche Kräfte zugenommen habe.

Ohne Partei ergreifen zu wollen, kann ich intellektuell die Reaktion der Afghanen nachvollziehen. Denn eines gilt immer noch in vielen zivilisierten wie weniger zivilisierten Gegenden unserer Erde: Für die Beteiligten ist es wichtig, gewaltsame Auseinandersetzungen auf gleicher Ebene zu führen, das heißt, quasi im Kampf Mann gegen Mann und »Auge um Auge, Zahn um Zahn«. Für diese Menschen, egal ob auf dem Balkan oder in Afghanistan, ist das ein ganz wichtiges Kriterium. Ich glaube heute, dass Terrorismus deshalb entsteht, weil man sich nicht dagegen wehren kann, wenn vom Himmel Bomben fallen und man nicht die Lufthoheit hat. Er ist eine Form der Gegenwehr. Ich heiße ihn nicht gut, aber es geht ja auch um Erklärungsversuche, um das Warum.

Nach neuerer Lesart handelt es sich um eine asymmetrische Kriegsführung, in der Nationalstaaten Armeekontingente entsandt haben, die einer Zusammensetzung aus ganz verschiedenen Kriegsteilnehmern, die allesamt nicht staatlich legitimiert sind, gegenüberstehen. Dass diese Kräfte, weil sie zu einer offenen Feldschlacht nicht in der Lage sind, dann auf Hinterhalt und Partisanenkampf ausweichen, und zwar weltweit, dürfte auch dem zivilen Bürger einleuchten.

Im letzten Wintersemester habe ich mir die Zeit genommen, an unserer Universität zu erfahren, wie Lehrende und Lernende das große Thema Friedens- und Konfliktforschung behandeln. Ich musste dabei feststellen, dass ein großer Teil der Studenten es relativ schnell befürwortet, kriegerische Konflikte einzugehen. Wo diese gewaltbereite Haltung herrührt, darauf gibt es wohl mehrere Antworten. Vielleicht kommt es auch daher, dass unser Verteidigungsminister Jung immer wieder erzählt: »Wir müssen das Übel bei der Wurzel packen.« Das heißt aber in der Folgerung: Überall da, wo ein Brandherd entsteht, müssen wir einschreiten. Da werden wir uns wohl mittel- und langfristig überheben. Wir werden nicht überall Feuerwehr spielen können.

Ich habe festgestellt, dass es in Deutschland in Maßen Interesse an den Einsätzen gibt, wenn man auf die Menschen zugeht. Allerdings trifft das nicht für den überwiegenden Teil der Bevölkerung zu. Hier gilt wohl das Wort unseres Bundespräsidenten, der von »höflichem Desinteresse« sprach. Gerade weil das so ist, habe ich mich nach Afghanistan entschlossen, offensiv meine subjektiven Eindrücke in Vorträgen und in einem sogenannten »Kriegstagebuch« unter meinem Namen im Internet zu veröffentlichen. Ich will durch mein Erzählen Interessierten einen tieferen Einblick ermöglichen. Denn von den bisher beteiligten circa 200 000 deutschen Kontingentsoldaten gibt es wenig Berichterstattung.

Als militärisch denkender Staatsbürger würde ich den geordneten Rückzug einleiten, weil wir mit dem Versuch einer militärischen Befriedung keinen Erfolg haben werden. Die Geschichte Afghanistans verdeutlicht, auf welchem Pulverfass wir sitzen. Aber nicht wir allein bestimmen den Ablauf der Geschehnisse vor Ort, sondern es bringen um die sechzig weitere Nationen ihre Meinungen ein. Als junge Demokratie müssen wir hier unseren friedensbewahrenden Standpunkt stärker vertreten. Eine abgestimmte Vorgehensweise der Nationen ist in vielen Bereichen nicht zu erkennen. Auch werden wir nicht die Zeit aufbringen, die erforderlich ist, um eine nachhaltige Besserung der Lebensverhältnisse in diesem zerschundenen Land zu gewährleisten.

Stelle ich mir abschließend die Frage, ob ich persönlich durch die Auslandseinsätze etwas hinzugewonnen habe, so muss ich sagen: Ja. Für mich war immer entscheidend: Was ich tue, muss ich vor mir selbst verantworten können. Insofern stehe ich auch zu meinen Auslandseinsätzen. Ich habe so viel gesehen und mitbekommen, dass ich dadurch eine gewisse Urteilsfähigkeit erlangt habe. Dass ich Licht und Schatten gesehen habe, ist gut so. Ich persönlich fühle mich dadurch bereichert, habe davon profitiert. Nichtsdestoweniger kritisiere ich viele Abläufe, insbesondere solche, von denen das jeweilige Volk in einem Einsatzland nur bedingt einen Nutzen hat.

Ein Auslandseinsatz ist dem Familienleben in keiner Weise förderlich. Ich war dreimal hintereinander an Weihnachten und Neujahr nicht zu Hause. Das belastete die Familie zu Hause stärker, als es mich im Auslandseinsatz beeinträchtigt hat. Ich bin dort in einer großen Gemeinschaft. Wenn da nicht ein Weihnachtsbaum wäre und ich nicht wüsste, es ist Heiligabend, würde ich es gar nicht mitkriegen. Aber zu Hause bekommen sie es selbstverständlich mit, in allen Familien wird

Weihnachten gefeiert, und Frau und Kind haben mir sehr wohl gesagt: »Wir vermissen dich.« Daraus hab ich für mich die Konsequenzen gezogen. Auch wenn es mir gefallen hätte, weiterhin in Einsätze zu gehen, die Familie wollte ich dafür nicht aufs Spiel setzten.

April 2008

WIEDER ZU HAUSE, FÄLLT MAN IN EIN LOCH

Peter Scherzinger*

Vor dem Einsatz

In meiner Familie gab es keine tiefgründigen Diskussionen über den Einsatz. Sie wissen, dass ich bei der Bundeswehr bin, aber man muss ja nicht immer haarklein zu Hause erzählen, was man dort erlebt. Meine Familie hat ihre eigene Meinung zu den Einsätzen, aber grundsätzlich steht sie hinter mir. Meine Oma ist neunzig Jahre alt. Sie hat ihren Bruder im Krieg verloren, und auch mein Opa war im Krieg. Ihr kann ich davon gar nichts erzählen. Wir haben uns für sie eine Geschichte ausgedacht. Ich sage ihr zwar schon, dass ich im Rahmen der Bundeswehr im Ausland bin, aber eben nicht im Einsatz. Ich könnte ihr auf keinen Fall erzählen, dass ich in Afghanistan bin. Da hätte sie zu viel Angst.

Ich wurde 1980 geboren. Ich habe die Schule in meinem Geburtsort beendet und danach eine Lehre gemacht. Nach der Lehre bin ich zur Bundeswehr gekommen, wo ich die Laufbahn der Feldwebel eingeschlagen habe. Ich hatte eine gute Vorbereitung auf den Einsatz. Für den Spähwagen, mit dem

---

* Name geändert

ich arbeite, gab es mehrere Übungen. Das zog sich fast über ein halbes Jahr hin. Nach der Vorbereitung ging ich wieder zurück in meinen Zug. Meine Kameraden waren schon im Einsatz. Dieser dauerte schon zwei Monate an, als mein Chef mich zu sich rief und fragte: »Wie bald können Sie nach Afghanistan verlegen?« Es musste so schnell gehen wie möglich. In Mazar-i-Sharif war jemand ausgefallen. Ich hätte eigentlich innerhalb von drei Tagen dort sein müssen. Gut, man stellt sich darauf ein, wenn man in Reserve ist. Ich hatte nicht mehr die Zeit, noch mal nach Hause zu fahren; meine Heimatstadt, wo meine Familie wohnt, lag 500 Kilometer weit weg. Es wäre knapp geworden, sie noch mal zu sehen, obwohl mein Chef mir sicherlich noch eine Woche hätte einräumen können. Aber dann kam es vorerst anders. Ich musste doch nicht in den Einsatz.

In Koblenz ist das Zentrum Innere Führung, zuständig für die Vorbereitung auf den Einsatz. Dort kann man unter anderem auch Stressbewältigung lernen, allerdings sind diese Angebote freiwillig, ein kurzer Einblick, abends, für zwei, drei Stunden. Meditation. Ich habe nicht daran teilgenommen, das war nicht mein Ding. Es wurde aber auch viel darüber gesprochen, was alles passieren kann, wie man sich absichert, wie man mit den Daheimgebliebenen umgeht, wie man merkt, dass Kameraden Stress haben oder mit einer Situation nicht klarkommen, und wie man ihnen helfen kann – und so weiter. Es wurde auch über Patientenverfügungen gesprochen. Sehr interessant war eine Vorlesung von einem Herrn, der längere Zeit in Afghanistan war, Christoph R. Hörstel. Er hat auch ein Buch geschrieben, »Sprengsatz Afghanistan«. Er war unter Gulbuddin Hekmatyar in Afghanistan und hat unter anderem die Verbrechen der Russen dokumentiert. Er hat viel berichtet über Land und Leute, und auch über die Religion.

Wir wurden gut auf den Einsatz eingestimmt. Denke ich zumindest. Obwohl auch viele, die im Einsatz waren, der Meinung sind, dass es dann letzten Endes doch ganz anders läuft.

Einem Kameraden ging es nach dem Einsatz nicht so gut. Er war in Kabul. Der Arzt meinte, seine Symptome wären vielleicht auf den Stress zurückzuführen. Ich glaube schon, dass es mit dem Einsatz zusammenhing. Aber viele sprechen nicht darüber, zumindest nicht mit Kameraden, vielleicht eher in der Familie. Anscheinend möchte man seine Schwächen doch lieber verbergen.

Unsere Truppe, die nach Faisabad gehen wird, ist ein ziemlich gemischter Haufen. Einige waren bereits in mehreren Einsätzen – aber in Bosnien und im Kosovo –, und ungefähr die Hälfte war noch gar nicht im Einsatz. Es hängt vom Charakter ab, wie jeder sich nach außen hin gibt. Manche sagen: »Ist doch toll, ich kauf mir ein neues Auto, wenn ich wieder zu Hause bin« – oder so ähnlich. Andere wiederum gehen viel ernster an die Sache heran. Man muss ganz schön zurückstecken. Allein in puncto Privatsphäre: Vier Monate werde ich mit drei Mann in einem Container leben.

Ein befreundeter Kamerad sagte mir, er sei gut auf den Einsatz vorbereitet worden. Es gab aber, wie er erzählte, Engländer, Amerikaner oder auch Türken, die gar nicht vorbereitet wurden. Die gingen einfach so da hin. Das ist, wie man sich denken kann, ziemlich gefährlich. Wir machen nicht nur die von oben angeordneten Lehrgänge, sondern richten unseren gesamten Dienstplan auf diesen Einsatz aus. Bestimmte Übungen ziehen wir über ein halbes Jahr durch. Ein gewisser Unsicherheitsfaktor bleibt: Auf manches, was vor Ort dann passiert, kann man sich nicht vorbereiten. Anschläge zum Beispiel. So etwas passiert einfach, und man muss spontan auf diese spezielle Situation reagieren. In unserem Zug hatten wir darüber hinaus den Lehrgang »Politische Information«. Dort wurden wir über die Geschichte Afghanistans informiert, von den Sechzigerjahren bis heute. Mit dem Islam haben wir uns auch befasst. Nicht jeder muss den Islam verstehen, aber man muss doch zumindest wissen, wie man sich

den Muslimen gegenüber verhält, wann deren Feiertage sind
und so weiter.

Ich denke, man hat die Realität verdrängt. Wir können dieses Land, Afghanistan, mit unserer Anwesenheit nicht befrieden. Ein Vortragsgast, der einmal vor unserer Brigade gesprochen hat, meinte, der Konflikt sei eher ohne militärisches
Eingreifen zu lösen. Die Menschen in Afghanistan hätten
schlechte Erfahrungen mit dem Militär gemacht. Uns wird das
Ganze so verkauft, dass wir die Zivilisten dort beschützen. Es
werden Schulen und Straßen gebaut. Es gibt ISAF und die
Operation Enduring Freedom. ISAF ist mehr für den Aufbau
da, Enduring Freedom kämpft gegen Terroristen und den Drogenanbau. Aber davon halten wir uns fern. Ich möchte nicht
unbedingt etwas mit den Amerikanern zu tun haben. In unseren Gebieten sind sie Gott sei Dank sowieso nicht unterwegs.

Jeder, der in einen Einsatz geht, wird irgendwie Angst haben, glaube ich. Aber man darf keine Angst haben, muss in
jeder Situation, in jedem Augenblick richtig reagieren, entscheiden und handeln. Wie das dann in der Realität aussieht,
weiß ich nicht, da ich ja noch nicht im Einsatz war. Ich wünsche mir nicht gerade, dass dort Kampfeinsätze stattfinden.
Aber man kann nie wissen. Bislang gab es zum Glück keine
größeren Gefechte, eher Anschläge, kurze Schusswechsel –
und dann sind sie wieder weg.

Ich werde in Faisabad eingesetzt, im Nordosten Afghanistans. Das war früher die einzige Region, die von der westlichen Welt anerkannt war als das eigentliche Afghanistan, weil
dort kaum Taliban waren. Wenn allerdings Anschläge stattfinden, heißt das nicht, dass es immer die Taliban sind. Auch andere Bevölkerungsgruppen in diesem Land tun so etwas.

Man hört immer wieder Stimmen, die sagen, es sei das
Wichtigste, dass die NATO aus Afghanistan mit erhobenem
Haupt wieder herauskommt. Sonst wäre es der erste verlorene
Krieg der NATO. Aber so wie bisher kann man ihn auch nicht

gewinnen – schon gar nicht mit der Regierung in Kabul. Wir versuchen, das Land mit unseren westlichen Wertvorstellungen aufzubauen. Das wird nicht funktionieren, das nehmen die Leute dort nicht an. Und das ist ja auch gar nicht nötig. Sie können auch ihren eigenen Frieden machen, und der muss nicht so aussehen, wie wir uns das vorstellen. Schwierig wird es trotzdem. Die Menschen dort sind sehr leicht beeinflussbar, sowohl von unserer Seite als auch von den Taliban. Seit die Russen in das Land einmarschiert sind, gibt es kein vernünftiges Bildungssystem mehr. Somit sind sie manipulierbar, für jede Seite. Das ist das Gefährliche. Aber was für Lehrer sollen dort unterrichten? Wo sollen die herkommen?

Mein Aufgabenbereich in Afghanistan werden die Flugfeldüberwachung und das Patrouillieren im Bereich Faisabad sein, also Bewegungen beobachten und auf Verdächtiges achten, insbesondere in der Nacht.

Ein Problem ist wohl der Briefverkehr mit den Leuten zu Hause. Ein Brief von Deutschland nach Afghanistan braucht, wie ich gehört habe, eine Woche, was ja relativ schnell ist, aber ein Brief nach Hause … Da in Faisabad die Flugzeuge nicht so oft fliegen wie in Kabul oder Mazar-i-Sharif, kann es bis zu einem Monat dauern, dass unsere Post rauskommt, weil sie natürlich eher Soldaten mitnehmen als Tonnen von Briefen. Aber man kann mit dem Handy telefonieren. Dafür bekommen wir extra eine Karte, die in Afghanistan freigeschaltet wird. Und mit dieser Karte kann man dann auch ins Internet gehen, soweit vorhanden.

Zur Vorbereitung machen wir unter anderem jeden Tag Sport, außerdem trainieren wir einmal die Woche in Uniform, mit Splitterschutzweste. Man muss fit sein, denke ich, dann ist vielleicht die psychische Belastung auch nicht so groß. Ich werde vier bis viereinhalb Monate dort unten sein. Das kann sich manchmal hinziehen, durch den Kontingentwechsel. Wenn man dann wieder zurück zu Hause ist, nimmt man für gewöhnlich seinen Urlaub. Man bekommt für den Einsatz auch ein bisschen Sonderurlaub. Ich glaube, so eine Auszeit ist ganz wichtig. Man muss erst einmal abschalten, keinen von den Kameraden sehen.

Bei uns im Zug ist auch eine Frau. Sie wird bald Feldwebel. Und sie macht ihre Sache wirklich sehr gut, auch auf den Übungsplätzen. Sie hat was drauf. Frauen müssen im Prinzip die gleichen Übungen machen wie die Männer, nur eben nicht ganz so hart. Obwohl ich auch schon Frauen gesehen habe, die sämtliche Männer abgehängt haben. Im Einsatz ist die grundsätzliche Situation natürlich eine andere. Vier Monate fast nur unter Männern stelle ich mir schwierig vor für eine Frau. Und dann läuft sie da vielleicht auch mal leicht bekleidet rum – ich glaube, das könnte schon ein Problem werden. Man darf sich als Frau in der Bundeswehr nicht unterbuttern lassen und sollte einen starken Charakter haben.

Die Umstrukturierung der Bundeswehr sehe ich als Weiterentwicklung an. Gut, ältere Soldaten finden das alte System ganz toll, sie meinen, früher sei alles besser gewesen. Aber nur in der Kaserne sitzen und darauf warten, dass der Feind kommt, und dann Maske auf und los …? Jetzt hat man einen konkreten Auftrag.

Nach dem Einsatz

Von Ende Juni bis November war ich in Afghanistan, 17. Einsatzkontingent in Faisabad, vier Monate. Der nächste Einsatz unserer Truppe wird 2011 sein und soll sechs Monate dauern. Die Bundeswehr kann es nicht mehr anders bewerkstelligen. Kameraden aus dem Feldnachrichtenzug gehen für ein ganzes Jahr. Sie teilen sich das auf, erst gehen die einen für sechs Monate, danach die anderen, dann wieder die erste Besetzung. Es fehlt einfach an Personal.

Wir kamen mitten in der Nacht an. Gegen 24 Uhr waren wir in Usbekistan. Dort haben wir fast einen Schlag gekriegt, als wir aus dem Flugzeug gestiegen sind. Es war ziemlich heiß. Dann sind wir direkt nach Mazar-i-Sharif geflogen und haben in einer Wartehalle die Nacht verbracht, weil es keine Zelte gab, in denen man hätte schlafen können. Am nächsten Tag waren wir übermüdet und richtig fertig. Um die Mittagszeit sind wir in unser Einsatzgebiet nach Faisabad weitergeflogen. Da hat man schon gemerkt, dass einigen speiübel war. Im Flugzeug wurden jede Menge Tüten ausgeteilt. Wir sahen alle nicht besonders gut aus. Bei mir ging es einigermaßen. Ich hatte nur Ohrenschmerzen vom Fliegen und war einfach nur müde.

Wir waren in ziemlich kleinen Containern untergebracht. Ich war mit zwei weiteren Kameraden dort einquartiert, und es war extrem eng. Drei Mann konnten in diesem Container gar nicht gleichzeitig herumlaufen, wir mussten uns abwechseln. Einer lag auf dem Bett, der andere konnte sich bewegen, so in etwa. Es gab eine Klimaanlage, ansonsten hatten wir uns auf Luxus auch gar nicht eingestellt. Wir kamen ganz gut klar mit der Unterkunft. Allerdings mussten wir auf jegliche Privatsphäre verzichten. Faisabad ist ein kleines Lager, Rückzugsmöglichkeiten gab es da nicht. Wir hatten für unseren Zug einen abgesperrten Bereich, nicht gerade groß, in dem es auch einen Pool gab. Das war gut, um sich mal abzukühlen, aber oft genutzt haben wir ihn trotzdem nicht. An die Hitze hatten wir uns irgendwann gewöhnt.

Tagsüber waren wir im Lager oder haben kleinere Aufträge ausgeführt, zum Beispiel die Absicherung des Flugplatzes – oder besser: des »Flugackers«. Nachts waren wir überwiegend draußen, haben beobachtet und das Lager bewacht. In der Zeit, als ich dort war, gab es zwei Raketenangriffe. Einen haben wir selbst mit angesehen. Wir standen gerade auf einem Beobachtungspunkt. Etwa 1000 Meter von uns entfernt sahen wir rechts von uns sechs Mann, die einen Berg hinaufstiegen. Wie die sich bewegt haben – das sah sehr militärisch aus. Sie gingen also auf den Berg und positionierten sich dort. Und dann haben wir Feuer gesehen. Drei Raketen flogen in Richtung Lager. Im Lager sind sie Gott sei Dank nicht eingeschlagen; wo die runtergekommen sind, weiß keiner. Manchmal beschießen sie sich auch gegenseitig, ein Dorf das andere.

Es gab eine weitere Situation, bei der wir unmittelbar dabei waren, aber nicht eingreifen konnten, weil unsere Gegner überlegen waren. Ich glaube, es waren vier, fünf Mann. Sie hatten Panzerabwehrwaffen dabei, mit denen sie einen Antennenstützpunkt angegriffen haben. Ihre Waffen hatten sie dort schon vorher in einem Feld vergraben. Wir haben gesehen, wie sie auf das Feld gingen und anfingen zu buddeln. Zuerst fragten wir uns, was die da machten, zumal die Bauern diese Felder ja bewirtschaften, auch nachts. Irgendwann beachteten wir sie nicht mehr. Dann hat es auf einmal geknallt. Die haben 400 Meter hinter uns mit Panzerabwehrwaffen ein Feuergefecht eröffnet. Das Antennenhäuschen haben sogenannte afghanische Guards bewacht. In Afghanistan gibt es in den verschiedenen Gebieten jeweils Warlords, die diese Wachen abstellen: für das Lager, für den äußeren Ring und für die Antennenhäuschen. Wir konnten überhaupt nicht eingreifen, weil wir auf einem Hügel standen und uns nicht hätten zurückziehen, geschweige denn richtig treffen können. Umgekehrt hätten die uns mit ihren Waffen problemlos erreicht.

Vor Ort war ich mit dem Dingo unterwegs. Eigentlich bin ich für den Fennek ausgebildet, da kenne ich mich aus. Da hat man sehr gute Beobachtungsmöglichkeiten. Im Dingo konnte ich nichts sehen. Das war für mich am Anfang wie ein Schock. Ich konnte gar nicht handeln. Ich stand mit dem Rücken zum Geschehen, und nur mein Spähtruppführer, der auf einem Fennek saß, konnte alles beobachten. Er hat mir weitergemeldet, was um uns herum passierte. Ich wäre in der Situation absolut unfähig gewesen zu reagieren, eben weil ich nichts sehen konnte. Auch mein Systembediener, der hinten im Dingo saß, konnte mit seiner Nachtsichtoptik praktisch nichts aufklären.

Wir hörten es nur knallen und sahen die Abschussblitze. Als sie auswichen, bekamen wir den Auftrag, hinterherzufahren und Fühlung zu halten. Wir standen ständig im Funkkontakt zu unserer Leitstelle, der OPZ, und mussten uns in regelmäßigen Abständen bei ihnen melden. Die koordinieren alles, beispielsweise auch Verstärkungskräfte. Von ihnen erhielten wir, wie gesagt, den Auftrag, hinterherzufahren, sobald die Angreifer auswichen. Die hatten irgendwann ihre Munition verschossen und verzogen sich. Wir hinterher. Ich hatte eine Nachtsichtbrille auf, aber trotzdem hatten mein Fahrer und ich nur eine Sichtweite von maximal 50 Metern.

In Afghanistan sieht man in der Nacht die Hand vor Augen nicht, so dunkel ist es dort. Mein Spähtruppführer, der mit seinem Fennek voreweg gefahren ist, hatte eine Sichtweite von bis zu 1000 Metern und konnte die Angreifer beobachten. Wir aber nicht. Wir standen auf einer Anhöhe und konnten nicht weiter folgen, weil wir nicht hätten ausweichen können. Außerdem weiß man nie, ob sie nicht vielleicht mit der Verfolgung rechnen und eine Sprengfalle in den Weg legen. Dann kam Verstärkung aus dem Lager. Die sind zu diesen Guards hin, von denen einer leicht verletzt war. Aber was genau passiert war, weiß ich nicht. Wir haben Funkverbindung aufgenommen. Die Verstärkung kehrte wieder zum Lager zurück, und wir sollten noch eine Weile da draußen bleiben. Ungefähr eine Stunde später kamen dann die Schäfer wieder auf den Berg.

Sonst waren fast immer Leute zu sehen. Wenn man dort niemanden gesehen hat, konnte man mit ziemlicher Sicherheit davon ausgehen, dass es knallen würde. Auf einmal kam ein Mann mit seiner Ziegenherde vorbei, den habe ich erst 50 Meter vor unserem Fahrzeug entdeckt. Man befindet sich ja unter Anspannung, und plötzlich stand er mit seinen Ziegen direkt vor unserem Auto. Ich bin echt erschrocken. Man weiß ja nie, was sie vorhaben. Der Mann ist dann aber weitergezogen. Nach einer, eineinhalb Stunden, in denen wir ihn noch beobachten konnten, sind wir ins Lager zurückgekehrt. Die von der OPZ haben uns erst mal in Ruhe gelassen. Wir bekamen den Auftrag, uns am nächsten Morgen bei ihnen zu melden. Da fand dann auch die Auswertung der Vorgehensweise statt. Wir wurden zu der Situation befragt, es gab im Anschluss auch Gespräche mit der Psychologin.

Gerade für meine Besatzung war es schwer, weil wir wirklich nicht die optimalen Möglichkeiten hatten, zu beobachten. Die ganze Zeit über quälte uns das Gefühl, nicht angemessen reagieren zu können, nicht wirklich zu wissen, was gerade läuft. Das Schlimme war, dass es nur einen Weg gab, um von den Bergen wieder runterzukommen. Das wissen die Leute dort natürlich auch ganz genau. Und wenn die dann irgendwas da hinpacken … In der Vorausbildung haben sie einem immer gesagt, man solle keine Gewohnheiten einkehren lassen, die Wege ständig wechseln. Aber das war gar nicht realisierbar.

Das Gefühl, dass etwas Unvorhersehbares passieren könnte, war ständig da, sobald man das Lager verlassen hat, vor allem nachts. In der Vorausbildung bringen sie einem bei, dass man besonders bei Stein- oder Müllhaufen aufpassen muss, da könnte ein Sprengsatz drunter sein. Aber die ganze Straße ist voll von Steinhaufen oder Müllbergen. Man kann nicht an jeder verdächtigen Stelle anhalten und großartig Untersuchungen durchführen.

Nachdem wir ungefähr in der Mitte des Einsatzes diese beiden Vorfälle hatten, stieg die Wachsamkeit noch einmal rapide an. Wir haben diese Anspannung fast über den ganzen Einsatz vollständig gehalten. Mir und meiner Besatzung ging es jedenfalls so. Routine ist bei uns nicht eingekehrt.

Wenn man dann wieder zu Hause ist, fällt man in ein Loch. In den ersten vier Wochen waren da diese ganzen Alltagsprobleme; Versicherungen, irgendwas mit der Wohnung, Ereignisse in der Familie – all das hatte da unten nie eine Rolle gespielt. Man musste sich erst wieder daran gewöhnen, dass das jetzt die Probleme sind, die das Leben diktieren. Diese absolute Anspannung, unter der man im Einsatz ständig stand, die Anspannung, dass es um das Leben der Kameraden oder um das eigene Leben geht, die war weg. Die alltäglichen Probleme wieder in den Vordergrund zu stellen und die Erlebnisse aus dem Einsatzgebiet hinter sich zu lassen, das ist erst mal schwer.

Mit der Zivilbevölkerung in Afghanistan hatten wir kaum Kontakt. Wir hatten nicht den Auftrag, zu ihnen zu gehen und ihnen zu helfen, wir waren für die Lager- und Flugplatzsicherung da. Wir haben höchstens ab und zu mal Kinder auf dem Flugplatz angetroffen, die Bonbons oder etwas zu trinken wollten. Oder am Schießübungsplatz. Da kamen die Kinder nach dem Schießen hin, um Hülsen zu sammeln. Wir haben ihnen einmal etwas gegeben, aber das stellte sich als Fehler heraus, weil die Kinder daraufhin aufdringlich wurden. Man hat ja nicht immer etwas dabei. Mit der Zeit wurde es auch etwas nervig, weil sie einen vom eigentlichen Auftrag zu sehr abhielten. Man muss immer die Umgebung im Blickfeld behalten. Auch wenn es schwerfällt: Man ist gezwungen, die Kinder abzuweisen. Und man kann ihnen ja wirklich nicht helfen, ihr Leben wird nicht besser dadurch, dass man ihnen einen Schokoriegel gibt. Ein gewisses Misstrauen gegenüber der Bevölkerung war von unserer Seite aus ständig da. Man weiß nie, was die Leute im Moment gerade bewegt, vor allem diese Selbstmordattentäter. Man kann denen ja nicht unter den Kittel gucken. Man sieht es ihnen nicht an.

Bei verschiedenen Übungen kamen wir hin und wieder mit der afghanischen Polizei in Kontakt und auch mit der afghanischen Armee, die gleich neben uns ein Lager hatte. Aber wir sind uns nicht nähergekommen. Es gibt deutsche Einheiten wie die Feldjäger, die dafür zuständig sind, die afghanische Polizei auszubilden. Und es gibt bestimmte Einheiten, die speziell mit der afghanischen Armee Ausbildungen machen. Das läuft auch ganz gut, soweit ich gehört habe.

Ich habe durch den Einsatz an Erfahrungen gewonnen, aber inwieweit diese für mein Leben notwendig sind, kann ich nicht sagen. Vielleicht wird sich das erst in Zukunft in verschiedenen Lebenssituationen herausstellen, in denen ich dann vielleicht anders handeln werde, als wenn ich nicht dort gewesen wäre. Ich glaube allerdings nicht, dass ich mich groß verändert habe. Oder ich kehre es nicht so nach außen.

Meine Mutter hatte Angst, als ich in den Einsatz musste. Sie hat gesagt:»Das ist deine Sache«, aber das war wohl nur so eine Schutzbehauptung. Doch als ich zurückkam und meine Mutter wiedersah, habe ich wohl bemerkt, dass sie ganz schön gealtert war. Da ahnte ich, wie schwer es ihr gefallen war, mich in den Einsatz gehen zu lassen. In Briefen oder am Telefon habe ich es nie erwähnt, wenn etwas vorgefallen war. Sie hat nichts erfahren, bis sie während meines Einsatzes im Familienbetreuungszentrum in Berlin war. Dort haben sie über die ganzen Vorfälle berichtet, haben auch erzählt, wer darin involviert war. Nun wusste meine Mutter natürlich Bescheid. Ab da ging es ihr erst richtig mies. Ich hatte immer versucht, das von ihr fernzuhalten. Ich fand es nicht richtig, dass sie über das alles aufgeklärt wurde. Die Familienbetreuungszentren machen ihre Arbeit eigentlich recht gut, aber gewisse Informationen an die Familie weiterzugeben, das sollte man schon den Soldaten selbst überlassen.

Aber auf der anderen Seite denke ich auch, dass die Bevölkerung doch ständig über den Einsatz informiert werden sollte, beispielsweise wie damals, als die Kanzlerin in Kunduz war und es einen Raketenanschlag gab. Der erfolgte nicht wegen des Besuchs der Kanzlerin, so etwas ist dort beinah an der Tagesordnung. Gerade in diesem Lager. Kameraden aus Kunduz haben uns davon erzählt; die hatten fast das Zehnfache an Angriffen wie wir.

Vor dem Einsatz war ich dafür zuständig, Geschichtliches über den Islam und Afghanistan auszuarbeiten und dieses Wissen dem Zug zu vermitteln, also kulturelle Aufklärung zu betreiben. Einfühlen in diese Welt konnte ich mich allerdings nicht. Ich glaube, die Unterschiede zwischen den Kulturen sind doch zu groß. Zum Beispiel, dass Frauen immer unter einer Burka herumlaufen müssen. Ich fand es immer etwas gespenstisch, wenn sie mir gegenüberstanden. Man darf Frauen dort auch nicht ansehen. Soweit ich weiß, darf man sich bei der Begrüßung nur die linke Hand geben und so weiter. Auf mich machte das einen zwanghaften Eindruck. Für mich war alles zu fremd, um mich da irgendwie reinzudenken. Ob man sich nun mit ihnen identifizieren kann oder nicht, spielt letztendlich aber keine Rolle. Das sind auch nur Menschen, die es verdient haben, in Frieden zu leben. Medizinisch wurde ihnen auf jeden Fall gut geholfen, zumindest dort, wo wir waren. Zweimal in der Woche gab es von unserem Sanitätsbereich eine Sprechstunde für Zivilisten. Sie haben so manchem von ihnen das Leben gerettet. Auch in das nahe gelegene Krankenhaus sind Ärzte von uns gefahren, um dort Sprechstunde abzuhalten.

Zwei, drei Monate nach dem Einsatz gab es eine psychologische Betreuung. Wir sind für drei Tage ins Sauerland gefahren, in ein Hotel, in Zivil. Dort fanden Gruppengespräche statt. Es waren die gleichen Gruppen, die auch im Einsatz zusammen waren. Man hat sich alles noch einmal in Erinnerung gerufen. Am Abend hatten wir dann die Möglichkeit, zu entspannen und auch den Wellnessbereich zu nutzen. – Ob das geholfen hat? Für mich kann ich das eher nicht behaupten. Mir waren die Gespräche mit den Kameraden im Einsatz

wichtiger. Sie haben mir mehr gebracht als dieses Nachbereitungsseminar, denke ich.

Meiner Oma habe ich gesagt, ich bin in Norwegen. Ich habe
ihr Briefe geschrieben, die ich meinem Vater mit ins Couvert
legte. Er hat sie ihr dann immer gegeben. Ich habe ihr geschrieben, wie es mir geht und dass alles in Ordnung ist. Sie
hätte die Wahrheit nicht verkraftet. Sie hat es nie erfahren. Ihr
Bruder ist im Krieg gefallen, vor Stalingrad. Ihr Mann war
auch im Krieg. Das hätte sie nicht verstanden. Sie hat immer
zu mir gesagt: »Lass dich nie irgendwohin schicken.« In den
Briefen schrieb ich ihr, dass wir den Fennek bekommen und
Teile der norwegischen Armee daran ausbilden. Das war natürlich vollkommen aus der Luft gegriffen, aber so habe ich es
ihr geschrieben.

Unser Auftrag war, unser Lager und unsere Leute zu schützen, und das war absolut sinnvoll. Ob man den Menschen in
Afghanistan mit unserem militärischen Auftrag im Großen
und Ganzen helfen kann, kann ich nicht beurteilen. Dazu
habe ich nicht genügend Informationen. Doch eines weiß ich:
Ich möchte nicht wieder in einen Einsatz, weil ich weiß, dass
das total gefährlich ist. Das möchte ich meiner Familie nicht
noch einmal antun.

Juli 2009

MICH HABEN DIE EINSÄTZE VERÄNDERT

Jan Krahmann

Mich haben die Einsätze auf jeden Fall verändert. Ich stelle fest, dass die Bundeswehr inzwischen eine Zwei-Klassen-Armee geworden ist. Da sind die Soldaten, die im Einsatz waren, und jene, die es noch nicht waren.

Dieses Phänomen gibt es im Heer, aber auch bei der Luftwaffe – dass manche meinen, ich bin der starke Kerl, ich bin der Gruppenführer in der Grundausbildung, und wo ich bin, da ist vorne. Im Einsatz haben wir festgestellt, dass das so nicht geht. Wenn ich vierundzwanzig Stunden Dienst mache und eigentlich immer ansprechbar bin, in den gleichen Duschcontainer wie mein Gefreiter gehe, dann bin ich eben auch persönlich präsent, angreifbar, hab Launen, bin mal nicht so gut drauf und so weiter.

Ich glaube, seit den Einsätzen ist die Bundeswehr authentischer. Das Betriebsklima hat sich positiv verändert, wir gehen heute sehr viel partnerschaftlicher und ehrlicher miteinander um. Früher war mehr Show, es wurde mehr gespielt. Aber es gibt auch einige, bei denen die Einsätze überhaupt nichts bewirkt haben. Darin liegt ein echtes Konfliktpotenzial. Ein Beispiel: Wenn einer im Unterricht sagt: »Die Powerpoint-Folie ist nicht gelungen«, dann könnte ich explodieren. »Wie bitte? Die

Folie war nicht gut? – Mann, Ihre Entscheidung hat dazu geführt, dass soundso viele Soldaten ums Leben gekommen
sind.« Da erkennt man schon, wer im Einsatz war und wer
noch nicht. Ich kann es nicht ernst nehmen, dass eine Folie
kritisiert wird, wenn es um so schwerwiegende Themen geht.
Das sind einfach unterschiedliche Erfahrungswerte. Es ist immer schlimm, wenn ein Mensch ums Leben kommt. Was nicht
heißt, dass ich es nicht einsetze, mein Leben. Dafür bin ich ja
Soldat: Leben geben, Leben nehmen, also in einer Extremsituation auch bereit sein, sein Leben einzusetzen.

Ich wurde 1974 geboren und komme aus dem bayrischen
Teil des Rhönlands, Unterfranken. Der Berufswunsch war
schon immer vorhanden: Ich wollte auf jeden Fall Soldat werden. Die Offizierslaufbahn hat sich dann mit der Zeit so ergeben. Familiär bin ich in dieser Richtung allerdings nicht vor-
belastet. Mein Vater war daher auch nicht so begeistert von
meiner Berufswahl. Die Versöhnung kam erst zwölf Jahre später, 2006, interessanterweise kurz bevor ich auf den Generalstabslehrgang gegangen bin. Heute kann er gut mit meinem
Beruf leben.

Im August 1993 war ich bei der Offizierbewerberprüfzent-
rale. Ich bin mit dem Ziel Berufssoldat dort eingestellt worden.
Die Offiziersausbildung fand in Fürstenfeldbruck statt. Mein
Gruppenführer-Praktikum habe ich in den Niederlanden absolviert, meine Zugführerverwendung in Husum, dann kam
das Studium, Staatswissenschaften in München ab 1995, und
ab 1999 war ich in Mosbach im Odenwald als Transport-Zug-
führer in der Luftwaffenkraftfahrzeugtransportstaffel 41 stationiert. Mit Angehörigen dieses Verbandes ging es 2000 in den
Einsatz. Ich bin aufgrund der Gegebenheiten bei den Einsätzen allerdings nie wirklich in der Luftwaffe verwendet worden, sondern habe eher Tätigkeiten wahrgenommen, die auch
im Heer oder in der Marine existieren. Auch da gibt es ja Trans-
portverbände.

1999 habe ich einen relativ großen Zug, bestehend aus ungefähr 50 Soldaten, bekommen, mit denen ich dann auch im Einsatz war. Danach wurde ich Staffelchef und dann Bataillonskommandeur. Ich war also mit dreißig Jahren schon auf Disziplinarebene zwei, was eigentlich sehr jung ist. 2006 ging es dann auf den Generalstabslehrgang – mein absoluter Traum, genau das, was ich mir vorgestellt hatte.

Von Mai bis Dezember 2000 war ich im Einsatz. Wir waren in Tetovo, Mazedonien. Zwischenzeitlich waren wir auch in Prizren, weil wir dort einen Sicherungszug gestellt haben. Wir haben also Tätigkeiten übernommen, die eigentlich Aufgaben der Infanterie sind. Fachlich waren wir bestens vorbereitet.

Die ganze Situation in Tetovo war zu jener Zeit emotional sehr aufgeladen. Wir glaubten an das, was wir taten. Ich war damals fünfundzwanzig Jahre alt. Wir waren von der Qualität unserer Ausbildung absolut überzeugt, fühlten uns kompetent und wollten den Einsatz auch. Es war auch und gerade für die Jüngeren – die Mehrzahl der Kameraden war um die zwanzig Jahre alt – ein Abenteuer. Tetovo selbst ist überwiegend albanisch. Die Bevölkerung war daher der KFOR gegenüber freundlich eingestellt, was in Mazedonien nicht unbedingt der Fall war und in Griechenland überhaupt nicht. Wenn wir in Thessaloniki Hafenentladungen durchgeführt haben, konnten wir das nur unter Polizeischutz. Wir haben uns immer erst im Konvoi aufgestellt, und die Polizei musste den Weg für uns frei machen, damit wir in den Hafen von Thessaloniki einfahren konnten. Die Menschen waren der Ansicht, ihre Regierung sei erpresst worden. Die Stimmung dort war äußerst negativ. Deshalb wäre es in Griechenland damals undenkbar gewesen, in Uniform rauszugehen. Vielleicht lag es auch daran, dass die Regierung ein bisschen blockiert hat. Wir haben teilweise zwölf bis achtzehn Stunden im Niemandsland gewartet, ohne Grund, einfach nur, weil die Griechen uns nicht reingelassen haben, den Grenzübertritt immer wieder hinausgezögert haben; da mussten plötzlich Papiere noch mal geprüft werden, Bakschisch war ein Thema. Der Grundsatz der Deutschen war eigentlich: Kein Schmiergeld. Das war nicht so gern gesehen bei der Bundeswehr. Aber unüblich war es dort wohl nicht. Mit den Amerikanern lief das anders, die kamen immer schnell durch, sind aber auch ganz eindeutig als Besatzer aufgetreten, auch in Griechenland.

Die Zeit in Tetovo war interessant. Zum einen war die Stimmung gegenüber der KFOR positiv, und zwar durch den hohen albanischen Bevölkerungsanteil. Was die Leute damals nicht sehen wollten, was aber jeder sehen konnte, also auch die vorgesetzten Stellen: dass die Spannungen, die sich 2001 in Mazedonien entladen haben, schon 2000 vorhanden waren. Genau so habe ich das in meinen Erfahrungsberichten an die eigene Staffel zu Hause auch geschrieben. Das waren die Fakten, die man nach oben gemeldet hat. Man erlebt es ja auch auf den Straßen. Die Kraftfahrer gaben uns ein Feedback, wir selbst waren draußen vor Ort, man bekommt mit, was da passiert. Jede Nacht waren irgendwo Schießereien, kleine Scharmützel. 2001 musste das deutsche Feldlager dann auch sehr schnell geräumt werden.

Die Stimmung war unglaublich angespannt. Ich bin der festen Überzeugung: Wer Augen hatte, zu sehen, der hat es gesehen. Die Anweisung, dass in den Berichten auf keinen Fall drinstehen durfte, wie dort die Stimmung war, kam von oben, vor allem vom Außenministerium, von der deutschen Botschaft. Das war aber andererseits ein Problem. Aufgrund der Sicherheitslage musste ich genau darstellen, was da vor sich ging, um meine Soldaten zu schützen. Ich musste doch melden, was in meinem Einsatzgebiet los ist. Mazedonien wurde von der Bundesregierung ausdrücklich als sicheres Drittland eingestuft. So sollte es offiziell lauten – dabei hatte Mazedonien eine noch sehr junge Regierung, der Kosovo grenzt an, und Griechenland will bis heute nicht, dass Mazedonien diesen Landesnamen trägt. Das war also alles noch nicht sicher.

Von ungefähr 200 Einsatztagen war ich 160, 170 Tage außerhalb des Lagers unterwegs. Wir waren ja ein Transportzug, also waren wir eben auch draußen. Was das Bombardement von 1999 angeht, so habe ich über manche Dinge damals wenig nachgedacht. Ist das ein durch kein UN-Mandat gedeckter Angriffskrieg? Wir haben die schrecklichen Bilder gesehen, wir wollten helfen, hatten zu dem Zeitpunkt ein UN-Mandat – der Bodeneinsatz war legitimiert durch den UN-Sicherheitsrat.

Im ersten Einsatz waren wir noch völlig euphorisch. Die Konstellation in meinem Zug war sehr gut. 1996 hatte man die Luftwaffe umgegliedert, und so konnten ab 1997 viele Zeitsoldaten für vier Jahre gewonnen werden. Dadurch waren nun etliche schon im dritten oder vierten Dienstjahr. Uns standen also erfahrene Kraftfahrer zur Verfügung. Viele von ihnen kannten sich schon lange, waren gemeinsam in den USA und auch in Norwegen bei einer großen NATO-Übung gewesen. Das wirkte sich auf jeden Fall sehr positiv aus, auf das Können und auch auf das Miteinander.

Unmittelbaren Umgang mit der Zivilbevölkerung hatten wir durch die CIMIC-Aktion der Kompanie. Wir betreuten in Mazedonien ein Patendorf. Dort haben wir Toiletten für die Schule gebaut und einen Zaun errichtet. Die Schule befand sich oben auf einem hohen Berg und hatte einen Sportplatz. Da gab es oft Probleme, wenn der Ball ein Stück zu weit geschossen wurde; dann mussten die Kinder jedes Mal ziemlich weit runter, um ihn wiederzuholen. Der unmittelbare Kontakt war sehr herzlich, sehr schön. Man wurde freundschaftlich aufgenommen und auch schon mal zu einer Feier eingeladen. Es ist allerdings ein ganz anderes Gesellschaftssystem, die gesellschaftlichen Strukturen sind beinah mittelalterlich.

2004 war ich direkt in Skopje stationiert. Da hatte ich schon weitaus eher den Eindruck einer europäischen Hauptstadt. Man spürte, dass vielleicht auch schon ein gewisser Abstand zu den Ereignissen bestand. Die Unabhängigkeit war etabliert, internationale Organisationen waren vor Ort, vor allem aber auch Botschaftspersonal. In den Dörfern ist es ganz anders. Feiern tun da beispielsweise nur die Männer; die Frauen kommen in eine Art Kuhstall, der wird abgeschlossen, und dann hält einer davor Wache. Wirklich abenteuerlich. Das kannten wir so natürlich nicht. In Skopje ist das selbstverständlich ganz anders. Da gab es auch viele Frauen, die studiert hatten. Das war eine ganz andere Welt.

Ich war sechseinhalb Monate im Einsatz, zwischendurch hatte ich zwei Wochen Urlaub. Den Urlaub habe ich in Griechenland verbracht, zusammen mit meiner Freundin. Das war für uns persönlich sehr gut, ich glaube, Urlaub zu Hause wäre problematisch gewesen. Wieder zurück nach Deutschland, jedem erzählen, wie es dort ist, was da los ist im Einsatz, warum man wieder hingeht – das wollte ich nur ein einziges Mal erklären, und zwar erst nach dem Einsatz. Aber es gab auch Soldaten, die sich nach Deutschland zurücksehnten. Ich hatte einen Oberfeldwebel aus dem Odenwald dabei, der sehr heimatverbunden war. Er hatte großes Heimweh. Für ihn war es unglaublich wichtig, zwischendurch nach Hause zu kommen. Einige Soldaten haben während der Einsätze ganz schön gelitten. Es gab einen Selbstmord.

Ich hatte den Eindruck, dass nach vier Monaten bei vielen die Motivation gegen null ging. Zwischen dem vierten und dem fünften Monat war es für einige sehr hart. Ich selbst habe das nicht so empfunden. Für mich verging der Einsatz wahnsinnig schnell. Das hat sicherlich auch damit zu tun, dass wir zu Beginn des vierten Monats für sechs Wochen einen Sicherungszug zum Schutz der ersten freien Wahlen im Kosovo gestellt haben. Das hieß: eine ganz neue Aufgabe, ganz neue

Fahrzeuge. Wir wurden in Prizren stationiert, also auch wieder ein neuer Ort. Aber das Heimweh ist nicht zu unterschätzen. Davor ist man nicht gefeit.

Damals bin ich runtergegangen in die konfliktgeladene Region, um den Menschen zu helfen – Hilfe zur Selbsthilfe zu leisten. Wir fanden eine geschundene Bevölkerung vor. Es sind Dinge passiert, die nicht richtig waren. Für uns waren damals eindeutig die Serben die Schuldigen. Als wir ankamen, waren ja nur noch Albaner vor Ort, daher waren die Informationen, die wir erhielten, sehr stark durch die albanische Sichtweise geprägt. Wir hatten den Auftrag, absolut unparteiisch zu sein. Das ist einer der Grundsätze bei UN- oder NATO-Einsätzen. Da uns allerdings deutlich mehr Sympathie von den Albanern entgegengebracht wurde, hat das unsere Meinung beeinflusst. Von serbischer Seite gab es kein solches Entgegenkommen.

Heute sehe ich das wesentlich differenzierter, vor allem nach dem Einsatz von 2004. Ich habe inzwischen mehr Abstand, einmal aufgrund meiner Erfahrungen und dann auch, weil ich 2004 als höchster deutscher Repräsentant in Mazedonien in Vertretung des nationalen Befehlshabers eingesetzt war. Dadurch hatte ich viel mit der Friedrich-Ebert-Stiftung, der Konrad-Adenauer-Stiftung, mit dem Militär-Attaché, der deutschen und amerikanischen Botschaft sowie internationalen Organisationen und NGOs zu tun. Dadurch bekommt man entschieden mehr Informationen. Da wurde mir bewusst, dass auch die Albaner Dreck am Stecken haben. Beide Seiten haben sich schuldig gemacht und stehen sich in nichts nach. Die Serben sind brutal, die Albaner aber auch. Gewalt ist allgegenwärtig, insbesondere gegenüber Frauen. Das habe ich vor allem in Prizren erlebt.

Die Beziehung zu meiner Freundin hat während des Einsatzes nicht gelitten. Sie meinte zwar, dass manche Nächte, in denen sie wach lag, für sie quälend lang waren, aber ich glaube, dass uns der Einsatz enger zusammengebracht hat und unserer Beziehung sogar förderlich war. Wir hatten einen viel intensiveren Austausch dadurch, dass wir uns ständig geschrieben haben. Es war eine starke Verbundenheit da. Vielleicht, weil man täglich Not, Armut, Elend und auch Tod vor Augen hatte; durch meine Briefe hatte meine Freundin die ganze Zeit Anteil daran. Leider Gottes sind auch einige Soldaten im Einsatz geblieben. Insbesondere im ersten Kontingent haben wir mehrere Soldaten verloren, durch Autounfälle, Brand oder Suizid.

Vor dem deutschen Hauptquartier in Prizren ist für die Soldaten, die im Einsatz ihr Leben gelassen haben, ein Gedenkstein aufgestellt. Zweimal wurden Tafeln mit neuen Namen hinzugefügt. Ich habe so manche Bilder auch heute noch vor Augen. Nicht traumatisierend, aber prägend: Wie möchte ich in Zukunft mit Menschen umgehen? Was ist wirklich wichtig im Leben?

Wenn man einen Einsatz mitgemacht hat, lebt man meinen Erfahrungen nach intensiver als vorher aufgrund dessen, was man dort erlebt hat. Vor allem die Endlichkeit des Seins wird einem unwiderruflich vor Augen geführt. Die Menschen, die in den Kriegsgebieten ihr Leben oder ihr Hab und Gut verloren haben, sind einem gegenwärtig, und es wird deutlich, wie schnell alles vorbei sein kann: Träume, Hoffnungen, Wünsche, körperliche und seelische Unversehrtheit – das Leben selbst.

In beiden Einsätzen habe ich die Militärseelsorger als unglaublich hilfreich und aktiv erlebt. Sie waren äußerst integer und engagiert. Im ersten Einsatz kam der Militärpfarrer zu jedem Soldaten, der Geburtstag hatte, und das Regiment hatte mit Sicherheit weit mehr als 1000 Soldaten. Die Soldaten warteten schließlich an ihrem Geburtstag schon darauf.

Im ersten Einsatzkontingent waren wir sechseinhalb Monate mit zehn Soldaten im Zelt untergebracht, ohne Klimaanlage. Wir hatten teilweise über 50 Grad im Zelt. Alle anderen Nationen hatten Klimaanlagen und Container, aber die kannten die Einsätze auch schon. An einem Tag hatten wir 52 Grad im Zelt und einen General, der Wert darauf legte, dass wir unsere Jacken nicht ablegen. Manche Dinge tut man einfach trotzdem, auch als Soldat. Selbst im Einsatz waren solche von der Sache her eigentlich vollkommen unwichtigen Dinge ein Thema. Mit Sarkasmus erträgt man solche Situationen dann häufig leichter.

Der Winter dagegen ist dort kalt. Im Sommer wird es heißer, im Winter aber auch kälter als bei uns. Jeder Soldat hat sich mit einer Decke seinen Bereich abgetrennt. So hatte man noch etwas privaten Raum um sich herum. Es war in der Tat sehr eng. Man bekommt natürlich einiges mit, wenn man so lange beengt zusammenlebt – Gerüche, Geräusche und so weiter. Für einige ist die Enge sehr belastend. Ich habe mit meinen Gruppenführern ein Zelt geteilt, also mit meinen Feldwebeldienstgraden und meinem Zugtruppführer. Es ist eine ziemliche Beeinträchtigung, wenn einer schnarcht und andere sich dadurch gestört fühlen und nicht schlafen können, oder wenn einer Blähungen hat. So manches möchte man nicht noch einmal erleben. Aber andererseits ist der Mensch auch unglaublich leidensfähig. Damals war es eben so.

Nicht im Traum hätte ich mir vorstellen können, dass wir – wie beim Einsatz 2000 geschehen – mit einem deutschen Einsatzkontingent in einer Region, wo es enorm heiß ist, nicht die passenden Stiefel haben und in Zelten ohne Klimaanlage wohnen würden. Wir hatten keine Sommerstiefel und keine Sommeruniform. Ich konnte es einfach nicht glauben, bis ich es selbst erlebte. Die Tarnwesten haben wir uns von den Briten geliehen. Im Lauf der Jahre hat sich diesbezüglich aber so einiges geändert.

Letztendlich ist man abends wie tot ins Bett gefallen, wenn man den ganzen Tag auf den Straßen unterwegs war. So eine

Strecke wie Prizren–Tetovo ist ungefähr 200 Kilometer lang. Wenn man da in neun Stunden durchkam, hatte man richtig Glück. Die Straßen waren zerstört, sodass man etliche Kilometer nur im Schritttempo fahren konnte. Dass Gebiete, die bereits minenfrei waren, noch einmal nachvermint wurden, war ein zusätzliches Problem. Wenn es geregnet hatte, wurden zum Beispiel Minen in Pfützen gelegt. Der Tod ist in solchen Momenten sehr real. Wenn man weiterhin in diesem Tempo räumt wie im Augenblick, müsste man ungefähr bis 2017 räumen, damit Bosnien minenfrei wird, hat mir ein NGO-Mitarbeiter erzählt.

Ich glaube, vielen war vor dem Einsatz gar nicht richtig bewusst, dass es sich um eine Kriegsregion handelte. Dafür ist es vielleicht auch zu sehr in unserer Nähe. Besonders eingeprägt haben sich mir die Friedhöfe. Da gab es Gräber von UÇK-Kämpfern, teilweise aber auch die ausgehobenen Massengräber. Die Stimmung war dadurch sehr aufgeladen, all dies stand einem ständig vor Augen. Die Gedanken gingen nicht in Richtung Vergeben und Vergessen; eher schon in Richtung Vergeltung.

In jedem Ort Albaniens spricht mindestens einer Deutsch. Mit Deutsch kommt man ganz klar weiter als mit Englisch. Das Englische ist nicht sonderlich beliebt. Die Amerikaner traten enorm aggressiv auf, also immer hinten und vorn mit Maschinengewehr. Die Verständigung auf Deutsch klappte gut, was hauptsächlich daran lag, dass die Deutschen dort gern gesehen waren. Wir hatten auch eine gute Zusammenarbeit mit Niederländern, Österreichern und Spaniern. Gerade in der Logistik unterstützt man sich gegenseitig. Auf niedriger Ebene hat das bestens funktioniert, in den oberen Hierarchiestufen fehlte dagegen die Gesamtverbindung.

Einmal waren auch Chilenen zu Gast. Sie wollten herumgeführt werden und sehen, wie die deutsche Logistik und das deutsche Hauptquartier in Prizren arbeiteten. Das Lager dort

war in einer ehemaligen jugoslawischen Kaserne untergebracht. Einmal wurde es auch bombardiert. Ein seltsamer Gedanke – man ist als KFOR-Truppe in einem Gebiet, das schon
einmal bombardiert wurde, und muss nun darauf achten, dass
man nicht in Splitterbomben tritt, die von der NATO selbst
dort abgeworfen wurden.

Meine Eltern sind in Bezug auf die Frage, ob die Einsätze
etwas bringen, ziemlich skeptisch. Mein Vater war Wehrpflichtiger bei der Luftwaffe. Er hat sicher auch noch eine andere
Bundeswehr vor Augen und kann sich so manches nicht vorstellen. Damals, zu Zeiten des Kalten Krieges, war das Militär
doch zu großen Teilen durch Gammeldienst und Masse geprägt. Beide, sowohl mein Vater als auch meine Mutter, fanden den Einsatz zwar falsch, aber sie haben mir nie Steine in
den Weg gelegt.

Ich glaube, meine Laufbahn hat entschieden dazu beigetragen, meinen Vater davon zu überzeugen, dass die Bundeswehr das Richtige für mich ist. Ein Offizier ist mit einem Wehrpflichtigen nicht vergleichbar. 2006 war er dabei, als ich
verabschiedet wurde. Das war eine große Aktion, mit Landrat,
Personalvertretungen, Kommandeuren und so weiter. Ich
denke, da war er schon stolz, auch wenn er es nicht so zeigen
kann. Seitdem ist er der Sache gegenüber viel positiver eingestellt.

Die Bundeswehr an sich ist wesentlich kleiner geworden.
Aber sie ist auch professioneller, weil weitaus mehr Zeit- und
Berufssoldaten dabei sind. Die Einsätze und die deutlich län-
ger dienenden Soldaten haben die Bundeswehr verändert.
Das ist der entscheidende Unterschied zu früher, glaube ich.
Im Kalten Krieg war die Bundeswehr hauptsächlich durch die
Wehrpflichtigen geprägt. Wie kommt man sonst auf 500 000
Mann? Auf der anderen Seite ist sie aber mittlerweile auch
viel hektischer geworden, schnelllebiger. Sie befindet sich im
Wandel. In vielen Bereichen ist es allerdings so, dass ein Zwi-

schenstadium noch gar nicht erreicht ist, während am nächsten Stadium schon gebastelt wird. Mitunter wird dann der übernächste Schritt vor dem nächsten gemacht.

2003 habe ich eine Einheit neu aufgestellt, mit viel Enthusiasmus, mit persönlichem Einsatz und in langen Nächten. Die gibt es heute schon längst nicht mehr. Das sind Sachverhalte, die hätte es im Kalten Krieg so nicht gegeben. Damals wurden Verbände und Einheiten aufgestellt, die dann auch eine Weile Bestand hatten. Aber heute ... Letztlich glaube ich jedoch, dass die Bundeswehr zu jeder Zeit richtig aufgestellt war – so, wie sie jeweils gebraucht wurde.

2004 war ich in Skopje in ganz anderer Position. Als ranghöchster Deutscher vor Ort ging ich abends zu internationalen Empfängen, wo ich Militär-Attachés, Brigadekommandeure der Mazedonier und andere hochrangige Persönlichkeiten traf. Die Kehrseite war, dass ich dadurch nicht mehr so nah dran war am einzelnen Soldaten. Der Aufenthalt als Truppenführer im ersten Kontingent war intensiver, weil ich mehr Kontakt zu den Leuten hatte. Ich war wirklich direkt dran am Mann. Im zweiten Einsatz hatte ich mehr auf diplomatischer Ebene zu tun, an der Cocktailfront, wie der Soldat das nennt.

Das Verhältnis zwischen Albanern und Mazedoniern war deutlich entspannter. Ich hatte nicht mehr so sehr das Gefühl, dass unterschwellig Aggressivität oder Gewaltbereitschaft vorhanden war. Eher hatte ich den Eindruck, dass das eine Nation war, die sich gefunden hatte und mit sich im Reinen war. Auch im Kosovo hatte sich einiges zum Positiven verändert. Man sah Betriebsamkeit, vielerorts Bautätigkeit. Doch diese Euphorie wie beim ersten Einsatz stellte sich bei mir 2004 nicht mehr ein. Es war mehr Routine, eine militärische Aufgabe, die führe ich aus, will mich auch darin beweisen, indem ich es gut mache. Aber Euphorie war da nicht mehr.

Zu den Amerikanern habe ich ein recht enges Verhältnis. Ich erkenne amerikanische Uniformen schon von Weitem auf der Straße. Amerikaner sind für mich immer präsent gewesen. Wir haben Verwandte in den USA, und 1997 habe ich dort an der University of Texas studiert. Ich habe auch Ausbildungen bei den in Deutschland stationierten Amerikanern absolviert. So habe ich sie kennen- und verstehen gelernt und einen guten Zugang zu ihnen gefunden. George Bush war damals der Gouverneur von Texas. Er war sehr umstritten. Da gibt es immer Anknüpfungspunkte, über die man ins Gespräch kommt. Ich persönlich habe die Amerikaner immer als angenehm empfunden. Ich mag sie. Aber sobald sie irgendwo als Militärmacht auftreten, sind sie ganz eigen. Wenn man mit ihnen einzeln gesprochen hat, waren sie ganz normal, also gar nicht diese martialischen Kriegertypen, als die man sie sonst häufig erlebt. Vielleicht ist das nur so eine Art, nach außen hin aufzutreten.

Später, auf einer Dienstreise ins Pentagon, hat mich allerdings überrascht, dass uns nicht die detaillierten Informationen gegeben wurden, die für eine gemeinsame Operation von Bedeutung gewesen wären. Ich wusste natürlich von den Verwerfungen zwischen Deutschland und den Vereinigten Staaten 2003, Afghanistan und dann auch der Irak. Im US-Außenministerium haben wir hingegen offene Gespräche und fruchtbare Diskussionen geführt. Vom amerikanischen Militär kommen immer wieder Spitzen, was die Einsätze angeht. Ich weiß nicht, warum das gerade jetzt so ist, vielleicht weil wir uns politisch annähern und sie gern mehr von unserem Militär im Einsatz sehen würden.

Was Afghanistan angeht, bin ich mir nicht so sicher, ob wir dort wirklich so viel bewirken. Ich sollte in den Einsatz nach Afghanistan, gleich als es 2002 losging. Aber der Auftrag ist letztendlich nicht an die Luftwaffe gegangen, sondern ans Heer. Ich wäre aber auf jeden Fall gegangen. Ich denke, für einen Soldaten ist es reizvoller, gerade am Anfang mit dabei zu sein. Wenn das Militär schon über viele Jahre vor Ort ist wie beispielsweise in Bosnien, dann hat die Verwaltung schon Einzug gehalten; dann geht es um Arbeitssicherheitsbestimmungen, dann ist es fast egal, ob man dort unten Dienst tut oder hier bei uns.

Für Afghanistan sollte man vielleicht eher eine feste Brigade etablieren und sich klare Strukturen überlegen, sobald abzusehen ist, dass man auf lange Sicht dort sein wird. So, wie es die Amerikaner tun. Man hofft es ja nicht. Aber ob wir in den nächsten zehn bis fünfzehn Jahren aus Afghanistan rauskommen – das zeichnet sich im Moment nicht ab.

Im Kosovo hätte ich kein Problem gehabt, im amerikanischen Konvoi mitzufahren. In Afghanistan scheint mir das schon problematischer. Das Auftreten der Amerikaner im Kosovo war akzeptabel. Es war eine andere Herangehensweise, ja. Aber das Völkerrecht wurde nicht missachtet. Es wurde auch nicht blind in die Menge geschossen. Optisch macht es zwar einen anderen Eindruck, wenn ich mit vorgehaltenem Maschinengewehr patrouilliere, aber solange ich nicht schieße, ist es qualitativ nichts anderes.

Über die Sinnfrage wird viel geredet. Das ist ein großes Thema – meines Erachtens heute mehr als am Anfang. Am Anfang war das überhaupt kein Thema. Wir sind dorthin gegangen, das war unser Auftrag. So habe ich es wahrgenommen. Aber genauso habe ich auch meinen Zug, meine Männer wahrgenommen. 2004 kam die Frage nach dem Sinn dann schon öfter auf. Und kaum diskutiert wird die Frage: Was wird in zehn Jahren sein? Vielleicht will man das nicht sehen. So, wie ich es wahrnehme, scheint die Erste Panzerdivision ganz massiv darauf gedrillt zu werden, am Kampf teilzunehmen, also zum Beispiel in einem Irak- oder Irankrieg.

In der Einsatzvorbereitung wird oft darüber gesprochen, wie sich die Dinge historisch entwickelt haben. Ich denke, es gibt keine einfachen Antworten. In Bezug auf den Irakkrieg heißt es immer: »Die Amerikaner wollten das Öl, deshalb sind sie in

den Irak einmarschiert.« Aber das ist schon ein sehr beschränk-
ter Blickwinkel. Das alles ist immer ausgesprochen subjektiv,
je nachdem, wie man es wahrnimmt.

In unseren Kasernen wird ganz offen diskutiert, über alle
Dienstgrade hinweg. Die Bundeswehr pflegt da eine hervor-
ragende Diskussionskultur. Man kann, so habe ich es wahrgenommen, seine Meinung sagen, ohne Repressalien fürchten
zu müssen. Ich habe die Bundeswehr, speziell die Luftwaffe,
als einen Ort empfunden – man kann schon fast sagen, als einen Ort des Freigeistes. Jeder hat einen anderen Hintergrund,
es gibt viele verschiedene Nationalitäten. Die Bundeswehr ist
nämlich gar nicht durchgängig deutsch; im Gegenteil, wir haben eine Menge Leute mit den unterschiedlichsten Migra-
tionshintergründen dabei. Und jeder bringt seine eigenen Erfahrungen mit, seine eigene Welt.

Juni 2008

ICH WOLLTE MITREDEN KÖNNEN

Thomas Schultheiß

Mein Vater war bei der Bundeswehr, ebenso meine beiden Onkel. Daher hieß es zu Hause immer: »Du gehst zum Bund, das hat noch keinem geschadet.« Als ich im Oktober 1983 dorthin kam, war der Wehrdienst gewissermaßen noch ein fester Bestandteil der Mannwerdung. Derjenige, der den Dienst an der Waffe verweigern wollte, musste sich einer strengen Gewissensprüfung unterziehen. Die hätte ich sicherlich nicht bestanden, weil mich die Bundeswehr schon irgendwie faszinierte. Ich verfolgte mit Interesse, wie die älteren Jungs aus der Nachbarschaft eingezogen wurden. Am Wochenende kamen sie dann in Uniform nach Hause, und da dachte ich mir: »Das will ich auch.« Zumindest den Grundwehrdienst. Andererseits war man auch ein bisschen neidisch auf diejenigen, die aus irgendwelchen Gründen nicht zum Bund mussten, denn sie konnten dadurch früher mit der Ausbildung oder dem Studium beginnen. Aber man hat nicht groß diskutiert, in den Zeiten des Kalten Krieges gehörte es sich einfach so.

Ich wurde 1963 in Würzburg geboren und habe im Juni 1983 das Abitur gemacht. Im Oktober des gleichen Jahres begann mein Grundwehrdienst, der insgesamt 15 Monate dauerte.

Für die Grundausbildung war ich zunächst in Homberg (Efze) in der Nähe von Kassel stationiert, später in der Stammeinheit in Göttingen. Ich war Soldat bei der Panzerartillerie. Parallel dazu machte ich in meiner Freizeit und an den Wochenenden bei den Maltesern eine Ausbildung zum Rettungssanitäter.

Nach dem Wehrdienst begann ich eine kaufmännische Ausbildung und überlegte mir, ob ich studieren sollte. Ich blieb dann aber einige Jahre beim Rettungsdienst, unter anderem bei den Maltesern und beim Deutschen Roten Kreuz – zunächst in der Bodenrettung, später kam auch noch die Luftrettung dazu. Mit knapp dreißig Jahren stellte ich dann jedoch fest, dass ich diesen Beruf nicht bis zur Rente ausüben wollte. Daraufhin arbeitete ich wieder als Sachbearbeiter im kaufmännischen Bereich und machte parallel dazu eine Weiterbildung zum Betriebswirt.

Warum sind deutsche Soldaten heute auf dem Balkan? Dazu gibt es meiner Meinung nach eine ganz klare Antwort: Weil wir uns im Rahmen der internationalen Staatengemeinschaft engagieren, weil wir Mitglied in verschiedenen Organisationen und Bündnissen sind, beispielsweise der NATO und der Europäischen Union. Und weil wir im Rahmen dieser Gemeinschaften, in die wir uns einbringen, Rechte, aber auch Pflichten haben. Und wenn die NATO es als ihre Pflicht ansieht, dafür zu sorgen, dass ein Feuer auf dem Balkan nicht ganz Europa entzündet, sehe ich darin erst einmal nichts Verwerfliches. Ob ihr Eingreifen aus völkerrechtlicher Sicht richtig oder falsch ist, kann und will ich zunächst gar nicht bewerten.

Durch meine langjährige Tätigkeit beim Rettungsdienst hatte ich eine Ausbildung, die bei der Bundeswehr relativ plötzlich sehr gefragt war. Die Bundeswehr hat ihr komplettes Ausbildungssystem im Sanitätsbereich umgestellt. Die Ausbildungen bei der Bundeswehr sind heute identisch mit denen im zivilen Leben. Die Ärzte bei der Bundeswehr haben beispielsweise an einer ganz normalen Universität Medizin studiert, weil die Bundeswehr-Hochschulen diesen Studiengang nicht anbieten. Mir war klar, dass mein ziviles Arbeitsverhältnis durch Outsourcing irgendwann einmal zu Ende gehen würde, was mir letztendlich auch ganz recht war. Im Anschluss habe ich mir nicht sofort etwas Neues gesucht, sondern mit dem Auslandseinsatz erst mal die Zeit überbrückt: Ich kehrte also als Sanitäter zurück zum Bund.

Wenn mit Zustimmung des Bundestages deutsche Soldaten in ein anderes Land entsandt werden, benötigen diese Soldaten auch die entsprechende medizinische Unterstützung. Dieser Organisationsbereich nennt sich »Zentraler Sanitätsdienst der Bundeswehr«. Im Grunde stellt er so etwas wie eine Teilstreitkraft dar, also wie Heer, Luftwaffe oder Marine. Neuerdings gibt es zusätzlich zu diesen bereits etablierten Teilstreitkräften noch zwei weitere Organisationsbereiche, die Streitkräftebasis und den Zentralen Sanitätsdienst. Die deutsche Sanität ist international hoch geachtet und gilt als ausgesprochen professionell, sehr leistungsfähig und hervorragend organisiert.

Für mich als Sanitäter haben die Auslandseinsätze der Bundeswehr einen ganz konkreten Sinn. Einmal hat im Einsatz in Bosnien ein Sanitätsstabsoffizier zu mir gesagt: »Wir sind hier nicht im Einsatz, um das Elend dieser Welt zu lindern, sondern um den Arsch unserer Leute zu retten.« Und da hatte er wohl nicht ganz unrecht!

Mein erster Einsatz war 2006 in Bosnien. Auslandseinsätze hat es schon viel früher gegeben, 1993 war die Bundeswehr beispielsweise in Somalia, davor schon einmal in Kambodscha. Das war eine ganz andere Welt. Die Soldaten hatten mit vielen Schwierigkeiten zu kämpfen, die heute in der Form nicht mehr auftreten. Die Ausrüstung, die für die Verteidigung des Vaterlands gedacht war, war für diese Art von Einsätzen überhaupt nicht geeignet. Diesbezüglich hat man in den letzten Jahrzehnten sehr viel dazulernen müssen. Auch heute noch wird daran gearbeitet, die Ausrüstung kontinuierlich zu verbessern.

Es gibt in der Ausstattung eines Soldaten inzwischen Bekleidung und Ausrüstungsgegenstände, von denen man früher nur geträumt hätte. Wenn man mit der alten Moleskin-Uniform einmal ordentlich in den Regen kam, wurde man gleich ein paar Kilo schwerer, weil der Stoff sehr saugfähig war. Heute sorgt sich der Wehrbeauftragte des Deutschen Bundestags um die Gesundheit der Soldaten, weil diese angeblich zum Teil zu übergewichtig und untrainiert seien; damals gab eher die Bekleidung Anlass zur Sorge. Im Sommer war das Zeug zu warm und im Winter zu kalt. Die Ausrüstung eines Soldaten ist heute von einer ganz anderen Qualität als zu der Zeit, als ich in die Bundeswehr eintrat.

Die Kontingentdauer der Auslandseinsätze betrug zunächst sechs Monate. Im Jahr 2005 wurde sie heruntergesetzt auf vier. Wenn man sechs Monate in den Einsatz geht, hat man Anspruch auf Urlaub, bei bis zu vier Monaten Einsatzdauer hat man das nicht. Das heißt, man wurde während dieser sechs Monate einmal nach Hause und wieder in den Einsatz zurück geflogen. Die physischen und psychischen Belastungen durch die Einsätze sind immens hoch.

Es ist nicht so, dass während meiner Zeit im ersten Einsatz alles nur Friede, Freude, Eierkuchen war. Wenn man mit mehreren Leuten auf engstem Raum zusammenlebt, wird es irgendwann zwangsläufig Reibereien geben. Es hängt vom Talent und Willen der Leute ab, wie lange es gut geht. Aber spätestens nach drei Monaten knallt es das erste Mal. Als die Bundeswehr die ersten Einsätze durchführte, gab es noch keine E-Mails und Handys. Man konnte auch noch nicht über das Internet telefonieren. Einmal im Monat durften die Soldaten zu Hause anrufen. Und wenn man dann eine schlechte Nachricht bekommt, was durchaus mal vorkam, dann war man gereizt. Man ist genervt, weil man am anderen Ende der Welt sitzt und nichts, aber auch gar nichts tun kann.

Oft überlegt man: Was würde ich jetzt machen, wenn ich zu Hause wäre? Aber gleichzeitig sitzt man da und weiß ganz genau, dass man nichts tun kann, weil man eben nicht zu Hause ist. Da baut sich eine Aggression in einem auf, und die muss auf irgendeinem Weg raus. Die einen machen Sport, die anderen fangen an zu trinken, und wieder andere prügeln sich. Das erstbeste Problem, das zu Hause auftaucht, versetzt einen unweigerlich in eine aussichtslose Lage. Im Kopf spielt man dann alle Möglichkeiten durch, was man tun könnte, obwohl man weiß, man ist zur Tatenlosigkeit verdammt. Und das macht einen fertig.

In Bosnien besorgten sich die meisten Soldaten lokale Prepaid-Karten für ihr Handy. Wir hatten ein leeres Büro, das wurde zur »Telefonzelle« umfunktioniert. Hier konnte man ungestört Anrufe von Angehörigen entgegennehmen. Ich sagte zu meiner Familie: »Schickt mir eine SMS, dann schicke ich eine zurück und gebe euch Bescheid, wann ich gut erreichbar bin. Dann könnt ihr mich anrufen.« Meine Eltern, meine Schwestern und meine Frau hatten die bosnische Handynummer. Am 31. März 2006 kam dann eine SMS von meiner Mutter: »Papa ist gerade ins Krankenhaus gekommen.« Als wir schließlich telefonieren konnten, erzählte mir meine Mutter, dass sich sein Zustand zunehmend verschlechtere. Ich beruhigte sie und sagte: »Ich werde sehen, was ich tun kann.«

Ich ging zu meinem Chef und berichtete ihm davon. Wir vereinbarten, dass ich ihn auf dem Laufenden halte, wenn sich etwas verändert. Am nächsten Tag kam eine SMS von meiner Mutter mit der Nachricht, dass mein Vater jetzt auf der Intensivstation liege und künstlich beatmet werde. Wieder sprach ich mit meinem Chef darüber und zeigte ihm die SMS. Daraufhin sagte er: »Als meine Mutter gestorben ist, konnte ich nicht bei ihr sein; ich war im Einsatz. Es ging alles so schnell,

ich habe es nicht mehr geschafft. – Wollen Sie nach Hause?«
Ich entgegnete: »Darf ich denn nach Hause?« – »Das ist gerade nicht die Frage. Wollen Sie nach Hause?« Da sagte ich:
»Ja.«

Ich habe mir mit der Zustimmung des Kommandeurs ein
Flugticket für den nächsten Linienflug nach Deutschland gekauft. Dann rief ich meine Frau an und sagte ihr, wann ich
ankommen würde. Sie hat mich am Flughafen abgeholt, und
wir sind zu uns nach Hause gefahren. Ich sagte meiner Mutter
sofort Bescheid, dass ich nun da sei. Sie: »Es geht ihm unverändert schlecht. Trotzdem, mach jetzt keine Hektik, du warst
über zwei Monate nicht zu Hause. Kümmere dich erst einmal
um deine Familie. Es genügt, wenn du heute Abend zu mir
kommst.«

Noch an jenem Abend fuhr ich mit meiner Mutter zu meinem Vater in die Klinik, sah, wie es ihm ging, bekam auch die
Krankenakte zu sehen und erfuhr die exakte Diagnose. Uns
war eigentlich allen klar, dass mein Vater die Augen nicht
mehr aufmachen würde. Das Personal der Intensivstation
schickte uns schließlich nach Hause und sagte: »Wenn sich an
seinem Zustand etwas ändert, rufen wir Sie an.« Am nächsten
Morgen, ich hatte im Haus meiner Eltern übernachtet, klingelte das Telefon. Meine Mutter bat mich, das Gespräch entgegenzunehmen. Es war das Krankenhaus. Wir sollten sofort
kommen. Um 9 Uhr waren wir in der Klinik, um 9.31 Uhr ist
mein Vater gestorben. Seine Frau und seine drei Kinder waren
bei ihm, haben ihm die Hände gehalten. Wir hoffen, dass er es
gespürt hat.

Im Lauf des Nachmittags rief ich in Bosnien an und sagte
Bescheid, dass mein Vater gestorben war und wann die Beerdigung sein sollte. Mein Chef fragte mich: »Waren Sie bei
ihm, als Ihr Vater gestorben ist?« – »Ich habe seine Hand gehalten.« »Okay,« sagte er, »dann hat sich der Aufwand zweifellos gelohnt. Wann sollen wir Sie wieder reinholen?« »Montag.

Dann habe ich das Wochenende noch bei meiner Familie«, antwortete ich. Eine Woche nachdem mein Vater gestorben war, wurde ich dann von der Bundeswehr wieder nach Bosnien eingeflogen. Den Rest des Einsatzes habe ich ein Stück weit als Ablenkung und Hilfe zur Bewältigung meiner Trauer genutzt.

Die Unterstützung durch die Kameraden, allein ihre physische Anwesenheit und die Tatsache, dass sie sich um mich kümmerten, dass man mich nicht hängen ließ – all das hat mir sehr geholfen. Ob ich das im zivilen Arbeitsleben auch so erfahren hätte, kann ich nicht beurteilen, wage es aber zu bezweifeln. Dadurch war für mich der Aufenthalt im Einsatzland trotz der Tatsache, dass mein Vater eben erst gestorben war, einfacher zu bewältigen. Es gab keinen Grund für mich, auszurasten. Man hat ja schon Leute gesehen, die in ähnlich schwierigen Situationen Dummheiten begangen haben. Aber es war relativ schnell klar, dass das bei mir nicht der Fall sein würde, unter anderem auch, weil sich die Kameraden wirklich gut um mich gekümmert haben.

Als ich in Bosnien eines Abends bei offener Tür in meinem Büro saß und arbeitete, sah ich, dass ein jüngerer Kamerad irgendwie bedrückt umherschlich. Ein paar Minuten später kam ein anderer Kamerad aus dem Raum heraus, in den der so bedrückt wirkende Kamerad vorher reingegangen war. Da habe ich ihn zu mir gewunken und gefragt, was denn mit dem los sei. »Der hat eine schlechte Nachricht von zu Hause bekommen«, antwortete er. Ich schaute auf dem Dienstplan nach und stellte fest, dass der Kamerad Bereitschaftsdienst hatte. Er musste dafür seine Waffe bei sich tragen. Und es war ein Nachtdienst. Dieser Kamerad fuhr ein spezielles Fahrzeug, das nicht jeder fahren darf, einen Transportpanzer, den Fuchs. Man braucht eine spezielle Einweisung dafür. Jetzt musste ich also jemanden suchen, der berechtigt war, dieses Fahrzeug zu fahren. Ich holte einen anderen Kraftfahrer aus unserer Einheit, erklärte ihm die Situation und fragte: »Kannst du bitte diesen Dienst heute Nacht übernehmen? Du kriegst auch seine Waffe, und wenn du sie morgen abgibst, erhältst du seine Waffenkarte. Die Karte gibst du bitte sofort bei mir ab.« »Ja«, sagte er, »ist doch überhaupt kein Thema. Klar mache ich das.« Das kam ohne jedes Zögern. Dann sagte ich: »Schick den mal zu mir.« Der Kamerad kam herein: »Ich soll mich bei dir melden.« – »Ja«, sagte ich. »Setz dich erst mal hin. Magst du einen Kaffee?« – »Nein, momentan nicht.« – »Wasser oder sonst was?« – »Nein, gar nichts.« Ich fragte: »Was ist los mit dir? Du wirkst auf mich bedrückt.« – »Ich habe eine schlechte Nachricht von zu Hause bekommen.« Ich sagte: »Es ist nicht meine Aufgabe, dich auszuhorchen oder in irgendeiner Weise auf dich einzuwirken, aber du solltest mit jemandem darüber reden. Du entscheidest, mit wem, aber bitte sprich mit jemandem darüber und friss es nicht in dich hinein. Wenn du schlechte Nachrichten von zu Hause erhalten hast, möchte ich nicht, dass du hier einen bewaffneten Dienst versiehst.« Er stimmte mir zu. Daraufhin sagte ich zu ihm: »Jetzt legst du bitte deinen Schlüssel und deine Waffe auf den Tisch und schickst mir den Kameraden XY vorbei. Du versprichst mir, dass du mit jemandem darüber redest und keinen Blödsinn machst.« Im Anschluss kam der andere Kamerad ins Büro, und ich habe ihm Schlüssel und Waffe übergeben mit der erneuten Anweisung, mir beides am nächsten Morgen zurückzubringen.

Eine Stunde später kam mein Chef zurück, der bei einer wichtigen Besprechung gewesen war. Ich habe ihm sofort meine Beobachtung und alle ergriffenen Maßnahmen geschildert. Er sagte: »Okay, alles klar. Schön, dass Sie sofort gehandelt und mich informiert haben. In dieser Situation hätte ich vermutlich auch nicht anders entschieden. Sie bleiben am Ball?« – »Ja«, sagte ich, »das werde ich.«

Kameradschaftliches Verhalten ist gemäß § 12 des Soldatengesetzes zwar de facto befohlen, aber Kameradschaft ist letztendlich auch nur das, was man daraus macht. Wenn wir im Auslandseinsatz alle auf einem Fleck sitzen, wird Kameradschaft ganz anders gelebt als zu Hause in der Kaserne, wo sich die Kompanie kurz nach Dienstschluss in alle Windrichtungen zerstreut. Wenn man im Einsatz tagaus, tagein mit einem Team auf beengtem Raum zusammenlebt, dann weiß man sehr schnell auch sehr persönliche Dinge über die anderen.

Bei den jüngeren Kameraden, die weitaus weniger Lebenserfahrung hatten als ich, musste ich mich nicht anbiedern. Ein solches Verhalten fände ich auch recht fragwürdig. Ich halte es für wichtig, ihnen zu vermitteln, dass jemand da ist, an den sie sich bei Problemen wenden können. Ich habe zu den mir unterstellten Soldaten immer gesagt: »Es ist nicht entscheidend, wen ihr euch als Ansprechpartner auswählt, aber bitte sprecht mit jemandem darüber, wenn es zu Hause Probleme gibt. Wenn ihr nicht gleich mit dem Chef, Zug- oder Teileinheitsführer sprechen wollt, dann sucht euch jemand anders. Keiner wird so ein Gespräch an die große Glocke hängen, keiner wird euch verpetzen. Fangt bitte nicht an, etwas in euch hineinzufressen.«

Über die aktuellen Einsätze der Bundeswehr hatte ich, bevor ich selbst in einen solchen Einsatz ging, von Kameraden schon einiges gehört. Es interessierte, ja faszinierte mich vielleicht sogar ein bisschen. Ich wollte mitreden können. Es gibt heute meiner Meinung nach zwei sinnvolle Verwendungen für Reservisten wie mich. Die eine Möglichkeit ist, dass der Reservist selbst in den Einsatz geht, die zweite, dass er einen Kameraden, der im Einsatz ist, zu Hause in Deutschland vertritt. Ich habe schon beides mitgemacht. Wenn ich zu Hause bin und Leute für den Einsatz ausbilden soll, dann steht und fällt meine Glaubwürdigkeit als Ausbilder meinen Auszubildenden gegenüber mit der Beantwortung der Frage: »Waren Sie denn selbst auch schon im Einsatz?«

Aus diesem Grund habe ich mich für den ersten Einsatz beworben. Ich kam in ein gutes Team. Alles hat einwandfrei funktioniert. Wir standen zwar unter Leistungsdruck, aber dieser Druck war nicht so stark, dass unsere Gemeinschaft darunter zerbrochen wäre. Auch das kann passieren, wenn man zum Beispiel einen Chef hat, der nicht Nein sagen kann, sämtliche Aufträge annimmt und damit die Einheit überlastet. Diese Belastung macht die Leute kaputt und in der Folge auch deren Gemeinschaft. Das hatten wir in dieser Einheit nicht. Ich hatte die Gelegenheit, viel vom Land zu sehen. Nach zwei, zweieinhalb Monaten war unsere kleine Kompanie schon eine gut eingeschworene Gemeinschaft, der Dienstgrad spielte dabei gar keine Rolle. Wir hatten sehr gute Kontakte zu anderen Nationen, zu Spaniern, Amerikanern, Italienern … Von ihnen bekamen wir mehrfach zu hören, wir seien gar nicht so, wie sie sich typische Deutsche vorstellten. Das verstanden wir durchaus als Kompliment.

Weil ich in dem viermonatigen Einsatz in Bosnien gute Erfahrungen gemacht hatte, ließ ich mich 2007 wieder darauf ein, für zwei Monate als Rettungsassistent in den Kosovo zu gehen – ganz bewusst nur für zwei Monate, die Stelle war gesplittet. Wenn man einem Chef sagt, dass er einen für vier Monate entbehren muss, dann trifft ihn erst einmal der Schlag. Also wird die Stelle geteilt, und man geht eben nur für ein halbes Kontingent. Ein Chef ist dann auch schneller bereit, einen Mitarbeiter gehen zu lassen.

Zu guter Letzt möchte ich noch eine Lanze für die Familienbetreuungsorganisation der Bundeswehr brechen. Das Familienbetreuungszentrum in Sigmaringen hat sich immer hervorragend um meine Frau und meine Tochter gekümmert, wenn ich im Einsatz war. Das halte ich persönlich für sehr wichtig, denn wenn es den Angehörigen zu Hause gut geht und sie im Notfall auf jemanden zählen können, der sie unterstützt, haben auch die Soldaten im Einsatz ein ruhiges Gefühl.

Mittlerweile (Oktober 2009) habe ich einen weiteren Einsatz in Georgien erfolgreich beendet, der nächste ist bereits in Planung, und ich befinde mich mitten in den Vorbereitungen dafür. Im Januar 2010 geht es für drei Monate nach Afghanistan. Wünscht mir dafür »Soldatenglück und Gottes Segen«!

März 2008

WIR VERSUCHEN TROST ZU SPENDEN

Utz Berlin, Militärdekan

Meine erste Begegnung mit dem Kosovo war eine sogenannte Vorerkundung. Wir Pfarrer fliegen in der Regel vor dem Einsatz für drei, vier Tage ins Land, nehmen Kontakt zu unserem Vorgänger auf und schauen uns um, damit wir schon mal ein Bild von den Gegebenheiten vor Ort bekommen. Einer meiner ersten Eindrücke war: Das Land ist immer noch voller Soldaten. Die militärische Präsenz ist sofort greifbar, spürbar, sichtbar. Mein nächster Eindruck war das Landschaftliche. Der Kosovo ist eine wunderschöne Gegend. Und dann die Menschen, wie sie da leben und unter welchen Umständen sie teilweise leben müssen. An den Hauptstraßen geht es noch einigermaßen, aber verlässt man die Hauptstraßen in Richtung der abseits gelegenen Dörfer, wird es sehr, sehr ärmlich. Wenn man sich einmal überlegt, dass der Kosovo im Herzen Europas liegt, zwischen Griechenland und Österreich, wenn man sich das bewusst macht … Das hinterlässt innerlich Spuren.

Die Kosovaren wollen ihre Unabhängigkeit. Hier eine politische Einschätzung zu geben, ob dies gut oder schlecht ist oder wie man es anders hätte angehen können, ist schwierig. Es läuft so, wie es läuft. Man kann nur hoffen, dass sich die

Situation beruhigt und nicht von Neuem Gewalt ausbricht. Ich schätze das auch nicht so ein. Es wird Demonstrationen geben, es wird Übergriffe geben oder Provokationen, aber ich glaube nicht, dass der Konflikt neu aufflammt. Weil die Kosovaren – so habe ich sie im Einsatz kennengelernt – selbst ihre Ruhe haben wollen. Sie wollen wieder auf die Füße kommen, etwas aufbauen, irgendwie Arbeit finden und in Ruhe leben, ja vielleicht sogar ein bisschen besser leben als in der Vergangenheit. Das erhoffen sie sich.

Im Kosovo gibt es zahlreiche Hilfsprojekte. Für eins davon habe ich mich in der Zeit meines Aufenthalts dort engagiert. Und zwar handelte es sich um einen Kindergarten für traumatisierte Kinder in einem Viertel, in dem vor allem Kosovaren lebten. Sinti und Roma stehen in der dortigen Gesellschaftsstruktur ganz unten. Das Projekt wurde mir quasi vererbt. Bei meiner Vorerkundungsfahrt dorthin begleitete mich ein Kollege, ein leitender Dekan. Während eines Einsatzes stehen wir ja nicht im eigentlichen Sinn unter Dienstaufsicht, aber unsere Vorgesetzten kommen uns besuchen, schauen, ob es uns gut geht, und geben uns die Möglichkeit, auf kollegialer Ebene einmal Dinge loszuwerden, über die man sich im alltäglichen Betrieb nicht austauschen kann. Wir können uns ja sozusagen gegenseitig die Beichte abnehmen und in diesem Rahmen das vertraute Gespräch unter Kollegen suchen. Das ist der Sinn dieser Besuche. Wie gesagt, zufällig fiel meine Erkundungsfahrt mit dem Besuch eines leitenden Dekans zusammen, der 1999/2000 selbst als Militärpfarrer im Kosovo gewesen war, unmittelbar nachdem die NATO und mit ihr die Deutschen hineingegangen sind, also relativ am Anfang. In dieser Zeit hatte er Kontakte zu den Sinti und Roma aufgebaut und sich darüber hinaus gemeinsam mit einem Truppenpsychologen um eine Initiative von Kosovaren gekümmert. Da war dann diese Familie, die erzählt hatte, dass in jenem Viertel so viele traumatisierte Kinder herumliefen und dass sie vorhätten, sich um sie zu kümmern. Sie wollten einen Kindergarten für sie aufbauen. Das haben sie dann in die Tat umgesetzt.

Auf Vorerkundungsfahrt war ich im August 2005 und dann unmittelbar anschließend 2005/2006 im Einsatz. Und der Dekan, der mich bei der Vorerkundung begleitete, wollte nachsehen, ob es den Kindergarten überhaupt noch gab, denn er hatte irgendwann den Kontakt verloren. Wir sind hingefahren, und es gab ein großes Hallo. Der Kindergarten existierte noch. Jeden Tag kommen etwa vierzig, fünfzig Kinder dorthin. Es ist immer noch eine Privatinitiative, also kein öffentlicher Kindergarten. Die traumatisierten Kinder von damals sind inzwischen zum Großteil schon in der Schule. Aber auch die kleinen Kinder, die nachrücken, sind traumatisiert.

Später, während meines Einsatzes, fuhr ich regelmäßig zu diesem Kindergarten. Bei einem Besuch zog sich ein kleiner Junge auf einmal in eine Ecke zurück und fing an zu weinen. Ein kleines Mädchen hat sich dann rührend um ihn gekümmert, wie ich aus dem Augenwinkel beobachten konnte. Später kam sie mit dem Jungen an der Hand zu mir. Ein Kind, das gut Deutsch sprach, hat gedolmetscht, und es stellte sich heraus, dass der kleine Junge Angst vor Uniformen hatte und deswegen weinte. Das aufgeweckte Mädchen hatte ihn sozusagen zu mir gelockt und ihm gesagt: »Guck mal, es passiert gar nichts.« Ein versöhnlicher und zugleich tröstlicher Moment für den kleinen Jungen, der sich vergewissern konnte: O ja, es geschieht tatsächlich nichts. Niemand stellt hier eine Bedrohung für mich dar. – Eine wirklich seltsame Situation ergab sich, wenn ich Soldaten aus unserer Liegenschaft mitgenommen habe, engagierte Soldaten, die helfen wollten. Mit der Waffe in einen Kindergarten zu gehen – das war auch für sie selbst ein äußerst eigenartiges Gefühl.

Die Deutschen sind nach wie vor gut angesehen im Kosovo. Das Auftreten der deutschen Soldaten ist atmosphärisch anders als das von Soldaten anderer Nationen. Die Franzosen treten robuster auf, ebenso die Amerikaner. Die kommen schon ein bisschen derber rüber. Und bei denen kommen auch nicht in dem Maße Kontakte zur Zivilbevölkerung vor oder Hilfsprojekte. Die Bundeswehr vertrat von vornherein ein anderes Konzept. Im Kosovo und auch schon in Bosnien wurde bereits sehr früh mit einer Zusammenarbeit von Bundesverteidigungsministerium, Bundesinnenministerium, Bundesaußenministerium und Entwicklungshilfe angefangen. Eine Konzentration auf höchster Ebene. Und das ist bis zum heutigen Tag so. Von Anfang an war klar, dass wir nicht nur die verfeindeten Parteien auseinanderbringen, sondern gleichzeitig in Zusammenarbeit mit den NGOs auch das Land wiederaufbauen wollen. Viele Kosovaren haben offensichtlich auch schon gute Erfahrungen in Deutschland gemacht, noch vor den ganzen Auseinandersetzungen. Die Jugoslawen, die in Deutschland in den Sechziger-, Siebzigerjahren Arbeit gefunden haben, kamen ja aus den Armenhäusern des damaligen Jugoslawiens, und das waren damals Mazedonien und der Kosovo.

Es gibt Soldaten, die ihre Chancen nutzen, aus dem normalen Alltagstrott herauszukommen, und sich besonders engagieren. Sie sehen einen stärkeren Sinn in ihrer Arbeit, und das gibt ihnen noch einmal eine extra Befriedigung für das, was sie in diesem Land tun. Es gibt aber auch etliche Soldaten, die für vier Monate kaum aus dem Lager kommen, die Wäsche sortieren, in der Küche arbeiten oder die ganze Zeit Sprechstunde haben, wenn sie im Sanitätsdienst tätig sind. Sie kehren zurück nach Deutschland und haben von Land und Leuten kaum etwas mitbekommen. Die Brücke, um einen Sinn in ihrem Einsatz zu sehen, besteht für die Soldaten darin, Hilfe für die Menschen vor Ort zu leisten.

Im Kosovo gibt es deutsche Polizisten, die die kosovarische Polizei ausbilden. Sie kommen auch in die Liegenschaften der Bundeswehr, um dort einzukaufen und zu essen. Dadurch kam ich in Kontakt mit ihnen. Im Gegensatz zu den Soldaten leben sie draußen in normalen Wohnungen, und abends, wenn sie auf die Straße gehen, tragen sie zivile Kleidung. In Gesprächen mit ihnen erfuhren wir, dass sie ganz andere Erfahrungen machten als wir, weil sie viel näher an der Bevölkerung dran waren. Das war sehr spannend. Diese Leute wissen, wie die Stimmung ist und was läuft. Das kriegen die Soldaten zum Teil gar nicht mit, weil sie kaserniert sind und allenfalls mit einem dienstlichen Auftrag nach draußen kommen.

Es ist vollkommen klar: Bestimmte Dinge, die man in diesen vier Monaten erlebt hat, kann man so nicht vermitteln, weder in einer Beziehung noch in der Familie oder im Freundeskreis. Da entsteht eine große Kluft. Wenn man sich in dieser Zeit verändert hat, auch die Verhältnisse in Deutschland anders sieht und sich das eigene Wertesystem gewandelt hat, gibt es natürlich Schwierigkeiten mit den Menschen, zu denen man zurückkehrt. Es gibt Verwerfungen. Wenn die Soldaten, die im Auslandseinsatz waren, zusammenkommen, kann es dagegen ganz schnell gehen, dass man einander versteht. Man weiß, wovon der andere redet, man kennt die Orte, die Situationen. Darüber entsteht ein Austausch. Ich denke, im Erzählen der Erlebnisse unterschiedlichster Art geschieht so etwas wie Aufarbeitung.

Nach dem Einsatz muss jeder Soldat an einem Reintegrationsseminar teilnehmen. Innerhalb von zwei Tagen wird reflektiert: Wie war der Einsatz? Trage ich noch belastende Erlebnisse mit mir herum? Gibt es noch etwas, was ich loswerden muss? Diejenigen, die wirklich noch an Erlebnissen zu knabbern haben, bei denen die Gefahr besteht, dass sich eine posttraumatische Belastungsstörung (PTBS) entwickelt, haben die Möglichkeit, weitere Einzelgespräche zu führen – um herauszufinden: Ist da noch was? Und um dann auch entsprechend handeln zu können. Das ist der eigentliche Sinn von Reintegrationsseminaren. Wobei die Standards noch verbessert werden könnten, ja verbessert werden müssen.

Für mich war der Einsatz ein sehr schönes und einmaliges Erlebnis, und zwar aus dem einfachen Grund: Welcher Pfarrer, egal ob zivil oder beim Militär, kann so viel Zeit mit der ihm anvertrauten Gemeinde verbringen? Einige von denen, die dabei sind, haben eine kirchliche Bindung, die meisten aber nicht. Dennoch bin ich vier Monate lang Tag und Nacht mit meiner Gemeinde zusammen gewesen. Frühmorgens miteinander am Waschbecken stehen, zusammen essen, zusammen arbeiten, zusammen Gottesdienst feiern, zusammen etwas unternehmen, abends zusammen ein Bier trinken. Alles. Ich habe das als eine wunderschöne Herausforderung empfunden. Es war auch eine sehr intensive Erfahrung, eine besondere Zeit in meinem Leben. Ich ging auf die Soldaten zu, habe sie gefragt: »Was liegt an? Wie geht es euch? Gibt es Probleme?«

Für die Führungsebene hatte ich eine Vermittlerfunktion. Wenn einer Schwierigkeiten hatte, wurde er häufig zu mir geschickt. Und in der Regel können wir als Pfarrer tatsächlich helfen, unterstützen, einschätzen, natürlich in enger Zusammenarbeit mit einem Psychologen. Es kann passieren, dass jemand nach Hause muss, weil er nach einem Monat per SMS erfährt, dass seine Frau die Schlösser zu Hause ausgewechselt hat und seine Koffer vor der Tür stehen.

Ein immenses Problem für die Soldaten ist die Trennung von ihrer Familie. Vor allem, wenn der Auslandseinsatz über Weihnachten und Neujahr geht und wenn es nicht das erste Mal, sondern vielleicht schon das dritte oder vierte Mal ist. Dann versuchen wir, die Soldaten in Gesprächen wieder aufzubauen, ein Ohr für sie zu haben. Wir versuchen, gemeinsam einen Weg zu finden, wie sie mit der Situation umgehen können, überlegen, wie sie die Kommunikation nach Hause aufrechterhalten können, und so weiter. Vor allem aber versuchen wir, Trost zu spenden. Ihnen die Möglichkeit zu geben, sich mal richtig auszuheulen.

Lagerkoller habe ich natürlich auch miterlebt. Dass so etwas entsteht, ist ganz normal, wenn man Menschen für längere Zeit an einem Ort »zusammenpackt« und die Bewegungsmöglichkeiten sehr eingeschränkt sind. Man muss lernen, miteinander zu leben. Wir Pfarrer sind da allerdings privilegiert, weil uns ein Container für uns allein zugestanden wird. Wir haben sozusagen ein Einzelzimmer. Alle anderen sind mindestens zu zweit in so einem kleinen Container untergebracht. Ich weiß nicht, ob Sie so ein Ding schon mal gesehen haben. Diese Container werden auf Lastwagen transportiert, sie sind also auch nur lastwagenbreit. Darin haben gerade mal ein Doppelstockbett, ein Einzelbett, drei kleine Schränke und ein Tisch mit drei Stühlen Platz. Mehr nicht. Die Sanitäreinrichtungen sind außerhalb. Es hat schon was von einem Zeltlager.

Natürlich sind wir auch für die Sinnfrage zuständig. Eher was den grundsätzlichen Sinn des Lebens anbelangt, weniger für die Sinnfrage in Bezug auf den Auslandseinsatz. Natürlich habe ich auch dazu meine Meinung und diskutiere mit den Soldaten darüber, inwiefern es sinnvoll ist, dass wir an den Einsätzen teilnehmen. Viele Soldaten kommen aus wohlbehüteten, sicheren Verhältnissen. Und wenn es dann direkt nach der Schule in die Bundeswehr geht und klar ist: »Ich mach Karriere bei der Bundeswehr«, wenn sich obendrein die Kasernen in ländlichen Gebieten befinden – was oft der Fall ist –, dann haben die meisten keinerlei Lebenserfahrung und keine Erfahrung mit Fremdem. Auch nicht mit den fremden Menschen in unserem Land, den Migranten. Manche haben nie in der Stadt gewohnt. Es gibt einige Soldaten, die sich tagsüber nicht nach Kreuzberg oder Neukölln trauen würden, das wäre ihnen zu unheimlich. Da sind viele Vorurteile und Vorbehalte, meistens aufgrund mangelnder Erfahrung. Sie werden in den Auslandseinsatz geschickt, und draußen, vor dem Tor des Lagers, ist das Fremde. Da gibt es natürlich Berührungsängste, Befürchtungen, die oft absolut unnötig sind.

Ich habe die Soldaten immer mit nach draußen genommen. Einmal hatte ich einen Soldaten dabei, der war furchtbar aufgeregt und ängstlich. Im Gespräch stellte sich dann heraus, dass er noch nie im Ausland gewesen war, außer mal für einen Tag in Holland. Er war noch nie weg gewesen. Der Einsatz war sein erster Aufenthalt in der Fremde, und dann auch noch als Soldat.

In der Vorausbildung für Soldaten wird immer vom *worst case* ausgegangen. Es wird trainiert, wie man sich als Soldat verhalten muss, wenn es wirklich brenzlig wird. Aber das ist im Kosovo ja nicht der Normalfall. Man kann sich in den Städten genauso frei bewegen wie in anderen Ländern auch. In Afghanistan ist das anders. Da kann man sich gar nicht genug auf den Ernstfall vorbereiten. Im Kosovo bin ich nie jemandem begegnet, der mir irgendwas Böses wollte oder abfällig reagiert hat, im Gegenteil. Da ist viel Offenheit. Da wir ja als Pfarrer keine Waffe tragen, brauchen wir einen Personenschützer für den Zweifelsfall. Gleichzeitig ist er auch der Fahrer, der uns in der Gegend herumfährt. In Absprache mit den Vorgesetzten dürfen wir aber auch Leute mit rausnehmen.

Es gibt sicherlich etliche, die das Geld reizt. Ich glaube, je jünger die Soldaten sind, desto mehr spielt der monetäre Aspekt eine Rolle. Die älteren Soldaten betrachten das nüchterner. Vor allem, wenn sie Familie haben. Die zusätzlichen Verdienste durch die Auslandszulage sind nicht so sehr groß, wenn man die Leistungen betrachtet, die dafür erbracht werden müssen. Der Bundeswehrverband hat einmal ausgerechnet, dass ein Soldat sich im Auslandseinsatz sogar schlechter stellt gegenüber demjenigen, der mit gleicher Qualifikation hier im Inland die gleiche Arbeit tut, inklusive der ganzen Überstunden und Sonderleistungen, die im Ausland ohne weitere Bezahlung einfach hinzukommen. Wenn man es also genau betrachtet, erkennt man, dass sich das mit dem »großen Geld« relativiert.

Wirklich gefährliche Situationen habe ich nicht erlebt. Wir hatten in unserem Einsatz Glück, es gab keine größeren Unfälle, keine Toten. Hin und wieder Verletzte, das schon, aber es hielt sich alles noch im normalen Bereich. Schön war, in Kontakt mit der Bevölkerung zu kommen, zu sehen, wie die Menschen leben, auch die Kinder in diesem Kindergarten und ihre Eltern und Großeltern. Beeindruckend war auch, wie dankbar die Kinder sind für das, was sie bekommen. Wir haben organisiert, dass die Soldaten in ihren Briefen nach Hause um Sachspenden gebeten haben. Da wurden dann Kisten gepackt mit Spielzeug und so weiter. Auch haben wir eine große Sammelaktion ins Leben gerufen, damit der Kindergarten eine anständige Heizung bekommt. Die Kinder dort sind ausgesprochen diszipliniert. So kennt man das aus deutschen Kindergärten nicht unbedingt. Sie sind sehr lernwillig. Das war schon ein bisschen wie in der Vorschule, sie sind mit Feuereifer dabei und lernen schreiben und rechnen. Das hat mich besonders berührt. Ich hatte das Gefühl: Die suchen nach einem Ziel, nach einem sinnvollen Tun. Die wollen auch schon in ihrem kleinen Leben etwas auf den Weg bringen.

Auf der anderen Seite ist da aber auch die Situation der Sinti und Roma in dem Land. Da ist viel Hoffnungslosigkeit. Deren Kinder werden in der Schule nicht so gut behandelt, viele brechen die Schule vorzeitig ab. Sie sind wirklich arm dran. Wir mussten in gewissen Zeiten auch sehr aufpassen, durch die Unterstützung der Sinti und Roma nicht in einen Konflikt zu geraten, da die Kosovaren die Sinti und Roma eigentlich eher auf der serbischen Seite sahen. Viele von ihnen mussten flüchten und leben in Elendsvierteln um Belgrad herum.

Wir Pfarrer erfahren in den Gesprächen mit den Soldaten eine ganze Menge über ihre Verfassung. Die Soldaten wissen: Das ist eine Anlaufstelle, zu der wir gehen können, ohne dass es dienstliche Konsequenzen hat, hier ist eine neutrale Person, bei der ich mir unvoreingenommen eine Meinung, einen Rat holen kann. Das spricht sich schnell herum. Der Gottesdienst war bei uns sehr gut besucht, auch von Menschen, die sonst mit der Kirche nichts am Hut haben. Wenn man fragt, was sie dazu bewegt, sagen sie oft, diese eine Stunde sei mal was anderes, eine Ablenkung. Durch den Gottesdienst bekäme man neuen Input. Mein katholischer Kollege und ich als evangelischer Pfarrer waren ziemlich stolz darauf, dass wir in unserem ostdeutschen Kontingent aus Beelitz mehr Besucher im Gottesdienst hatten als das bayerische Kontingent davor. Woran es lag, weiß ich nicht. Aber man kann sagen: Dadurch, dass wir bei Auslandseinsätzen mit dabei waren, haben wir bei den Soldaten einen Stein im Brett. Unser Engagement hat unsere Arbeit auch im zivilen Leben sehr befördert. Die Soldaten haben ein feines Gespür dafür, ob jemand nur redet oder ob er auch mitmacht. Und wir von der Militärseelsorge machen mit, nehmen teil an ihrem Leben. Die Soldaten wissen, dass wir uns, was Ausbildung und Besoldung anbelangt, in den oberen Rängen der Offiziere bewegen. Und dennoch sind wir bei ihnen, lassen uns blicken, wir kümmern uns um sie. Das bewirkt natürlich etwas bei den Soldaten.

Wir haben keinen Dienstgrad. Wir sind und bleiben Zivilisten. Das hat mit der rechtlichen Situation zu tun: Als in der Bundesrepublik die Wiederbewaffnung geplant wurde, sollte die Armee keine vom Rechtsstaat getrennte Institution werden, sondern Teil desselben sein. Deshalb spricht man ja auch von »Staatsbürgern in Uniform«. Das Grundgesetz hat somit auch in der Kaserne Geltung, und im Grundgesetz ist die Religionsfreiheit verankert. Damals gehörten 99,6 Prozent der Soldaten einer der beiden christlichen Konfessionen an. Mit der Evangelischen Kirche wurde im Zuge dessen der Militärseelsorgevertrag abgeschlossen. Die Kirchen »leihen« ihre Pfarrer der Bundeswehr sozusagen für eine Weile aus. Die leisten ihre kirchliche, zivile Arbeit, aber innerhalb der Bundeswehr. Dadurch sind wir unabhängig, wir sind nicht in die militärische Hierarchie eingebunden. Wir haben niemandem etwas zu sagen, aber uns hat auch niemand etwas zu sagen. Das gibt uns eine gewisse Freiheit. Wir haben lediglich das Anhörungsrecht. Das ist wichtig, wenn es um schwerwiegende Probleme geht. Wir können anmahnen, uns an jede Hierarchieebene wenden, um deutlich zu machen, da stimmt was nicht, da müssen wir eingreifen. Und das wird akzeptiert, anerkannt und geachtet. Insofern sind wir in einer guten Position.

In der Armee spielt die Innere Führung eine große Rolle. Dieser Begriff meint die komplexe Führungskonzeption der Bundeswehr, verbunden mit dem Leitbild des Staatsbürgers in Uniform. Der Generalsinspekteur Schneiderhan hat in Zusammenhang mit der Militärseelsorge sinngemäß gesagt, es genüge ihm nicht, dass ein Soldat sein Handwerk verstehe. Das muss er sowieso, um seiner eigenen Sicherheit willen. Wir wollen ja auch, dass die Jungs und Mädels ihren Auftrag gut erfüllen können und gesund wieder zurückkommen. Aber zur Professionalität gehört genauso, dass man über eine ethische und moralische Urteilsfähigkeit verfügt. Deswegen gibt es auch Fort- und Weiterbildungen im ethisch-moralischen Bereich. Natürlich bleibt auf dem Gebiet noch viel zu tun, da muss die Bundeswehr noch mehr in Bewegung bringen, vor allem was die soziale Kompetenz von Führungskräften angeht. Aber im Vergleich zu anderen Armeen stehen wir gut da. Darin liegt meines Erachtens auch das unterschiedliche Ansehen der verschiedenen Nationen im Ausland begründet. Ich glaube, die deutschen Soldaten treten nicht so martialisch auf, das ist der eine Punkt. Der andere ist, dass durch die Kontakte zur Zivilbevölkerung Vertrauen entsteht. Auch in den skandinavischen Ländern wird so gearbeitet. Bei den Schweizern und Österreichern ebenfalls. Das ist eben ein anderes Konzept als beispielsweise bei den Amerikanern.

Das Soldatenleben birgt immer die Gefahr, in den Männern den »Rambo« zum Leben zu erwecken, den Soldaten der alten

Schule, könnte man vielleicht sagen. Wenn es allerdings in dieser Hinsicht im Einsatz zu Auffälligkeiten kommt, wenn einer also beispielsweise die Verhältnismäßigkeit der Mittel außer Acht lässt, wird nicht lange gefackelt. Er wird nach Hause geschickt. Soweit ich das mitgekriegt habe, funktionieren die Sicherheitsmechanismen ganz gut. Es gibt immer auch Kameraden, die in kritischer Distanz zu diesem Ramboverhalten stehen, das selbst nicht wollen und woanders ihre Aufgabe sehen. Intern werden Problemfälle öffentlich, und es werden Maßnahmen ergriffen. Die Bundeswehr achtet darauf mehr als andere Armeen. Natürlich gibt es immer solche und solche, und klar, man muss an bestimmter Stelle auch Soldat sein. Aber es bleibt immer die Frage: Auf welche Art und Weise bin ich Soldat? Und was sind meine ethischen und moralischen Grundlagen?

Februar 2008

DER KRIEG WAR TERMINOLOGISCH ABGESCHAFFT

Winfried Nachtwei

Ich gehöre zu den wenigen »Privilegierten« außerhalb der Bundeswehr, die relativ oft in die Einsatzgebiete reisen konnten: Als Bundestagsabgeordneter der Grünen war ich vierzehn Mal in Afghanistan, ebenso oft auf dem Balkan, mehrfach im Kongo. Darüber habe ich umfangreiche Reiseberichte erstellt und verbreitet. *

Der Großteil unserer Gesellschaft nimmt diese Einsätze nur ganz aus der Ferne wahr. Auch für uns Politiker sind die Besuche vor Ort relativ kurz. Und dann nimmt man das alles zum Teil eben auch aus dem »goldenen Käfig« wahr; wir haben vor allem mit Offizieren zu tun, weniger mit Unteroffizieren oder Mannschaftsdienstgraden. Es gibt kaum die Gelegenheit, mal in Ruhe zu reden, sodass auch wirklich Vertrauen aufkommen könnte. Denn was sollen die Soldaten mit den Politikern reden, die mal eben schnell aus Berlin angereist kommen? Wir reden also mit den Vertrauensleuten, und da geht es dann darum, wo gerade der Schuh drückt, was momentan besonders dringlich ist – dann stehen schon wieder die Nächsten parat. Wie beim Zahnarzt. Umso mehr bin ich daran interessiert,

---

* www.nachtwei.de

dass die Leute mal von sich erzählen können. Ich spüre so manches Mal so etwas wie einen »Maulkorb«. Ob das übliches Gruppenverhalten oder ausdrücklich angeordnet ist, kann ich schlecht einschätzen.

Seit 1994 habe ich ständig mit politischen Beratungsprozessen zu Auslandseinsätzen zu tun gehabt. Und meine Erfahrung ist in summa, dass seitens der Politik zu langsam und zu dürftig aus der Praxis dieser Einsätze gelernt wird. Intensiv beschäftigen sich eben doch nur wenige Kolleginnen und Kollegen mit diesen Auslandeinsätzen. Meist verengt sich das auf den Verteidigungsausschuss. Der Rechtfertigungsdiskurs stand lange im Vordergrund. Der Wirksamkeitsdiskurs kommt erst jetzt an die Oberfläche. Wenn man sich die Plenardebatten einmal anschaut – da geht es überwiegend um Rechtfertigung. Aber: Haben die Antiterror-Kampfeinsätze der Operation Enduring Freedom in Afghanistan wirklich zur Eindämmung des internationalen Terrorismus beigetragen? Oder haben sie nicht das Gegenteil bewirkt? Eine Antwort auf diese Schlüsselfrage ist mir konsequent verweigert worden. Auch im Pentagon habe ich einen Zuständigen gefragt: Wie sieht es mit der Wirksamkeit aus? Das sei eine gute Frage, die er sich auch immer wieder stelle, antwortete er. Schluss. Das war's.

Es ist unverantwortlich, solch einem Einsatz die Zustimmung zu geben, wenn man keinerlei Kenntnis, nicht mal eine Ahnung davon hat, was das überhaupt bringt. Wenn man sogar Anhaltspunkte dafür hat, dass das Gegenteil von dem erreicht wird, was erreicht werden sollte: mehr Hass, mehr Gewalt, mehr Terror.

Kanzler Schröders Zusicherung von »uneingeschränkter Solidarität« nach dem 11. September 2001 war aus der Situation heraus verständlich, aber vor dem Hintergrund von Rechtsstaatlichkeit unhaltbar. Es gibt eine andere Formulierung aus dem Verteidigungsministerium: »Wir werden uns nicht entzie-

hen können ...« Auch das darf nicht gelten, auch wenn es natürlich in einem Bündnis schwierig ist, Nein zu sagen. Ich
habe selbst vor dem Irakkrieg mitbekommen, wie schwierig
das damals war, welchen Druck es gab aus verschiedensten
Richtungen. Nein, an erster Stelle muss die Selbstprüfung stehen: Wie sieht es mit den tatsächlichen dringenden Notwen-
digkeiten im Sinne von kollektiver Sicherheit aus, also auch
außerhalb von Landes- und Bündnisverteidigung? Unser Be-
zugsrahmen ist ganz klar die UN-Charta. Nur wo es um die
Bedrohung internationaler Sicherheit und des Weltfriedens
geht und wo es keine nichtmilitärischen Alternativen gibt,
dürfen wir außerhalb der Landes- und Bündnisverteidigung
einschreiten.

Ausgeschlossen werden muss ein Auslandseinsatz zur Durchsetzung von Partikularinteressen eines beteiligten Landes.
Um zum Beispiel bestimmte genehme Regime an der Macht
zu halten. Das muss man sich auch bei den Verbündeten anschauen: Mit wem segelt man da in einem Boot unter der
Flagge der Vereinten Nationen? Auch wenn über dem Unter-
fangen die Resolution des UN-Sicherheitsrats steht, anknüp-
fend an allgemeingültige Werte von kollektiver Sicherheit,
können einzelne Beteiligte in diesem Rahmen auch ihre Spe-
zialinteressen haben – im Fall der USA immer wieder und un-
bestreitbar geostrategische Interessen, was Zentralasien angeht. Das wird insgesamt von deutschen Politikern zu wenig
geprüft.

Bei den Grünen gab es mehrfach äußerst intensive Debatten
um diese Einsätze. Zum ersten Mal im Falle Bosnien-Herzegowinas. Zunächst hatte sich folgende Position durchgesetzt:
Nein, keine Beteiligung an IFOR und SFOR. Die Begründung – auch meine – war die Befürchtung, dass diese Einsätze
eine Remilitarisierung der Außenpolitik bedeuten würden
und damit die Rückkehr zu einer imperialistischen Außenpolitik. Dieser Blickwinkel stand konträr zur Perspektive der

Opfer, also der Menschen in den Kriegsgebieten. – Damals gab es sehr heiße Auseinandersetzungen. Hätte die Grüne Fraktion damals, 1995/96, für die Beteiligung an den Einsätzen gestimmt, dann hätte es die Grünen zerreißen können. Daran wären sie kaputtgegangen.

Die nächste Station der Auseinandersetzung war Kosovo 1998/99. Diesmal aber gab es einen »Vorlauf«. Mit einigen Abgeordneten und den Parteivorsitzenden waren wir im Herbst 1996 erstmalig in Bosnien-Herzegowina gewesen, in Mostar, Sarajevo und Banja Luka. Wir waren übrigens die erste Fraktion und Partei, die mal eine ganze Woche dorthin gefahren ist, so zerstritten, wie wir damals waren. Wir haben uns auch vor Ort weitergestritten. Aber an bestimmten Orten ist einigen von uns, auch mir, vieles klar geworden. Da gab es gewisse »Positionsschübe«. Wir standen ein Jahr nach den Kämpfen am Hang oberhalb von Sarajevo. Da wurde einem noch einmal erzählt, was man ja aus den Medien schon wusste, aber nie wirklich realisiert hatte: drei Jahre Belagerung, von hier aus ständiger Beschuss der Stadt unten, insgesamt 10 000 Tote. Es war etwas ganz anderes, wirklich davorzustehen.

Danach besuchten wir den Bischof von Banja Luka, der uns eine Standpauke gehalten hat: Ihr – gemeint war Europa –, ihr habt das geschehen lassen! Ihr habt euch überhaupt nicht darum gekümmert. Österreich als Nachbarland hat zuerst hingeschaut. – Wir waren mit den ersten Jahren des einigen Deutschlands beschäftigt gewesen – und dann sieht man diese Trümmer, in Mostar zum Beispiel. Ich kenne den Anblick zerbombter Häuser ja noch aus der Nachkriegszeit. Wir haben die dichten Narben an den Häusern gesehen, die Intensität einer geradezu handwerklichen Zerstörungswut: Immer wieder draufhalten. Kein Großschaden durch eine Bombe, sondern systematische Zerstörungswut. Und wir haben gesehen, wie das bestehende Gewaltpotenzial von den SFOR-Truppen niedergehalten wurde. Wir haben die Erfahrung gemacht, dass sie ganz unverzichtbar waren zur Gewalteindämmung nach dem Krieg. Dann haben wir dort auch deutsche Generale kennengelernt, die auch für diejenigen von uns, die mit Militär bis dahin wenig zu tun hatten, erstaunlich zivil waren in ihrer Denkart. Keine knarrenden Militaristen. Politisch zivil, vernünftig.

Und dann kam der Kosovokrieg. Wir waren diejenigen gewesen, die seit Jahren im Bundestag vor der Zuspitzung im Kosovo gewarnt hatten. Wir hatten Vorschläge gemacht, positive Angebote für Serbien, um das Problem zu lösen. Sie wurden von der damaligen Union/FDP-Regierung weggewischt, noch im Sommer 1998. Dann kamen wir im Herbst an die Regierung, und im Kosovo steckte der Karren tief im Dreck. Nachdem der Luftkrieg nicht verhindert worden war, hat Fischer es damals geschafft, immerhin einen Weg zum Waffenstillstand anzustoßen, unter Einbeziehung Russlands. Aber damals sind viele politische Beziehungen zerbrochen. Für langjährige Weggefährten aus der Friedensbewegung und von den Grünen war man plötzlich »Kriegspartei«, Verräter an den eigenen Idealen.

Die Ausgangslage in den Neunzigerjahre war folgende: Im Grundgesetz der Bundesrepublik Deutschland gab es keinen Krieg mehr. Er war terminologisch abgeschafft worden. Es gab nur noch den Verteidigungsfall, kurz: »V-Fall«. Ein möglicher Krieg war zusammengeschnurrt auf den »V-Fall«. Es war also die langjährige Tendenz vorausgegangen, sich terminologisch von »Krieg« zu lösen. Und zwar ausgehend von etwas sehr Gutem: Der Krieg war als Mittel der Politik verbrannt. Eine faktische Kriegsächtung mit Ausnahme des Verteidigungsfalls – ich halte das für sehr, sehr richtig. Dieser Sachverhalt bedeutet nichts anderes als die gesellschaftliche Ächtung von Krieg.

Der andere Hintergrund war, dass die Vereinten Nationen auf dem Feld der Auslandseinsätze eine lange Tradition haben.

In Deutschland hat man allerdings wenig davon mitgekriegt,
weil man nicht beteiligt war. In der Sprache der UN-Charta
geht es dann immer um die Bedrohung von internationaler
Sicherheit und des Weltfriedens. Und es geht um die Aufgabe
von Friedenssicherung oder Friedenswiederherstellung. Ziel
der Einsätze ist immer: Frieden vor dem Hintergrund kollektiver Sicherheit. Implizit heißt das, nicht zur Durchsetzung von
Partikularinteressen, nicht zur »Fortsetzung der Politik mit anderen Mitteln«. Daher die Begriffe *peacekeeping*, *peacebuilding*, *peace enforcement*. Diese Begrifflichkeiten meinen
durchaus das Richtige, sind aber auch verharmlosend.

Friedenssicherung: Das ist der traditionelle Blauhelmein-
satz, der die Konfliktparteien auseinanderhält, eine Waffenstillstandslinie zu bewachen hat. So etwas Simples gibt es
aber heutzutage kaum mehr. Dieses Vorhaben ist noch am an-
gemessensten. Wenn es dann aber darum geht, einen Waffenstillstand ohne klare Waffenstillstandslinie abzusichern oder
Waffenstillstandsbrecher wieder einzufangen und sich ihnen
gegenüber durchzusetzen, dann kann von »Frieden schaffen«
keine Rede mehr sein. Das ist verharmlosend. Wenn es dabei
nämlich zum Einsatz von militärischer Gewalt kommt, der ja
bis zum Einsatz von militärischer Kriegsgewalt gehen kann,
dann ist das unabhängig von den richtigen Zielen immer noch
ein Übel. Weil dabei Menschen verletzt und getötet werden
können, weil dabei zerstört wird. In der Wortwahl »Frieden
schaffen« oder gar »Frieden erzwingen« steckt schon eine
Verharmlosung.

Hinzu kommt: In dieser UN-Begrifflichkeit ist auch ein illu-
sionäres Element enthalten. Weil nämlich wider besseres Wissen der UN-Gemeinschaft der Eindruck erweckt wird, dass
sich mit militärischen Mitteln Frieden »schaffen« lässt. Das
geht sowieso nicht; ein Waffenstillstand, ja ein Zeitfenster für
politische Konfliktlösung vielleicht, aber mehr nicht. Die Einsätze der Bundeswehr waren Stabilisierungseinsätze. Die

erste Teilnahme an SFOR und KFOR nach dem NATO-Luft-
krieg würde ich auch als einen solchen bezeichnen, ebenso
ISAF in Afghanistan in den ersten Jahren – das waren alles
keine Kriegseinsätze. Das wird immer wieder geleugnet von
grundsätzlichen Kritikern dieser Einsätze. Es sind Einsätze in
Nachkriegsgebieten, nur zum Teil in Kriegsgebieten. Aber
nicht mit der Intention, Krieg zu führen, sondern Krieg einzudämmen. Ich hab den Soldaten in Sarajevo damals gesagt: Ihr
macht genau das Gegenteil von dem, was die Wehrmacht hier
getan hat. Um 180 Grad verschieden.

Dann hat sich aber die Situation in Afghanistan in den unterschiedlichen Regionen verschärft: Im Süden und im Osten
ist seit 2006 ein voller Kampfeinsatz im Gange, in vielen Distrikten gibt es eine kriegerische Situation. Im Norden in der
Provinz Kunduz muss man davon spätestens seit April 2009
sprechen. Nun sind es eben nicht mehr »nur« Einzelattacken,
Hinterhalte und Anschläge, sondern auch militärisch organisierte Angriffe, mehrstündige Gefechte. Deshalb ist jetzt auf
der taktischen Ebene in einzelnen Distrikten auch im Norden
von einer kriegerischen Situation die Rede. Dort herrscht
Kleinkrieg, Guerillakrieg, Terrorkrieg. Daneben gibt es Provinzen, wo es weiterhin für afghanische Verhältnisse »ruhig«
ist, wo der Aufbau noch vorankommt.

Die Sache wird dadurch noch komplizierter, dass der Gesamtauftrag von ISAF in Afghanistan und somit der Auftrag
der Bundeswehr kein Kriegsauftrag ist. Der Gesamtauftrag
lautet weiterhin: Stabilisierung. Wäre es ein Kriegsauftrag,
dann stünde dahinter die Auffassung, man könnte diesen Konflikt bewaffnet, militärisch lösen. Das sagt seit vielen Jahren
kein führender Offizier mehr. Bei der Bundeswehr sowieso
nicht, aber auch bei den anderen nicht. Unter Bush war das
bei den Amerikanern anders.

Ich habe mit Fallschirmjägern in Kunduz gesprochen. Was
sie erlebt haben, waren Kriegssituationen. Als Lehrer habe ich

im Unterricht mit den Schülern »Im Westen nichts Neues« gelesen, um bei den Jugendlichen ein Gefühl dafür zu schaffen,
was Krieg bedeutet, was das mit den Menschen macht. Die
Menschen der gegnerischen Parteien stecken in genau dieser
Falle: Entweder du oder ich. Da geht es nicht mehr um irgendwelche Ziele. Man steht im Überlebenskampf gegeneinander.
Der ganz elementare Überlebenswille – das ist der menschliche »Schmierstoff« fürs Funktionieren von Kriegen. Und genau das habe ich auch in den Berichten der Fallschirmjäger
aus dem Gefecht wiedergefunden: Entweder du oder ich.
Wenn ich jetzt nicht schieße, sterbe ich oder stirbt mein Kamerad.

Für die sehr differenzierte, komplexe Realität der Auslandseinsätze gibt es heute keinen ehrlichen, präzisen, zusammen-
fassenden Begriff. Mir ist das schon aufgefallen, als es sich
noch eindeutig um einen Stabilisierungseinsatz im Norden Afghanistans handelte. Die Schutz- oder Sicherheitsfunktion der
relativ kleinen ISAF-Truppen war sehr schwer zu vermitteln.
Verteidigungsminister Struck hat damals erzählt, die Soldaten
würden die Hilfsorganisationen bei ihrer Arbeit begleiten.
Völliger Unsinn. Das kann man schon quantitativ gar nicht
leisten. Außerdem beruht die Sicherheit der Hilfsorganisationen auf dem Vertrauen der Bevölkerung. Das ist deren Sicherheit. Und die Funktion der kleinen Trupps da oben im Norden
mit den PRTs (Provincial Reconstruction Teams) war, Puffer zu
sein in einem Umfeld von konkurrierenden Gewaltakteuren,
die alle jeweils ihre Rechnungen noch offen hatten; Puffer zu
sein für den Aufbau von so etwas wie Staatlichkeit; die Kriegs-
parteien auseinanderzuhalten und Verbindungen herzustel-
len, zu schauen: Woraus genau bestehen denn die Konflikte,
wo kann man etwas regeln? Das geht in den Bereich von bewaffneter Diplomatie. Aber das zu Hause zu vermitteln ist äußerst schwierig. Das verbreitete Bild ist: Die Bundeswehr als
THW mit Gewehr, was sie so, wenn man genau hinsieht, nie

war. Oder sie werden als die Krieger dargestellt. Aber in der Realität sind diese Einsätze eine große Palette dazwischen. Wer weiß denn schon, wann der erste Bundeswehrsoldat im Kampf gefallen ist? Das war nach fünfzehn Jahren Bundeswehreinsätzen im Ausland, am 29. April 2009 in Kunduz. Und danach, im Mai 2009, wurden erstmals in der gesamten Bundeswehrgeschichte Gegner im Kampf erschossen. Seitdem etliche. Im Juni ist erstmalig eine scharfe Mörsergranate eingesetzt worden, das gab es bis dahin auch nicht. Das allgemeine Bild ist, dass dies schon lange ein Kriegseinsatz sei. Aber in Wirklichkeit hat das erst in diesem Jahr angefangen.

Es gibt in Deutschland eine breite Ablehnung von Krieg als Mittel der Politik. Das ist ein zivilisatorischer Fortschritt sondergleichen. Das ist unheimlich gut. Und man sollte sich hüten, diesen Fortschritt rückgängig zu machen. Das war immer meine Befürchtung: Die »Normalisierung« der Haltung Deutschlands zum Krieg, die Angleichung an Einstellungen, wie sie zum Beispiel in Großbritannien zu finden sind, in Frankreich und in etlichen anderen Ländern. Nein, das bitte nicht.

Aber auch als Bundesrepublik müssen wir uns verhalten zu Situationen von umfassender illegaler Gewalt. Auf dem Balkan haben wir das erlebt. Oder zu Situationen, die Kofi Annan 2005 folgendermaßen beschrieben hat: In den Jahren zwischen 1990 und 2005 seien – so die Wahrnehmung der Vereinten Nationen – so viele innerstaatliche Konflikte zu Waffenstillständen, zu Friedensschlüssen gebracht worden, oft mithilfe der UN, wie seit 200 Jahren nicht mehr. Also ein enormer Erfolg der Friedensvermittlung. Die Schattenseite daran ist die Erfahrung, dass innerhalb von fünf Jahren danach die Hälfte dieser Länder wieder in den Krieg »zurückgerutscht« ist. Annan hat es als eine Hauptaufgabe globaler Friedens- und Sicherheitspolitik formuliert, eben nicht nur Waffenstillstände zu vermitteln, sondern beim Aufbau von Frieden hilfreich zu sein, das sogenannte *peacebuilding*. Wenn man UNO-Mitglied ist, dann muss man auch grundsätzlich bereit sein, sich daran zu beteiligen. Nicht in jedem Einzelfall. Man kann immer sagen: Wir können aus diesen oder jenen Gründen nicht. Ich erinnere mich an die Tschad-Mission: krasser Unsinn, Irak ebenso.

Und auf dieser Ebene habe ich, haben wir, hat die Mehrheit im Bundestag die Verpflichtung gesehen, die Bevölkerung von Auslandseinsätzen solcher Art zu überzeugen. Der Haken daran ist, dass die klare Bindung an die UN-Normen nicht bei allen Einsätzen gleich eindeutig ist. Und dass man im Kosovo-Luftkrieg selbst dagegen verstoßen hat. Was dann auch die eigene Glaubwürdigkeit mindert. Trotzdem finde ich: Durch einen Sündenfall ist man noch nicht notorisch besserungsunfähig.

Der erste Auslandseinsatz war 1989 in Namibia. Da haben bundesdeutsche und DDR-Polizei zusammengewirkt. Eine UN-Mission in Namibia beim Übergang zur Unabhängigkeit. Deutschland war ja bis zum Ersten Weltkrieg Kolonialmacht im damaligen Südwestafrika. Seit 2003/04 – erster Kongo-Einsatz, dann Libanon, zweiter Kongo-Einsatz, verschärft durch Afghanistan – beobachte ich eine politische Krise der Auslandseinsätze. Politische Krise insofern, als immer mehr die Wirksamkeit infrage gestellt wird und die Akzeptanz der Einsätze schwindet. Ausgelöst wurde diese Akzeptanzkrise vor allem durch Afghanistan. Die Politik sollte sich mit dieser Kritik auseinandersetzen. Die Politik sollte sich der Kritik annehmen und sich zu Herzen nehmen, dass sie bei der Darstellung und Begründung, bei der Wirksamkeitsüberprüfung dieser Auslandseinsätze nicht das erbracht hat, was notwendig wäre. Dabei geht es nicht um eine bessere PR. Wo es um dieses Thema geht, hilft nur eines: Ehrlichkeit.

Man kriegt das nicht durch ausgefeilte Kommunikation hin oder durch einen »moralischen Overkill« wie 1999 im Zusammenhang mit dem Kosovo. Gerade in der Demokratie ist ein offener Umgang mit der Realität dieser Einsätze geboten, mit den Zielsetzungen und Interessen, die dort zum Ausdruck kommen, mit der Vorgabe, was im Hinblick auf unsere Werte geboten und was verboten ist.

Ein methodisches Handicap in den letzten Jahren – ich habe es für meine Fraktion immer wieder eingeklagt, bisher vergeblich –, ist, dass nach fünfzehn Jahren Auslandseinsätzen eine unabhängige Wirksamkeitsüberprüfung immer noch nicht stattgefunden hat. Aber genau das wäre unbedingt notwendig. Da gibt es inzwischen so vielfältige Erfahrungen; zum Teil gute: Wenn ich mich daran erinnere, was die Soldaten im Kosovo geleistet haben, welchen Respekt sie sich erworben haben bei Einheimischen und Verbündeten, da kann man den Hut ziehen.

Aber auch was es an Defiziten gegeben hat, an Versäumnissen, falschen Erwartungen, an Illusionen und so weiter – das gehört alles ausgewertet. Damit man daraus Schlussfolgerungen ziehen kann. Eine Aufarbeitung der Erfahrungen ist deshalb so wichtig, weil es ja nicht nur um politisches Handeln geht, das jederzeit korrigierbar ist, sondern immer auch um Leben und Tod. Um enorme Belastungen für die Familien und die Angehörigen. Um das Leben der jungen Soldaten. Deshalb hat die Politik hier eine ganz andere Verantwortung. Sie hat die Verpflichtung, dafür zu sorgen, dass, wenn unsere Soldaten schon in riskante Situationen geschickt werden, es dann auch Aussicht auf Erfolg und Wirksamkeit hat. Ohne eine methodische Untersuchung kann diese Wirksamkeit überhaupt nicht bewertet werden. Das geht nicht mal eben über den Daumen gepeilt und im Zusammenhang mit dem eigenen Legitimationsinteresse. Wer in der Politik will schon falschgelegen haben? Deshalb sind die authentischen Beiträge von Menschen, die wirklich dabei waren, wirklich an Auslandseinsätzen teilgenommen haben, auch so wichtig.

November 2009

Dorothea Siegle

DER ENGEL AN IHRER SEITE

Der Engel trägt Sandalen. Er ist ein entspannter, freundlicher Engel, mit einem kleinen Heiligenschein und einem weißen Kleid, so wippt er heiter auf dem Armaturenbrett des Autos hin und her und zeigt Fahrer und Beifahrer seine nackten Engelzehen. Ina Schlotterhose sitzt hinter dem Lenkrad und fährt. Sie hat noch gar nicht so lange den Führerschein, zwei Jahre ist es her, dass sie angefangen hat, Fahrstunden zu nehmen, im Frühjahr 2005. Damals ist ihr Mann Christian in den Einsatz nach Afghanistan gegangen. Im August, wenn er wieder in Deutschland landen würde, dann würde sie ihn abholen und mit dem Führerschein überraschen, so war ihr Plan. Doch ihr Mann kam früher zurück, die Bundeswehr flog ihn in einem Airbus nach Köln-Wahn. Im Sarg. Oberfeldwebel Christian Schlotterhose kam am 25. Juni 2005 bei einem Anschlag im nordafghanischen Rustaq ums Leben. Seitdem fährt seine Frau einmal pro Woche nach Thüringen, in ein kleines Dorf, in dem ihr Mann auf dem Friedhof begraben liegt.

Es war an einem Samstagabend im Winter 1998, als sie merkte: Den jungen Mann mag ich, mit dem möchte ich zusammen sein, erzählt Ina Schlotterhose. Sie ist damals siebzehn, Christian neunzehn Jahre alt, sie kennen sich von der

Schule, gehen zusammen aus, mehr ist nicht. An diesem
Abend flirtet Christian in der Disco mit einer Freundin von ihr.
Und sie merkt: »Das gefällt mir gar nicht.« Sie schreibt ihm
einen Brief, in dem sie ihm ihre Gefühle darlegt, noch in derselben Nacht. Am Abend darauf ruft er an, sagt, man könne
sich ja in der kommenden Woche einmal treffen und über alles
sprechen, Mittwoch vielleicht oder Donnerstag ... »Noch vier
Tage?« Er solle sich doch lieber gleich ins Auto setzen und zu
ihr kommen. Das macht er. Und von da an sind sie ein Paar.
Sie muss auch lachen, wenn sie daran denkt, wie zielstrebig
sie das damals eingefädelt hat. Ina Schlotterhose ist eine junge
Witwe, sechsundzwanzig Jahre alt, mit feinen Augenbrauen,
großen braunen Augen, umrahmt von einer Brille. Ein rundes
Gesicht. Ein ernster Mund.

Ihn verlassen? Niemals!

Im Auto hat er ihr öfter von seinen Einsätzen erzählt. Wenn
sie zusammen die Strecke von Göttingen nach Thüringen gefahren sind, um seine Eltern zu besuchen, dann hat er sie
manchmal teilhaben lassen an den Erlebnissen. Hat ihr erzählt von dem Leichengeruch. Von den Menschen im Krieg.
»Wir haben oft gar nicht gemerkt, wie die Fahrtzeit vergan-
gen ist.« Die Bundeswehr und ihre Einsätze sind Teil ihrer
Beziehung, von Anfang an. Als sie zusammenkommen, ist Ina
noch Schülerin, Christian schon Soldat; sie bereitet sich aufs
Abitur vor, er auf den Kosovo. 1999 gehört er zu den ersten
Soldaten, die nach den Luftschlägen dorthin müssen, da sind
sie gerade sieben Monate zusammen. »Er hat unsere Beziehung erst einmal nicht sehr ernst genommen, weil er dachte,
ich verlasse ihn sowieso in den sechs Monaten des Einsatzes.
Aber das wäre für mich nie ein Thema gewesen. Nie. Niemals.«

Als er zurückkommt, ist sie noch da und er verändert. Er schläft öfter unruhig, ist anhänglicher. »Und er hat gesagt: ›Lass uns doch das Leben einfach genießen.‹ Sonst war er eher sehr überlegt«, erzählt die junge Frau. Wenn sie von ihm spricht, dann fällt sie manchmal in die Gegenwart, sagt: »Er ist nicht so der Typ, der Leuten nach dem Bart redet.« Wenn sie von ihm spricht, dann ist er da. 2002 muss er wieder in den Kosovo, diesmal ist die Trennung für beide härter, »es gibt da keine Routine«. Das dritte Mal dann Kunduz, 2005. »Das war die Hölle.«

Christian antwortet nicht

An einem Abend, im Sommer 2004, hat er neben ihr im Bett gelegen und gefragt, ob sie ihn heiraten möchte. Sie hat gelacht und Ja gesagt. Sie haben im kleinen Kreis gefeiert, die große Party, die sollte nach dem Einsatz kommen. Der Abschied war hart. Vor seinem Abflug saßen sie am Abend mit Freunden zusammen. »Und alle haben gesagt: Er ist anders als sonst.« Er hatte Angst.

Am Morgen des 25. Juni 2005 bekommt Oberfeldwebel Schlotterhose im PRT Kunduz den Befehl, nach Rustaq zu fahren, ein Ort, etwa 120 Kilometer nordöstlich von Kunduz. Dort geben die Truppen eines Warlords ihre Waffen ab, das Material wird von Kampfmittelbeseitigern der Bundeswehr sortiert. Afghanische Tagelöhner beginnen, die Waffen zum Abtransport auf Lkws zu laden, Christian Schlotterhose steht dort als Sicherungssoldat. Nachmittags, gegen 16 Uhr, gibt es eine gewaltige Explosion. Ein Kampfmittelbeseitiger, Hauptfeldwebel Andreas Heiner, Christian Schlotterhose und sechs afghanische Arbeiter sterben. Ein Unfall, so die Bundeswehr zunächst, später wird sich herausstellen, dass es ein Anschlag war.

Ina Schlotterhose hört von der Explosion am Abend im Radio. Es ist Samstag, sie ist gerade zu Besuch bei ihren Schwie-
gereltern in Thüringen. Sie ist besorgt, schreibt Christian eine
SMS, erhält keine Antwort. Am nächsten Morgen, Sonntag,
sie frühstücken zusammen. »Und da kommen die um die
Ecke.« »Die«, das sind ein Soldat und ein Militärpfarrer. Sie
sagen den Eltern und der Ehefrau, dass Christian tot ist. Die
Mutter schreit. Ina will weg, einfach nur weg, alleine sein,
darüber nachdenken, aber man hält sie fest, sie wird wütend.
Sie bekommt eine Spritze. Dann kommen ganz viele Leute
und nehmen sie in den Arm und sagen, wie leid es ihnen tut.
Die Cousine von Christian kommt, sie sitzen zusammen, reden Unsinn, lachen. »Es dauert lange, bis das wirklich ankommt.«

Trauer, und kein Testament

Die Woche darauf erlebt sie wie im Film. Beerdigungsvorbe-
reitungen. Am Mittwoch fährt sie nach Köln-Wahn, um Christian abzuholen, dessen Sarg landet. Eine Trauerfeier in einem
Hangar auf dem Militärflughafen, Trommeln, Militärpfarrer
sprechen, der Verteidigungsminister. »Nichts ist so leer wie
eine Welt ohne dich« – auf der Beerdigung, auf dem Friedhof
in Thüringen, spielen sie das Lied von Yvonne Catterfeld.
Und sie spielen die Lieder, die Christian geliebt hat.

Der Tod bringt nicht nur Trauer. Er bringt auch Unmengen
an Papierkram. Christian Schlotterhose hat kein Testament
geschrieben. Er wollte mit seiner Frau vor dem Einsatz über
das Thema reden, sie hatte es abgelehnt. Heute wirft sie sich
vor, dass sie so hart war. Dass sie versucht hat, den Tod aus
dem Leben zu drängen.

Die damals vierundzwanzigjährige Witwe, deren Mann bei
der Bundeswehr ums Leben gekommen ist – kein Routinefall

für die Behörden in Göttingen. Ein Mitarbeiter eines Familien-
betreuungszentrums (FBZ) soll ihr bei der Flut an Formalitäten
zur Seite stehen; meist kämpft sie alleine. Als sie einmal an
einem Freitag um 11.30 Uhr im FBZ anruft, mit einer dringenden Frage, da sagt die Sekretärin:»Frau Schlotterhose, es ist
Freitag, 11.30 Uhr, Dienstschluss.« Ein anderes Mal sagt ein
Mitarbeiter zu ihr:»Frau Schlotterhose, ich gehe bald in Rente,
dann ist jemand anders für sie zuständig.«

Die Bundeswehr verstummt

An Weihnachten 2005 schreibt noch einmal der Kommandeur.
Dann verstummt die Bundeswehr. Und der Mann, den Ina
Schlotterhose geliebt hat, ist tot. Nicht nur am Tag der Trauerfeier, sondern an jedem Tag, jeden Morgen und jeden Abend
und für den Rest des Lebens.»Vielleicht hatte ich nur Pech
mit den Leuten, an die ich geraten bin«, sagt sie. Sie fühlt sich
alleingelassen von der Bundeswehr.»Es interessiert dort
heute keinen mehr, wie es mir geht. Und, hallo! Das ist doch
erst zwei Jahre her! Es sind ja nun nicht zehn Jahre vergan-
gen, dass man sagen könnte: ich mach da mal 'nen Haken
dran. Das finde ich irgendwie so ...«, sagt sie und verstummt.
Militärpfarrer Wolfram Schmidt, der mit ihrem Mann im Einsatz war, meldet sich regelmäßig bei ihr. Sie treffen sich, gehen gemeinsam auf den Friedhof.»Er fragt nach und findet
immer die richtigen Worte«, sagt sie.

Mal ein guter Tag

In dem Hotel, in dem sie arbeitet, haben sie ihr gesagt:»Frau
Schlotterhose, nehmen Sie sich so viel Zeit, wie sie brauchen.« Auch viele Freunde halten zu ihr, kümmern sich. Seine

Cousine, sein bester Freund und dessen Frau. »Die haben ja alle jemanden verloren.« Andere Freunde enttäuschen sie, melden sich einfach nicht mehr. Aus Angst, weil sie nicht wissen, was sie sagen sollen. »Man muss mit mir nicht vorsichtig oder zimperlich umgehen. Wenn ich über etwas nicht reden will, sag ich's.« Das Nichtmelden, die Angst vor der Trauer, das sei der größte Fehler im Umgang mit Hinterbliebenen, glaubt sie.

Sie sucht nach einem geregelten Alltag, besucht Familie, Freunde an ihren freien Tagen. Immer wieder gibt es Rückschläge. Im August, als Christians Sachen aus dem Einsatz kommen und sie in seiner Kiste einen Abschiedsbrief an sie findet. Dort steht, was zu tun ist, falls er stirbt. »Er hat es geahnt«, sagt sie. In dem Brief schreibt er, dass er als Engel immer bei ihr sein wird. Dass sie nur daran glauben muss.

Wie verändert sich ihre Trauer? Sie denkt nach. »Ich bin froh, dass man auch mal einen Tag übersteht, von dem man sagt: Der war gut. Aber es gibt eben immer wieder Situationen, wo man denkt: Es ist halt scheiße, dass er nicht da ist.« Sie weint. »Das denke ich schon jeden Tag.«

Die Kameraden trauern

Ina Schlotterhose ist gerade auf der Arbeit, als sie erfährt, dass drei Soldaten in Kunduz bei einem Anschlag gestorben sind – es ist Mai 2007. Sie sieht die Trauerfeier im Fernsehen, wieder in dem Hangar in Köln-Wahn, und ärgert sich. »Das ist so unmenschlich, irgendwie, auf so einem Flughafen, in so einer Riesenhalle. Und dann starten da noch Flugzeuge im Hintergrund.« Eine Kirche, einen kleineren, stilleren Raum, das würde sie sich wünschen.

Sie denkt an die Trauerfeier 2005 zurück. Als Christian überführt wird, sind viele seiner Kameraden mitgeflogen, um

seinen Sarg zu begleiten. Ina Schlotterhose sieht sie in dem
Hangar und denkt:»O Gott, wie schlecht muss es denen auch
gehen?« Nach der Trauerfeier sollen die Angehörigen direkt
wieder in einen Bus steigen.»Da hab ich voll das Theater geprobt«, erzählt sie.»Wie sollen wir denn je mit seinen Kameraden wieder aufeinander treffen, wenn wir uns jetzt nicht
etwas sagen?« Sie bekommt einen Raum zur Verfügung gestellt, kann die Kameraden ihres Mannes treffen, sie kommen
und weinen mit ihr,»die sind ja auch ein Stück von Christian«.

Für alles gibt es Netzwerke und Selbsthilfegruppen. Für
trauernde Angehörige von Bundeswehr-Soldaten nicht. Ina
Schlotterhose kämpft um Kontakte zu anderen Hinterbliebenen, mit viel Energie, sie schreibt Briefe, gibt ihre Telefon-
nummer weiter. Es ärgert sie sehr, dass die Bundeswehr den
Angehörigen nicht hilft, Kontakte aufzubauen, damit sie sich
gegenseitig stützen können, nicht so alleine sind.»Es sagen
alle: Ich kann verstehen, wie du dich fühlst. Aber keiner kann
es wirklich, der das nicht erlebt hat.«

Aus:»JS-Magazin. Die Evangelische Zeitschrift für junge Soldaten«, Juli 2007, S. 24–26

Nachtrag der Herausgeberin

Nach einem solchen Schicksalsschlag ist es wichtig und notwendig, sich mit jemandem, der Ähnliches erlebt hat, auszutauschen. Frau Schlotterhose begann, nach Menschen zu
suchen, die wussten, wie sie sich fühlt. Die Bundeswehr half
ihr mit Verweis auf den Datenschutz aber nicht weiter. Das
Fernsehen sendete ein Interview mit Andrea Beljo, einer jungen Witwe und Mutter von zwei Kindern, deren Mann ebenfalls bei einem Einsatz ums Leben kam. Als Frau Schlotterhose diesen Beitrag sah, dachte sie sofort daran, Kontakt zu

ihr aufzunehmen, und schrieb umgehend eine E-Mail an den Fernsehsender, mit der Bitte um Weiterleitung. Schon am nächsten Morgen hatte sie eine Antwort von Frau Beljo. Die beiden Frauen tauschten sich in vielen E-Mails und Telefonaten aus, und es entwickelte sich eine tiefe Freundschaft. In den ersten persönlichen Gesprächen entstand die Idee, ein Netzwerk für Hinterbliebene zu gründen. So etwas gab es bis zu diesem Zeitpunkt nicht. Das erforderte viel Eigeninitiative, Zeit und Geduld.

Seit Juli 2009 sind sie mit ihrer Seite www.du-bist-nicht-allein.net online, die sie ehrenamtlich betreiben. Sie haben damit ein Forum für Hinterbliebene geschaffen, das es ermöglicht, Kontakte zu knüpfen, sich auszutauschen und Hilfe zu finden. Auch die persönliche Korrespondenz mit Frau Schlotterhose und Frau Beljo ist möglich. Oftmals ist es den hinterbliebenen Familienmitgliedern ein Bedürfnis, mit denjenigen Soldaten Verbindung aufzunehmen, die in unmittelbarer Nähe waren, als ihr Angehöriger verstarb. Die Kameraden spielen in der Trauerverarbeitung eine wichtige Rolle, weil sie die letzten Monate, Tage und Stunden mit dem Verstorbenen verbracht haben. Insofern bietet diese Website auch Soldaten die Möglichkeit, Kontakt mit Hinterbliebenen aufzubauen.

AUSLANDSEINSÄTZE DER BUNDESWEHR

Hans J. Gießmann und Armin Wagner

Einleitung

Generalinspekteur Wolfgang Schneiderhan a. D. hatte offenbar den richtigen Instinkt. In einem Anfang August 2009 veröffentlichten Interview drückte der General seine Befürchtung aus, dass deutsche Soldaten in den Auslandseinsätzen der Bundeswehr bislang »noch nicht bis zum Äußersten« gefordert würden. Kämen durch ihr Handeln erst unbeteiligte Zivilisten zu Schaden, würde bald eine öffentliche Diskussion über soldatische Entscheidungen im Einsatz entbrennen. Nur wenige Wochen später war es so weit: In der Nacht zum 4. September 2009 hatten amerikanische Kampfflugzeuge im afghanischen Norden, nach Anforderung durch den deutschen Kommandeur des Provincial Reconstruction Team (PRT) Kunduz, zwei von Taliban gestohlene Tanklastwagen bombardiert. Bei dem Angriff kamen nicht nur fast 70 mutmaßliche Aufständische ums Leben, sondern auch Dutzende Zivilisten. Die anschließende Debatte in Deutschland konzentrierte sich, wie Schneiderhan es vorausgesagt hatte, auf den konkreten Vorfall, anstatt, wie es notwendig gewesen wäre, endlich »in den Zirkeln der großen Politik das Grundsätzliche (zu) klären«.[1]

So sehr die Bundeswehr als Instrument deutscher Außenpolitik in den vergangenen zwei Jahrzehnten an Bedeutung
gewonnen hat, so wenig scheint bis heute dieses »Grundsätzliche« erörtert, sind verlässliche Leitlinien bestimmt, an denen
sich Außen-, Sicherheits- und Entwicklungspolitik bei der
Übernahme von Verpflichtungen an den Krisenherden der
Welt kreuzen. Im außenpolitischen Kalkül der Bonner Republik bis 1990 spielte die Bundeswehr praktisch keine Rolle. Ihr
Einsatz galt mehr als drei Jahrzehnte lang als »undenkbarer
Ernstfall« und nur infolge eines Angriffs des Warschauer Pak-
tes auf den Westen vorstellbar. Seit ihrer Gründung im Jahre
1955 hatte der Kalte Krieg die Koordinaten der Bundeswehr
bestimmt. Im Rahmen des NATO-Vertrages wurde sie für die
Landesverteidigung gerüstet und auf die Verteidigung des
Bündnisgebietes vorbereitet. Zwar waren auch schon vor 1990
gelegentlich deutsche Soldaten jenseits der Bündnisgrenzen
unterwegs. Doch alles, was »scharf« über den Ausbildungs-
und Übungsbetrieb im Ausland hinausging, bewegte sich seit
der Erdbebenhilfe in Marokko 1960 ausschließlich im Rahmen
weltweiter humanitärer Hilfe bei Dürre- und Unwetterkatas-
trophen, bei Explosionsunglücken und Überschwemmungen,
bei Waldbränden und Vulkanausbrüchen.[2] Internationales be-
waffnetes *peacekeeping* oder gar Kampfeinsätze waren für
die Bundeswehr kein Thema.

Das Ende des Kalten Krieges in Europa wurde zu einer Zä-
sur für ein neues, anderes Einsatzprofil. Die gerade erst verei-
nigte Berliner Republik wurde von den Herausforderungen
einer veränderten globalen Sicherheitslage in Europa und der
Welt völlig überrascht. Die Partner und Verbündeten forder-
ten plötzlich einen solidarischen Beitrag der Deutschen zu bewaffneten Friedensmissionen ein, auf den die Bevölkerung
nicht eingestellt und die Bundeswehr nicht vorbereitet war.
Zwanzig Jahre später scheint fast normal, was damals kaum
vorstellbar war: Aktuell finden zehn Bundeswehr-Einsätze in

acht Ländern sowie im Mittelmeer und auf den Seewegen am Horn von Afrika mit ständiger Präsenz von 8120 Soldaten (Stand: 1. November 2009) statt.[3] Seit 1992 sind deutsche Soldaten praktisch ohne Unterbrechung jeden Tag außerhalb des Bundesgebiets im Einsatz. In der NATO wie in der EU ist Deutschland inzwischen einer der größten Truppensteller. Mitte 2008 erhielt der 25 0000. deutsche Soldat den Marschbefehl in einen Auslandseinsatz.

Lauter Premieren

Die wichtigsten Begründungen für die gegenwärtigen Bundeswehreinsätze fasste die Europäische Sicherheitsstrategie im Jahre 2003 in fünf Punkten zusammen: Terrorismus, die Verbreitung von Massenvernichtungswaffen, regionale Konflikte, zerbrechliche Staatlichkeit und organisierte Kriminalität. Keine davon ist wirklich neu. Neu ist seit 1990 jedoch, dass die domestizierenden Wirkungen der Ost-West-Konfrontation verschwunden sind und sich dadurch destabilisierende Entwicklungen weltweit verselbstständigt und beschleunigt haben.

Anders als unter den vergleichsweise klaren Umständen der Bedrohung und Abschreckung während des Ost-West-Konflikts ist heute weit weniger ersichtlich, wie die genannten Risiken und Bedrohungen unter Kontrolle zu bringen sind und welche Aufgabe den Streitkräften dabei zufallen sollte. Ihr Auftrag ist weniger deutlich umrissen als in der Vergangenheit, und vor allem Einsätze jenseits des Verteidigungsauftrags sind bis heute immer wieder politisch umstritten. In der militärischen Praxis bedeutet dies für die Bundeswehr, mit vielen planerischen Ungewissheiten umgehen zu müssen, und oft auch, ihre Möglichkeiten und Grenzen erst in politisch angeordneten Einsätzen kennenzulernen.

Die ersten großen Einsätze führten die Bundeswehr im Rahmen von UN-Missionen 1992 nach Kambodscha und 1993 nach Somalia. Während der Sanitätseinsatz in Südostasien erfolgreich abgeschlossen wurde, konnte dies für die Mission in Ostafrika kaum behauptet werden, denn die zur logistischen Unterstützung vorgesehene indische Brigade tauchte gar nicht erst am Einsatzort auf. Die Bewährungsprobe kam auf die Bundeswehr auf dem westlichen Balkan, praktisch vor der eigenen Haustür, zu. Die frühen Einsätze, darunter die Beteiligung an der Überwachung des Waffen- und Handelsembargos in der Adria zwischen 1992 und 1996 und an der Luftbrücke zur Versorgung des eingeschlossenen Sarajevo, ließen noch nicht vermuten, dass sich die Bundeswehr bald im NATO-Bündnis an Maßnahmen zur Friedenserzwingung beteiligen würde. Innenpolitisch brach jedoch bereits 1992 Streit darüber aus, welche Befugnisse dem Parlament für die Einsatzentscheidung einzuräumen waren und ob die vom Parlamentarischen Rat 1949 intendierten grundgesetzlichen Beschränkungen für deutsche Streitkräfte andere Einsätze als solche zur ausschließlichen Verteidigung Deutschlands und des Bündnisgebietes erlaubten. Konkret ging es um die Auslegung der Artikel 24 und 87a des Grundgesetzes: Während Art. 87a GG die Aufstellung von Streitkräften zur Verteidigung durch den Bund betont, verweist Art. 24 Abs. 2 GG auf sein Recht, in die Beschränkung von Hoheitsrechten im Rahmen der Beteiligung an Systemen gegenseitiger kollektiver Sicherheit einzuwilligen.

Ironischerweise rief die mitregierende FDP das Bundesverfassungsgericht an, um die Rechtmäßigkeit des eigenen Regierungshandelns zu überprüfen. Das BVG bestätigte am 12. Juli 1994 die Zustimmungspflicht des Deutschen Bundestags zu Einsätzen der Bundeswehr im Ausland und erlegte ihm gleichzeitig auf, nähere Bestimmungen in ein Entsendegesetz zu fassen. Erst mehr als ein Jahrzehnt später verab-

schiedete der Bundestag schließlich am 18. März 2005 das
»Gesetz über die parlamentarische Beteiligung bei der Entscheidung über den Einsatz bewaffneter Streitkräfte im Ausland«. In politischer Hinsicht noch brisanter war die höchst-
richterliche, wenn auch äußerst knappe Anerkennung der
NATO als »System gegenseitiger kollektiver Sicherheit«. Das
oberste deutsche Gericht gab der Regierung und dem Parlament auf, die sich daraus ergebenden politischen und gesetzlichen Schlussfolgerungen zu ziehen. Die juristische Klärung
verlagerte damit die Auseinandersetzung weg von der Frage
nach dem »Ob« hin zum »Wann« und »Wie«. Für alle damals
im Bundestag vertretenen Parteien galt nunmehr als akzeptiert, dass sich die Bundeswehr sowohl an von der UNO geführten als auch an mit einem UN-Mandat versehenen Einsätzen
der NATO oder der (W)EU unter Kapitel VI und VII beteiligen
konnte, sofern diesen das Parlament mit einfacher Mehrheit
zustimmte. Das BVG hat seither in allen Fällen seiner Anru-
fung die Rechtmäßigkeit der Entscheidungen zur Entsendung
von Soldaten durch die Regierung bzw. die Mehrheit des Par-
laments bestätigt.[4] Die dem Urteilsspruch ab 1994 folgenden,
sehr unterschiedlichen Einsätze auf dem Balkan, in Osttimor,
im Kaukasus und in Afrika schufen einen Referenzrahmen für
das Ausmaß und die potenzielle Reichweite der deutschen Beteiligung an bewaffneten Friedensmissionen.

Vor allem der Balkan wurde zur Nagelprobe bei den Verbündeten und in der eigenen Bevölkerung für die Akzeptanz
der Bundeswehr als Einsatzarmee. Von 1995 an beteiligte sich
die Bundeswehr zunächst an der *Peace Implementation Force*
(IFOR), später, ab Ende 1996, an der *Stabilisation Force*
(SFOR) in Bosnien-Herzegowina. Auch an der im Dezember
2004 in die Verantwortung der EU überführten Mission EU-
FOR *Althea* war Deutschland von Anbeginn beteiligt. Seit
Mitte der Neunzigerjahre erhöhten sich der personelle Umfang und die Intensität des Bundeswehrengagements in Frie-

densmissionen ständig. Der erste Kampfeinsatz fiel ausgerechnet in die Frühphase einer rotgrünen Regierungskoalition. Beide Parteien wurden von inneren Zerreißproben gepeinigt. Die Beteiligung Deutschlands an der *Operation Allied Force* im Frühjahr 1999 bedeutete erstmals seit 1945 die aktive Teilnahme deutscher Streitkräfte an Kriegshandlungen. Diese fanden zudem außerhalb des NATO-Bündnisgebiets statt und, was besonders bemerkenswert war, ohne die Legitimation eines vorherigen UN-Mandats. Die Bundesregierung erachtete den Waffengang gegen Jugoslawien jedoch als Notmittel, um gemeinsam mit den Verbündeten eine humanitäre Katastrophe im Kosovo zu verhindern. Sie sah ihre Entscheidung deshalb auch nicht als Präzedenzfall für künftige Einsätze an, sondern als aufgezwungenes militärisches Mittel zu einem legitimen humanitären Zweck.

Als Lehre aus der missglückten Krisenprävention auf dem Balkan setzte sich Deutschland mehr als zuvor für eine Stärkung von Instrumenten der zivilen Krisenprävention ein. Die Terroranschläge in den USA vom 11. September 2001 veränderten die politische Lage ein weiteres Mal. Wieder wurde Deutschland unvorbereitet getroffen. Berlin verfügte über kein Konzept, das als sicherheitspolitische Alternative zum kritisierten Antiterrorkrieg für alle Partner und Verbündeten glaubwürdig gewesen wäre. Stattdessen schickten Regierung und Parlament die Bundeswehr seit 2002 vor allem aus Bündnissolidarität in eine Reihe von Einsätzen, die zwar jeweils mit einem UN-Mandat versehen waren, jedoch zum Teil keine realistischen militärischen Ziele besaßen, wie das EU-Engagement in der Demokratischen Republik Kongo oder der NATO-Einsatz in Afghanistan. In den zurückliegenden Jahren wurde fast jeder Einsatz der Bundeswehr zu einer Premiere, zugleich aber auch zu einer Mission mit vielen Unbekannten und ungewissem Ausgang.

Kosovo und Afghanistan: Lernen durch Handeln

Die besonders prägenden Einsatzorte des vergangenen Jahrzehnts waren aus deutscher Perspektive der Kosovo und Afghanistan. Beide Einsätze verweisen auf eine gemischte Bilanz. Im Kosovo sollten die »ethnischen Säuberungen« beendet und die Bildung einer demokratischen Gesellschaft im friedlichen Miteinander ethnischer Gruppen unterstützt werden. Die Unterdrückung der albanischen Bevölkerung wurde zwar erfolgreich unterbunden, das Ziel einer multiethnischen Gemeinschaft jedoch verfehlt. Nicht einmal eine gewaltfreie Nachbarschaft der strikt voneinander getrennten Gruppen scheint ohne andauernde bewaffnete Präsenz gewährleistet.

Ungleich schwieriger noch ist die Lage in Afghanistan. Deutschland stellt mit 4010 Soldaten (1. November 2009) das drittgrößte Truppenkontingent der 2002 vom UN-Sicherheitsrat beschlossenen *International Security Assistance Force* (ISAF) aus vierzig Staaten. Ursprünglich zum Schutz der zivilen Mission der UNO, der Regierung und der internationalen Helfer entsandt, ist ISAF inzwischen weniger Unterstützungstruppe für den Friedensprozess als von den aufständischen Taliban auserkorene Kriegspartei und befindet sich militärisch in arger Bedrängnis. Vom Ziel, durch den Aufbau und die Ausbildung von Polizei und Armee für eine selbsttragende Sicherheit Sorge zu tragen, ist ISAF nach sieben Jahren Einsatzdauer weiter entfernt als je zuvor.

Eines scheint dabei für die Bundeswehr klar: Sie hat in Afghanistan einen »zweiten Rubikon« überschritten, hin zu »Kampfeinsätzen mit all ihren Konsequenzen«.[5] Wieder ist die eingetretene Lage für die Bundeswehr ungewolltes Ergebnis eines gut gemeinten, jedoch politisch falsch eingeschätzten Kalküls. Der Auftrag der Streitkräfte bestand nach diesem Verständnis in der militärischen Absicherung ziviler Konflikttransformation. Deutschland hatte sich wie kaum ein anderes

Land dafür eingesetzt, nach dem Sturz des Regimes der Taliban ein ziviles Wiederaufbauprogramm in Gang zu setzen, und sich hierdurch hohes Ansehen bei der afghanischen Regierung erworben. Davon ausgehend sah Berlin den Einsatz der Bundeswehr als eine im Land willkommene Begleitung der Wiederaufbauhilfe an.

Doch Streitkräfte können Defizite im zivilen Wiederaufbau nicht kompensieren. Im Gegenteil: Angesichts des stagnierenden Entwicklungsfortschritts werden sie vor Ort für die Misere mitverantwortlich gemacht und sind zwischen alle Fronten geraten. Statt akzeptierte Aufbauhelfer zu sein, müssen sie sich täglicher Bedrohungen durch Heckenschützen und Selbstmordattentäter erwehren. Das Dilemma besteht darin, dass die Gründe, die zum UN-Mandat führten, fortbestehen. Zugleich ist aber deutlich, dass bewaffnete Friedensmissionen scheitern können, wenn sie nicht in eine konsequent verfolgte zivile Aufbaustrategie eingebettet werden. In jedem Fall besteht die Gefahr, dass Soldaten in länger anhaltenden Friedensmissionen in Kämpfe verwickelt werden. Für die Bundeswehr hat der Einsatz bestätigt, was bereits seit 1999 in den Planungsstäben erkannt wurde: Soll sie sich mit Aussicht auf Erfolg an Friedensmissionen beteiligen, muss sie sich darauf organisatorisch, technisch und taktisch vorbereiten, aber auch mental neu aufstellen.

Strukturelle Konsequenzen werden aber erst seit 2002 gezogen. Die Truppen wurden seither neu in Eingreif-, Stabilisierungs- und Unterstützungskräfte gegliedert, streitkräftegemeinsame Aufgaben (Logistik, Sanitätsdienst, Kommunikation) wurden zentralisiert, besonders befähigte Verbände in der Division Spezielle Operationen gebündelt. Für die verbundene Führung von Einsätzen wurden infrastrukturelle Voraussetzungen geschaffen (Einsatzführungsstab, Einsatzführungskommando, Kommando Operative Führung Eingreifkräfte u. a.).[6] Das individuelle Anforderungsprofil an die Soldaten und Offiziere wurde erhöht, größerer Wert wird auf die Einheit von geistigen Fähigkeiten, technischem Verständnis, einer hohen physischen und psychischen Belastbarkeit sowie interkultureller Kompetenz gelegt. Wurde der Bundeswehrsoldat früher allein auf den Verteidigungsfall vorbereitet, der nicht eintreten sollte, wird ihm in der Einsatzarmee abverlangt, gleichzeitig verschiedene Aufgaben als »Sozialarbeiter, Ingenieur, Lehrer, Krankenschwester und Boyscout« (W. Schneiderhan) erfüllen zu können, unter Umständen aber auch tatsächlich kämpfen zu müssen.

Im Korsett von Innen- und Bündnispolitik

Die Prämissen für die Entsendung der Bundeswehr in internationale Friedensmissionen stehen inzwischen parteienübergreifend fest.[7] Allein am linken und am rechten Rand des politischen Spektrums werden sie infrage gestellt. Erstens ist ein UN-Mandat für alle Einsätze außerhalb der Landesgrenzen anzustreben. Die Beteiligung am Kosovokrieg, bei dessen Beginn ein solches Mandat fehlte, bezeichnete die Bundesregierung im Nachhinein ausdrücklich als Ausnahmefall. Zweitens kommen Einsätze nur infrage, wenn sie im Rahmen eines Systems gegenseitiger kollektiver Sicherheit stattfinden, dem Deutschland angehört. Unter diesen Voraussetzungen wurde der von der NATO beschlossene und geführte Einsatz auf dem westlichen Balkan trotz des fehlenden UN-Mandats von der Regierung für rechtmäßig erachtet.
    Die Festlegung auf diese beiden Prämissen ist nicht unproblematisch. Einerseits verschafft sie einen berechenbaren Rahmen für die Beschlussfassung über bewaffnete Einsätze, andererseits steckt die Entscheidung in einer »Multilateralismusfalle«. Die Einbindung in die Militärstrukturen der NATO und EU erlaubt es Deutschland kaum, sich aus kollektiven

Missionen beider Organisationen herauszuhalten oder dem
Drängen ihrer Verbündeten zum Mittun nicht nachzugeben.

Für die Bundesregierung bedingt der Wille zu politischer
Gestaltung im Bündnis die Fähigkeit und Bereitschaft, Füh-
rungsverantwortung in kollektiven Operationen zu übernehmen. Denn erwartete Deutschland die Solidarität der Verbündeten bei künftigen Einsätzen im eigenen Interesse, kann es
kaum die Beteiligung an Einsätzen in der Gegenwart verweh-
ren, die eher im Interesse ihrer Verbündeten liegen. Bündnissolidarität wird zur Staatsräson. Welche Konsequenzen ein
Ausscheren hervorrufen kann, zeigte die konsequente Position zum Irakkrieg: Zwar verschaffte sich die Bundesregierung innenpolitisch Luft; der offene Dissens im Bündnis riss
die NATO jedoch in die schärfste Krise seit ihrer Gründung.

Die Bundeswehr blieb von diesem politischen Streit weitgehend unbehelligt – ihre Einsätze vom Balkan bis zur Oderflut
hatten ihr überraschend starken Rückhalt in der Bevölkerung
verschafft –, jedoch mahnte nicht nur der Generalinspekteur
an, die gebotene Weiterentwicklung des Fähigkeitsprofils der
Streitkräfte für kommende Einsätze nicht aus dem Auge zu
verlieren.[8] Dem Spitzenmilitär war bewusst, dass eine Vertei-
digungsarmee, wie sie die Bundeswehr mehr als vierzig Jahre
lang war, nicht über Nacht in eine effiziente, zur Intervention
befähigte Einsatzarmee umgebaut werden konnte. Das Bild
einer Interventionsarmee war überdies untauglich, um innen-
politische Unterstützung für die erforderlichen Reformen zu
mobilisieren. An einem klaren politischen Konzept, welches
das Ausmaß der Beteiligung und die Beschränkung von bewaffneten Einsätzen für die Öffentlichkeit sichtbar machen
würde, mangelte es der Regierung weiterhin. So war unter
diesen Vorzeichen an eine politisch vermittelbare, konsequente Umsteuerung der Bundeswehr in Ausbildung, Bewaff-
nung und Ausrüstung zur Erlangung von Fähigkeiten zur bewaffneten Intervention nicht zu denken.[9]

Das öffentliche Meinungsbild ist ambivalent geblieben. Auf der einen Seite genießt die Bundeswehr ein hohes Maß an gesellschaftlicher Anerkennung und Vertrauen. Ihre Unterstützung gründet sich aber vor allem auf solche Rollen, die den Einsatz von Waffengewalt ausschließen, so als Fluthelfer oder als »Technisches Hilfswerk mit Waffe« im Ausland, als Militärbeobachter und vielleicht noch als Blauhelme. Als »kämpfende Truppe« wird ihr vergleichbare Sympathie jedoch nicht zuteil, eine Beteiligung der Bundeswehr an Kampfeinsätzen sieht eine deutliche Mehrheit der Deutschen weiter skeptisch. Entsprechend unterentwickelt ist das öffentliche Interesse daran, ob die Bundeswehr über die erforderliche Ausrüstung verfügt, um in solchen Einsätzen zu bestehen, oder ob die Soldaten ausreichend darauf vorbereitet sind, unter Einsatz ihres Lebens kämpfen zu müssen. Über den Alltag der Soldaten im Einsatz, ihre Sorgen und die Nöte ihrer Angehörigen herrscht weitgehend Unkenntnis.

Nicht der Bundestagswahl war es deshalb geschuldet, dass das Thema Afghanistan in den vergangenen Monaten zunehmend in die Schlagzeilen geriet. Im Gegenteil ist es bemerkenswert, dass sich diese Debatte verbreitet hat, obwohl die Großkoalitionäre im stillen Einvernehmen mit FDP und Grünen vereinbart hatten, Afghanistan und die Bundeswehr aus den Wahlkämpfen herauszuhalten. Der Widerspruch zwischen Rhetorik und Realität ist zu groß geworden, als dass er sich durch Stillschweigen oder Sonntagsreden zudecken ließe. Dass die Bundeswehr inzwischen vor der Entscheidung steht, ihre defensive Rolle weiter beizubehalten und immer mehr zur Zielscheibe von Anschlägen zu werden oder sich offensiv an der Bekämpfung von aufständischen Taliban zu beteiligen und ungewollt in einen Krieg hineingezogen zu werden, ist im öffentlichen Bewusstsein noch nicht angekommen. Die ersten Gefechte wurden in deutschen Medien noch im Mai 2009 mit fast ungläubigem Erstaunen registriert.[10] Gleich-

zeitig meldeten sich aber auch regierungsnahe Stimmen zu
Wort, die ein passives Weiter-so als potenziell krisenverschär-
fend beurteilten und für bündnispolitisch problematisch hielten.[11]

Notwendige Rückkehr zum Primat der Politik

Spät angesichts der zunehmenden Einsätze legte die Bundesregierung im Herbst 2006 ein neues »Weißbuch zur deutschen
Sicherheitspolitik und zur Zukunft der Bundeswehr« vor. Eine
Aktualisierung der Aufgabenbestimmung von 1994 war über-
fällig. Das Weißbuch spiegelt die Ratlosigkeit, die tagespoliti-
schen Anforderungen in ein strategisches Konzept zu übersetzen-
zen. Immerhin führte die Kritik an seinen Aussagen erstmals
zu einer strategischen Debatte, allerdings weitgehend ausgelöst von Diskursen im Bündnis und bestimmt von Experten im
Verteidigungs- und Sicherheitsspektrum. Aufhänger dieser
Debatte war der »erweiterte Sicherheitsbegriff«, der heute im
Umfeld der Bundeswehr als »vernetzte Sicherheit«, im Trans-
formationsprozess der NATO als *comprehensive approach*
bezeichnet wird. Der Begriff bezieht sich sowohl auf die verschiedenen Formen internationaler und supranationaler Kooperation als auch auf den Aufbau einer Art »ressortübergrei-
fenden Netzwerkstruktur«[12] mit zivilen und militärischen
Elementen. Als Beispiel für ein solches Konzept könnte der –
leider nur halbherzig umgesetzte – Aktionsplan »Zivile Krisenprävention, Konfliktlösung und Friedenskonsolidierung«[13]
erachtet werden. Die deutschen PRTs beruhen ebenfalls auf
dem Ansatz »vernetzter Sicherheit«, ihre Handlungsfähigkeit
steht jedoch angesichts der jüngsten Lageverschlechterung
infrage.
    Entscheidend ist: Weder das Weißbuch von 2006 noch die
Bundesregierung haben bisher die wichtigsten Fragen zur

Durchführung von Auslandseinsätzen hinreichend beantwortet.[14] Transparente, berechenbare und nachprüfbare Kriterien zur Beschlussfassung über eine Beteiligung an bewaffneten Friedensmissionen fehlen. Das Weißbuch behandelt zwar die Bundeswehr als Instrument der Sicherheitspolitik, programmatische Schlussfolgerungen werden jedoch nicht gezogen. Allein in Bezug auf die Strukturreformen und die Bundeswehrplanung gibt es Festlegungen.[15] Allerdings ist es paradox, dass die Transformation der Bundeswehr ohne Bewertung des Erreichten und ohne klare politisch-strategische Orientierung vorangetrieben wird.

Dabei soll nicht unterschätzt werden, dass ein Konzept »vernetzter Sicherheit« eine hochkomplexe Angelegenheit ist.[16] Probleme systemischer Bewertung durch Vereinfachung aus dem Weg zu räumen wird jedoch der gebotenen politischen Verantwortung nicht gerecht. Von Regierung und Parlament sind zwar keine Patentlösungen für jeden Eventualfall einzufordern. Flexibles politisches Handeln muss der Regierung zur Abwehr von Krisen und Bedrohungen auch künftig möglich sein. Dies schließt Entscheidungen über den Einsatz der Bundeswehr ein, aber auch dessen bedingten Verzicht. Abzuverlangen sind dem Parlament jedoch klare Kriterien, deutsche Soldaten an bestimmten Einsätzen eben nicht zu beteiligen. Art. 26 Abs. 1 GG über das Verbot der Vorbereitung und Beteiligung an Angriffskriegen bietet hier eine zeitlose Orientierung, wie auch das Friedensgebot der Präambel des Grundgesetzes. Der Regierung ist auf der Grundlage des vom Parlament beschlossenen Entsendegesetzes wiederum aufgegeben, nur solche Einsätze zu planen und dem Parlament zur Beschlussfassung anzuvertrauen, in denen der Bundeswehr ein völkerrechtlich legitimierter und militärisch erfüllbarer Auftrag zugewiesen wird. Neben der Abwägung von Einsatzdauer, Kosten, Umfang und Risiken impliziert dies immer zugleich die Festlegung auf Kriterien, unter denen der Einsatz beendet werden kann – oder notfalls rechtzeitig beendet werden muss. Kein bewaffneter Einsatz darf als Dauerlösung in Betracht gezogen werden. Dies wäre weder dem Interesse an einer selbsttragenden Friedensordnung vor Ort zuträglich, noch könnte hierfür mit dauerhaftem innenpolitischen Rückhalt gerechnet werden. Es darf auch nicht den Einsatzkräften zugemutet werden.

Einsatzentscheidungen dürfen nicht ausschließlich auf militärischem Kalkül beruhen, sie müssen aber die militärischen Möglichkeiten und Grenzen in Rechnung stellen. Bewaffnete Einsätze benötigen eine klare politische Zweckbestimmung und sind dieser in allen Phasen unterzuordnen. Die Operation selbst vollzieht sich zwar nach den Regeln völkerrechtlich abgesicherten Streitkräftehandelns, dieses darf sich aber nicht gegenüber der politischen Zweckbestimmung verselbstständigen. Unter Umständen ist politisch über einen bewaffneten Einsatz rechtzeitig und konsequent zu entscheiden, um das Entstehen einer humanitären Katastrophe zu vermeiden. Aber selbst in einem solchen Fall dürfen die Lage vor Ort und die Streitkräfte nicht sich selbst überlassen werden, bedarf es, nicht zuletzt im Interesse der Soldaten, die ihr Leben riskieren, einer verantwortlichen Politik, die den militärischen Beitrag zu einem friedenspolitischen Gesamtkonzept steuert und hegt. Maßvolle Politik impliziert, auf die Entsendung von Soldaten zu verzichten, wenn ein militärischer Beitrag für das Gelingen eines Gesamtkonzepts nicht zu erwarten ist oder gravierende Erfolgsrisiken erkennbar sind.

Afghanistan ist ein Lehrbeispiel dafür, was gerade nicht versucht werden sollte: die militärische Absicherung der Einführung eines Staatsmodells, das große Teile der dortigen Bevölkerung weder verstehen noch mittragen wollen. Eine frühzeitige Begrenzung der politischen Ziele auf humanitäre Hilfen und stabile Verwaltungsstrukturen hätte den militärischen Auftrag klug beschränken können.[17] In der gegenwärtigen

Situation verbleibt der Bundeswehr kaum mehr als die Hoffnung, dass sie ihre Stellungen so lange halten kann, bis ein beschleunigter Aufbau von Polizei und Armee einen gefahrlosen Rückzug ermöglicht. Die Entsendestaaten stehen deshalb in der Pflicht gegenüber der afghanischen Bevölkerung und ihren Soldaten, ihre Zusagen einzulösen, um größeren Schaden von der UNO und der gemeinsamen Mission abzuwenden. Der Afghanistan-Einsatz verpflichtet zum Erfolg, weil sein Scheitern unabsehbare Konsequenzen für den Frieden und die internationale Sicherheit hätte. Erfolg wird aber nur möglich sein, wenn sich die Entsendestaaten ihrer Friedensmission entsinnen und endlich konkrete Meilensteine für den zivilen Wiederaufbau setzen.

Keine Entscheidung über bewaffnete Einsätze sollte der Festlegung auf ein schlüssiges politisches Gesamtkonzept vorauseilen. Wird das Primat der Politik beachtet, ist es an der Politik, in Übereinstimmung mit dem Grundgesetz den Funktionszweck und die Kriterien bewaffneter Instrumente zur Durchsetzung ihrer Ziele zu artikulieren. Nicht von ungefähr kommt insofern die Forderung nach der Entwicklung einer »strategischen Kultur«[18], die den »Wertewandel« deutscher Sicherheitspolitik reflektiert und den Einsätzen von Streitkräften ein sachliches Kalkül zu unterlegen versucht. Das Gebot des Grundgesetzes, »dem Frieden der Welt zu dienen«, erscheint demgegenüber als der ratsamere Wegweiser.

Anmerkungen

1 Lohnt sich der Krieg in Afghanistan? Ein Gespräch mit Wolfgang Schneiderhan, in: Cicero, (2009) 8, S. 34.

2 Ein Überblick aller Einsätze bis Herbst 2008, also noch ohne EUNAV-FOR Atalanta, bei Hans J. Gießmann/Armin Wagner (Hrsg.), Armee im Einsatz. Grundlagen, Strategien und Ergebnisse einer Beteiligung der Bundeswehr, Baden-Baden 2009, S. 386–390.

3 In alphabetischer Reihenfolge: Afghanistan (ISAF; UNAMA), ein-
schließlich einer Basis im usbekischen Termes; die Anti-Piraterie-
Mission der EU, Atalanta, vor Somalia und in angrenzenden Gewäs-
sern; Bosnien-Herzegowina (EUFOR Althea); Djibouti und der
Seeweg am Horn von Afrika (OEF); Kosovo (KFOR); Libanon (UNI-
FIL); Mittelmeer (OAE); Sudan (UNMIS; UNAMID). Hinzu kommt die
Abstellung von Einzelpersonal in die Demokratische Republik Kongo
im Rahmen von EUSEC – oben nicht mitgezählt – sowie die ständig in
Deutschland bereitstehende medizinische Luftrettungskomponente
(STRATAIRMEDEVAC).

4 Vgl. Robert Chr. van Ooyen, Das Bundesverfassungsgericht als au-
ßen- und sicherheitspolitischer Akteur: von der »Out-of-Area«-Ent-
scheidung zum »Tornado- und AWACS-Einsatz«, in: Martin H.W.
Möllers/ders. (Hrsg.), Jahrbuch Öffentliche Sicherheit 2008/2009,
Frankfurt/M. 2009, S. 451–464.

5 Michael Rühle, Am Rubikon der Kampfeinsätze, in: Frankfurter Allgemeine Zeitung (FAZ) vom 4. Februar 2008, S. 8; vgl. auch Joachim
Frank, Ende des Sonderwegs, in: Frankfurter Rundschau vom 5. September 2009, S. 24.

6 Vgl. Alexander Bitter, »Lessons Learned« auf dem Weg zur Armee im
Einsatz, in: Stefan Mair (Hrsg.), Auslandseinsätze der Bundeswehr.
Leitfragen, Entscheidungsspielräume und Lehren, Berlin 2007, S. 61–
67.

7 Zum Folgenden vgl. Markus Kaim, Deutsches Interesse versus Bünd-
nisverpflichtung: Zur Frage nationaler Handlungsspielräume bei
Auslandseinsätzen der Bundeswehr, in: H.J. Gießmann/A. Wagner
(Anm. 2), S. 176–185, sowie Markus Kaim, Deutsche Auslandseinsätze in der Multilateralismusfalle?, in: S. Mair (Anm. 6), S. 43–49.

8 Vgl. »Nicht nur auf die Einsätze sehen.« General Schneiderhan will
breites Fähigkeitsprofil sichern, in: FAZ vom 2. August 2008, S. 4.

9 Ausführlicher: Heiko Biehl, Von der Verteidigungs- zur Interventionsarmee. Konturen eines gehemmten Wandels, in: Gerhard Kümmel
(Hrsg.), Streitkräfte im Einsatz. Zur Soziologie militärischer Interventionen, Baden-Baden 2008, S. 9–20.

10 Vgl. Im Gefecht, in: Der Tagesspiegel vom 2. Mai 2009, S. 2; Extremis-
ten verwickeln Bundeswehr in Kämpfe, in: Süddeutsche Zeitung vom
9. Mai 2009, S. 1; Todesschüsse der Bundeswehr, in: die tageszeitung
vom 12. Mai 2009, S. 10.

11 Vgl. Dieter Dettke, Deutschland als europäische Macht und Bündnispartner, in: APuZ, (2009) 15–16, S. 41–46; grundsätzlich zuvor Volker

Perthes, Wie? Wann? Wo? Wie oft?, in: Internationale Politik, 62 (2007) 5, S. 16–21, hier: S. 20f.

12 Vgl. Weißbuch 2006 zur Sicherheitspolitik Deutschlands und zur Zukunft der Bundeswehr, Berlin 2006, S. 30.

13 Vgl. www.auswaertiges-amt.de/diplo/de/Aussenpolitik/Themen/Krisenpraevention/Downloads/Aktionsplan-De.pdf (20. Oktober 2009).

14 Vgl. z.B. Stefan Fröhlich, Deutsche Außen- und Sicherheitspolitik im Rahmen der EU, in: APuZ, (2008) 43, S. 15–21, hier: S. 16f.

15 Vgl. Weißbuch (Anm. 12), S. 88 – 91, S. 101–117, S. 119–151.

16 Vgl. Peter-Michael Sommer, Vernetzte Sicherheit – Anspruch und Grenzen, in: Europäische Sicherheit, 58 (2009) 9, S. 15–19.

17 Vgl. auch Stefan Mair, Kriterien für die Beteiligung an Militäreinsätzen, in: ders. (Anm. 6), S. 11–19, hier: S. 16.

18 Vgl. Joachim Krause, Die Zukunft der Bundeswehr in einer sich verändernden Welt, in: ders./Jan C. Irlenkaeuser (Hrsg.), Bundeswehr – Die nächsten 50 Jahre, Opladen 2006, S. 11–37.

Aus: »Aus Politik und Zeitgeschichte«, Heft 48/2009, S. 3–9

GLOSSAR

AVZ
Auslandsverwendungszuschlag. Der AVZ wird während eines
Auslandseinsatzes zusätzlich zu den Bezügen gezahlt, die bei
Verwendung im Inland anfallen. Er beträgt derzeit (Dezem-
ber 2009) 110,- Euro pro Tag für das in Afghanistan verwen-
dete Personal.

BAT
Beweglicher Arzttrupp, bestehend aus einem Arzt (mit der
Zusatzqualifikation Rettungsmedizin), Rettungssanitäter/Ret-
tungsassistenten und einem Kraftfahrer.

BMVg
Bundesministerium für Verteidigung

Burka
einteiliges Kleidungsstück, das in Indien, Pakistan und Afghanistan von Frauen getragen wird, um den Körper zu verhül-
len. In Afghanistan bedeckt die Burka, anders als in Indien
und Pakistan, auch das Gesicht vollständig. Ein gitterartiger
Stoff im Bereich der Augen erlaubt den Frauen das Sehen.

Camp Warehouse
Militärbasis ca. zehn Kilometer östlich der afghanischen Hauptstadt Kabul. Das Camp wurde zum größten Teil von Soldaten der Bundeswehr aufgebaut.

CIMIC
Abk. für engl. Civil-Military Co-operation: »zivil-militärische Zusammenarbeit«. Beschreibt die Zusammenarbeit von staatlichen oder nichtstaatlichen Organisationen mit dem Militär bei Auslandseinsätzen. Die NATO definiert CIMIC wie folgt: »CIMIC ist die Koordination und Kooperation zwischen dem NATO-Kommandeur und zivilen Akteuren zur Unterstützung des militärischen Auftrags, die Bevölkerung vor Ort und lokale Autoritäten ebenso eingeschlossen wie internationale und nationale Organisationen sowie Nicht-Regierungs-Organisationen und Agenturen.« (MC 411/1) In der Regel beinhaltet CIMIC auch humanitäre Hilfe in Krisenregionen.

Dayton-Vertrag
Der Dayton-Vertrag beendete den vier Jahre währenden Bürgerkrieg in Bosnien-Herzegowina und Kroatien. Der Vertrag wurde im amerikanischen Dayton ausgehandelt und kam unter der Schirmherrschaft von Bill Clinton und mit Unterstützung der Europäischen Union zustande. Das Abkommen besiegelte die Anerkennung Bosnien-Herzegowinas als souveräner Staat durch Kroatien und die damalige Bundesrepublik Jugoslawien. Der Vertrag trat mit seiner Unterzeichung am 14. Dezember 1995 in Kraft.

Dingo
leichtes, luftverladbares, geländegängiges Radfahrzeug. Neben einem guten Rundumschutz gegen Handfeuerwaffen bietet er einen besonders guten Minenschutz durch sein sog. Deflektor-System.

Drohne

unbemanntes Luftfahrzeug zur Überwachung, Erkundung und Aufklärung. Kann mit Waffen bestückt sein.

EOD

Abk. für engl. Explosive Ordnance Disposal. Militärische Kampfmittelabwehr. Befasst sich mit dem Auffinden, Erkennen und Beseitigen von Kampfmitteln, zum Beispiel Minen.

EUFOR

Abk. für engl. European Union Force. Multinationale Militärverbände der Europäischen Union, die zeitlich befristet im Rahmen der Europäischen Sicherheits- und Verteidigungspolitik (ESVP) eingesetzt werden.

Fennek

leicht gepanzerter Spähwagen der Bundeswehr. Dient zur bodengestützten Spähaufklärung des Heeres.

Fuchs

sechsrädriger, allradgetriebener, amphibischer Radpanzer der Bundeswehr. Dient in verschiedenen Ausführungen u. a. als Truppentransporter, ABC-Spürpanzer oder als gepanzerter Kranken- bzw. Rettungswagen.

Hekmatyar

Gulbuddin Hekmatyar, geb. 1947 in der Provinz Kunduz. Sunnitischer Paschtune und einer der mächtigsten Warlords in Afghanistan, erklärter Gegner von Präsident Hamid Karzai und aller ausländischen Besatzer. Er stieg in den Achtzigerjahren im Bürgerkrieg gegen die sowjetischen Besatzer zu einem der bedeutendsten militärischen Kommandeure auf. 1996 wurde er für kurze Zeit Ministerpräsident seines Landes in einer Koalitionsregierung verschiedener Warlords, bis die

Taliban die Macht übernahmen. Nach dem Einmarsch der USA rief Hekmatyar zum Heiligen Krieg gegen Amerika auf. Seine Kämpfer sind heute vor allem im Osten und Norden des Landes aktiv, auch in der Region Kunduz, wo deutsche Truppen stationiert sind.

IFOR, SFOR

Abk. für engl. International Force bzw. Stabilization Force. Die SFOR ist die Nachfolgemission der IFOR, die im Zuge des Friedensabkommens von Dayton nach Bosnien-Herzegowina entsandt wurde. Die NATO-Schutztruppe sollte weitere Auseinandersetzungen unter den ethnischen Gruppen verhindern und Aufbauarbeit durch internationale Organisationen ermöglichen. Das Mandat wurde 1996 erteilt und endete 2004.

ISAF

Abk. für engl. International Security Assistance Force. Internationale Schutztruppe für Afghanistan unter NATO-Führung im Auftrag der Vereinten Nationen. Die Aufstellung erfolgte 2001 auf Ersuchen der Teilnehmer der Ersten Afghanistankonferenz an die internationale Gemeinschaft und mit Genehmigung durch den Weltsicherheitsrat. Der Einsatz ist keine Blauhelm-Mission, sondern ein sog. friedenserzwingender Einsatz unter Verantwortung der beteiligten Staaten. Das Mandat für die Beteiligung deutscher Truppen wurde am 22. Dezember 2001 erteilt.

KFOR

Abk. für engl. Kosovo Force. NATO-Sicherheitstruppe mit dem Auftrag, im Kosovo ein friedliches, multiethnisches, demokratisches und rechtstaatliches Umfeld mit autonomer Selbstverwaltung aufzubauen und militärisch abzusichern. Das Hauptquartier der KFOR befindet sich in Priština. Die

Bundeswehr beteiligt sich seit dem 12. Juni 1999 an der KFOR-Mission.

KSK

Das KSK (Kommando Spezialkräfte der Bundeswehr) ist eine Spezialeinheit der Bundeswehr, die u. a. der Aufklärung, Rettung, Evakuierung und Terrorismusbekämpfung dient. Teil der Division Spezielle Operationen (DSO).

Luchs

achträdriger, amphibischer Spähpanzer. Dient zu Aufklärungszwecken; seit 2009 außer Dienst gestellt.

MAD

Der Militärische Abschirmdienst ist neben dem Bundesamt für Verfassungsschutz (BfV) und dem Bundesnachrichtendienst (BND) der dritte deutsche Nachrichtendienst auf Bundesebene. Hauptaufgaben sind das Aufspüren verfassungsfeindlicher Aktivitäten innerhalb der Bundeswehr und Spionageabwehr.

MedEvac

Abk. für engl. Medical Evacuation. Kurzbezeichnung für die medizinische Evakuierung verletzter Personen aus unsicherem Gebiet oder deren Überführung in qualifizierte medizinische Versorgung.

NGO

Abk. für engl. Non Governmental Organization. Freiwillige, nicht gewinnorientierte Vereinigungen, die sich gesellschaftspolitisch in sozialen Fragen, im Umweltschutz und für Menschenrechte (u. a.) engagieren. Sie agieren unabhängig von Regierungen und Staatsorganen, profitieren aber teilweise von staatlicher Förderung.

NVA
Nationale Volksarmee. Armee der ehemaligen Deutschen
Demokratischen Republik (DDR)

OEF
Abk. für engl. Operation Enduring Freedom. Erste und bislang einzige Militäroperation unter amerikanischer Führung
gegen den Terrorismus. Einsatzorte sind Afghanistan, die Phi-
lippinen, Afrika (südliche Sahara) und das Horn von Afrika.
Die Bundeswehr beteiligt sich in Afghanistan mittlerweile
nicht mehr an Teiloperationen von OEF. Sie engagiert sich
nur noch im Rahmen von ISAF.

Operation Active Endeavour
engl. für:»aktive Bemühung, aktiver Versuch«. Operation zur
Bekämpfung des Terrorismus, initiiert durch die USA nach
den Anschlägen des 11. September und unter Führung der
NATO. Der Auftrag lautet, Bereiche des Mittelmeers zu überwachen, um terroristische Aktivitäten zu entdecken und diesen entgegenzuwirken. Seit November 2001 ist die deutsche
Marine an diesem Einsatz beteiligt.

Operation Atalanta
Multinationale Mission der EU zum Schutz von humanitären
Hilfslieferungen nach Somalia und zur Bekämpfung der Pira-
terie vor der Küste Somalias am Horn von Afrika. Die Bundeswehr ist seit Dezember 2008 an der Operation Atalanta beteiligt.

OpInfo
Truppe für Operative Information. Ihr Auftrag ist es, mit kom-
munikativen Mitteln im Einsatzgebiet auf gegnerische Streitkräfte, die Bevölkerung und Konfliktparteien einzuwirken.
Früher »psychologische Kriegsführung«

OPZ

Operationszentrale. Kommandozentrale bzw. Lagezentrum. Hier laufen sämtliche Informationen von außerhalb zusammen und werden ausgewertet bzw. verarbeitet.

ORF

Abk. für engl. Operational Reserve Force. »Bataillon der operativen Reserve«. Diese Unterstützertruppen für den Balkaneinsatz werden von Großbritannien, Deutschland und Italien gestellt. Sie sind in den Heimatländern stationiert und können bei Bedarf kurzfristig in die Krisenregionen verlegt werden.

OSZE

Organisation für Sicherheit und Zusammenarbeit in Europa. Die OSZE ist eine ständige Konferenz von 56 Staaten (alle Staaten Europas, die USA und Kanada), die sich mit Friedenssicherung und Wiederaufbau nach Konflikten befasst. Sie dient als erster internationaler Ansprechpartner in ihrem Wirkungsbereich. Die OSZE hat ihren ständigen Sitz in Wien.

Peer

»Psychologische Ersthelfer«. Ansprechpartner innerhalb eines Kontingents, die in einer Extremsituation eine erste psychologische Betreuung übernehmen. Sie erhalten dafür am Zentrum für Innere Führung eine zweiwöchige Ausbildung.

PRT

Abk. für engl. Provincial Reconstruction Team. In den Provinzen Afghanistans seit 2003 operierende Einheiten zum Wiederaufbau der afghanischen Infrastruktur. Die deutschen PRTs werden von einer zivil-militärschen Doppelspitze geführt. Die internationale Hilfe, die sich zunächst auf Kabul konzentrierte, soll dadurch breiter gestreut werden und auch ländliche Regionen Afghanistans erreichen.

PTBS

»Posttraumatische Belastungsstörung«. Mögliche Folgeer-
krankung eines oder mehrerer traumatischer Erlebnisse. Auslöser ist das Erleben einer angsterzeugenden, ggf. lebens-
bedrohenden Situation. Die Folgen sind sowohl psychischer
als auch psychosomatischer Natur, u. a. zwanghaft wieder-
kehrende Gedanken an den traumatisierenden Vorfall, Über-
erregungssymptome (Schlafstörungen, Schreckhaftigkeit,
Reizbarkeit etc.), Vermeidungsverhalten (Vermeidung
Trauma-assoziierter Stimuli) sowie emotionale Taubheit und
sozialer Rückzug.

QRF

Abk. für engl. Quick Reaction Force. Schneller Eingreifver-
band von ISAF. Aufgabengebiete sind u. a. Patrouillenein-
sätze, Absicherungsoperationen von öffentlichen Veranstaltungen, Konvoischutz und Einsatz gegen gewaltbereite
Menschenmengen. Die Bundeswehr stellt seit Juni 2008 für
das unter deutscher Führung stehende Regionalkommando
Nord eine Eingreiftruppe.

RoE

Abk. für engl. Rules of Engagement. Rechtliche, politische,
militärische und operative Handlungsvorgaben für das Militär
bei nationalen und multinationalen Einsätzen, im Rahmen
von Friedens- und Krisenreaktionsmissionen oder bewaffneten Konflikten. Sie enthalten u. a. Regeln für den Einsatz von
Gewalt und Zwangsmaßnahmen. Eine Fassung der RoE wird
den Soldaten stets in Form eines Dokuments für die Hosen-
tasche übermittelt, der sog. Taschenkarte.

RPG

leichte Panzerabwehrwaffe, funktioniert nach dem Prinzip
einer raketenangetriebenen Granate.

SFOR
s. IFOR

Shelter
engl. für: »Schuppen«, »Schutz«, »Obdach«. Metallcontainer für Werkstatt- und Serviceeinheiten, aber auch für die Wohnunterkünfte der Truppen

StUffz
Stabsunteroffizier

Taliban
abgleitet von arab.: Student, Schüler. Bewegung radikaler Islamisten in Afghanistan. Die Taliban formierten sich nach Ende der russischen Besatzung Afghanistans. Bis 2001 entwickelten sie sich zu einer politisch dominanten Fraktion in Afghanistan, die weite Teile des Landes kontrollierte, von der westlichen Welt jedoch nie diplomatisch anerkannt wurde. Ihr Ziel ist es, in Afghanistan eine religiöse Herrschaft islamisch-fundamentalistischer Prägung zu errichten. Ihre Verbindung zum Attentat auf das World Trade Center am 11. September 2001 war der Auslöser für den militärischen Einsatz Operation Enduring Freedom in Afghanistan. Seit 2006 ist ein erneutes Erstarken der Taliban zu beobachten.

Task Force
»Einsatzverband«, »Kampftruppe«

TFF
Abk. für engl. Task Force Fox. NATO-Operation in Mazedonien, Nachfolgeeinheit der Task Force Harvest (TFH) in Mazedonien. Ihr Auftrag war es, die dort freiwillig abgegebenen Waffen der albanischen Rebellen einzusammeln und zu vernichten. Das Mandat wurde auf Bitten des mazedonischen

Präsidenten Boris Trajkowski verlängert. Die TFF bestand aus 1000 Soldaten und stand unter deutscher Führung.

TFP
Abk. für engl. Task Force Prizren. Deutsches Einsatzbataillon im Kosovo zur Durchführung von Patrouillen und Checkpoints, aber auch zum Schutz von Minderheiten und besonderen Einrichtungen mit dem Ziel der Wahrung von Sicherheit und Stabilität.

TPZ
Transportpanzer, s. Fuchs

Transall
C-160 Transall; mittleres militärisches Transportflugzeug, gemeinsame Produktion von Deutschland und Frankreich. Einsatz: Transport von Material/Personen, Absetzen von Fallschirmjägern, Absetzen von Schwerlasten aus mittleren und niedrigen Höhen sowie als Sanitätsflugzeug

UÇK
Abk. für albanisch Ushtria Çlirimtare e Kosovoes: Befreiungsarmee des Kosovo. Paramilitärische albanische Organisation, die bewaffnet für die Unabhängigkeit des Kosovo kämpfte. Die UÇK entstand Anfang der Neunzigerjahre. Zunächst agierte sie im Untergrund und rekrutierte ihre Mitglieder vor allem aus der kosovo-albanischen Polizei und dem Militär. Die Auseinandersetzungen zwischen den serbischen Sicherheitskräften und der UÇK eskalierten 1997/98 zum offenen Krieg. Nach dem Scheitern der Friedensverhandlungen auf Schloss Rambouillet nahe Paris führte die NATO von März bis Juni 1999 einen Luftkrieg gegen Jugoslawien und zwang dadurch die serbischen Einheiten zum Rückzug aus dem Kosovo.

UNAMA

Abk. für engl. United Nations Assistance Mission in Afghanistan: »Unterstützungsmission der Vereinten Nationen in Afghanistan«. UNAMA arbeitet eng mit der afghanischen Regierung zusammen, koordiniert die internationalen Aktivitäten in Afghanistan, unterstützt den Wiederaufbau und dient der Förderung der Menschenrechte.

UNAMID

Abk. für engl. United Nations African Union Mission in Darfur: Mission der Vereinten Nationen in der Region Darfur

UNHCR

Abk. für engl. United Nations High Commissioner for Refugees: »Hochkommissariat der Vereinten Nationen für Flüchtlinge«. Das UNHCR wurde 1951 als Nachfolgeorganisation des Flüchtlingskommissariats des Völkerbundes gegründet und ist für den Schutz und die Unterstützung von Flüchtlingen in aller Welt zuständig. Die Organisation wurde für ihre Arbeit bereits zweimal mit dem Friedensnobelpreis ausgezeichnet.

UNIFIL

Abk. für engl. United Nations Interim Force in Lebanon: »Interimstruppe der Vereinten Nationen im Libanon«

UNMIK

Abk. für engl. United Nations Interim Administration Mission in Kosovo: Interimsverwaltungsmission der Vereinten Nationen im Kosovo. Zivile Übergangsregierung im Kosovo nach 1999. Zu ihren Aufgaben gehören unter anderem die Aufrechterhaltung der öffentlichen zivilen Ordnung, die Etablierung und Beaufsichtigung einer unabhängigen Selbstverwaltung und die Unterstützung bei der Wiederherstellung der Infrastruktur.

UNMIS
Abk. für engl. United Nations Mission in Sudan: »Mission der
Vereinten Nationen im Sudan«

UNO
Abk. für engl. United Nations Organization: »Organisation
der Vereinten Nationen«. Gründung 1945 infolge des Zweiten
Weltkriegs. Ihre Hauptaufgaben bestehen in der Sicherung
des Weltfriedens, der Verständigung der Völker untereinander und der internationalen Zusammenarbeit zur Lösung wirt-
schaftlicher, kultureller, sozialer und humanitärer Probleme.

UNSCOM
Abk. für engl. United Nations Special Commission: »Sonder-
kommission der Vereinten Nationen«. Befasst sich mit der Beseitigung von Massenvernichtungswaffen im Irak (u. a.).

Wiesel
leichtes, lufttransportfähiges Vollkettenfahrzeug. Waffen-
träger zur Infanterieunterstützung, Bekämpfung von Panzern
und Luftabwehr.

Wolf
geländegängiges Fahrzeug der Bundeswehr. Mitte der Acht-
zigerjahre von Mercedes-Benz und Steyr Puch produziert;
kann mit Schutzausstattung gegen Schützenabwehrminen,
Hartkern- und Splittergeschosse ausgerüstet werden.

DANKSAGUNG

An erster Stelle möchte ich mich bei Martin Ahrends bedanken. Ohne seine Unterstützung wäre das Buch nur eine Idee geblieben. Er half mir maßgeblich bei der Realisierung der Interviews und der geschriebenen Texte. Außerdem stand er mir während des gesamten Projekts, an dem wir zwei Jahre arbeiteten, ausdauernd mit seinem Rat und seinen Ideen zur Seite.

Bedanken möchte ich mich auch bei all unseren Gesprächspartnern für ihr Vertrauen in uns und unsere Arbeit sowie für ihre geduldige Mitarbeit und ihr couragiertes Engagement. Ihre Berichte bilden die Grundlage dieses Buches.

Im Internet las ich den Artikel über Ina Schlotterhose, der unter dem Titel »Der Engel an ihrer Seite« im »JS-Magazin« erschienen war. Er hat mich tief berührt. In einem Gespräch teilte mir Frau Schlotterhose mit, dass sie aus persönlichen Gründen nicht interviewt werden möchte; deshalb bedanke ich mich bei ihr besonders für ihre Zustimmung zur Veröffentlichung des bereits erschienen Artikels. Ebenso bedanke ich mich beim »JS-Magazin« für die Nachdruckgenehmigung.

Prof. Dr. Dr. Hans J. Gießmann, Dr. Armin Wagner und der Bundeszentrale für politische Bildung danke ich für ihre Zustimmung, den Text »Auslandseinsätze der Bundeswehr« anstelle eines Nachworts veröffentlichen zu dürfen, welcher den Lesern ermöglicht, die im Buch versammelten lebensgeschichtlichen Berichte in einen größeren politischen Zusammenhang einzuordnen.

Zu großem Dank verpflichtet bin ich Frau Schöningh-Alemann, der Lektorin des Buches, für die konstruktive Zusammenarbeit. Ihre Anmerkungen und Ratschläge waren außerordentlich wertvoll.

Auch meinem Sohn möchte ich danken, der mir während der letzten zwei Jahre viel Kraft gab, sehr verständnisvoll und nachsichtig war.

»Dieser Krieg ist nicht zu gewinnen.«

Helmut Schmidt, Bundeskanzler a. D.

Deutsche Soldaten
im Krieg.
**Die Bundeswehr
in Afghanistan**
Eine Bilddokumentation.
Mit einem Text von
Stefan Kornelius

Gebunden, mit
Schutzumschlag
144 Seiten,
107 farbige Abbildungen
Format: 21 x 27 cm
ISBN: 978-3-7716-4459-8
€ 29,95 [D] / € 30,80 [A] /
SFr 49,50

Wie kann das, was deutsche Soldaten in Afghanistan
erleben und erleiden, beschrieben werden? Diese Bilddokumentation gibt mit über 100 Farbfotografien erstmals
eine Antwort. Mit ihren beklemmenden Aufnahmen zeigen
sowohl professionelle Fotoreporter als auch ein Bundeswehrsoldat, was seit 2002 am Hindukusch geschieht.

»Ich selbst verstehe jeden Soldaten, der sagt:
›In Afghanistan ist Krieg, egal ob ich nun von
ausländischen Streitkräften oder von Taliban-Terroristen
angegriffen, verwundet oder getötet werde.‹«
Karl-Theodor zu Guttenberg, Verteidigungsminister

Fackelträger